一书一世界

沙发图书馆

《春秋》的牢骚与梦想

周萌 ◎ 著

北京大学出版社
PEKING UNIVERSITY PRESS

图书在版编目（CIP）数据

《春秋》的牢骚与梦想/周萌著. —北京：北京大学出版社，2018.3
（沙发图书馆）
ISBN 978-7-301-28966-2

Ⅰ.①春… Ⅱ.①周… Ⅲ.①中国历史—春秋时代—编年体②《春秋》—研究 Ⅳ.①K225.04

中国版本图书馆 CIP 数据核字（2017）第 297789 号

书　　　名	《春秋》的牢骚与梦想 《CHUNQIU》DE LAOSAO YU MENGXIANG
著作责任者	周　萌　著
责任编辑	延城城
标准书号	ISBN 978-7-301-28966-2
出版发行	北京大学出版社
地　　　址	北京市海淀区成府路 205 号　100871
网　　　址	http://www.pup.cn　新浪微博：@北京大学出版社
电子信箱	pkuwsz@126.com
电　　　话	邮购部 62752015　发行部 62750672　编辑部 62756467
印　刷　者	北京中科印刷有限公司
经　销　者	新华书店 880 毫米×1230 毫米　A5　10.375 印张　239 千字 2018 年 3 月第 1 版　2018 年 3 月第 1 次印刷
定　　　价	45.00 元

未经许可，不得以任何方式复制或抄袭本书之部分或全部内容。
版权所有，侵权必究
举报电话：010-62752024　电子信箱：fd@pup.pku.edu.cn
图书如有印装质量问题，请与出版部联系，电话：010-62756370

目录 Contents

引　言　被误读的原始儒家理想 ·················· 001

第一章　春秋：时代与经典合一 ·················· 023
　　一　"春秋"是一个怎样的时代？ ·················· 023
　　二　《春秋》是一本怎样的经典？ ·················· 029
　　三　《春秋》为什么旨在大一统？ ·················· 033
　　四　如何面向未来处理两岸关系？ ·················· 039

第二章　兄弟阋墙：权力与人性 ·················· 046
　　一　郑庄公与太叔段的是非恩怨 ·················· 046
　　二　宋宣公兄弟情深引发的祸乱 ·················· 051
　　三　鲁隐公与鲁桓公的角色关系 ·················· 054
　　四　如何面向未来处理以巴冲突？ ·················· 056

第三章　为政以正：政治与正义 ·················· 061
　　一　为什么陈佗之流没有合法性？ ·················· 061

二　为什么谴责火攻等战争方式？……………… 066
　　三　如何判定祭仲权变是否合理？……………… 069
　　四　如何看待拆迁引发官民矛盾？……………… 071

第四章　身不由己：女性与政治 ……………………… 077
　　一　宣姜婚姻所折射的政治黑洞………………… 077
　　二　夏姬性关系引发的政治风波………………… 081
　　三　息妫为平息政治纷争的婚姻………………… 085
　　四　如何看待同性恋婚姻的争议？……………… 087

第五章　与邻为善：外交基本法 ……………………… 093
　　一　齐襄公九世复仇的价值准则………………… 093
　　二　鲁庄公以弱对强的外交选择………………… 096
　　三　齐桓公归罪袁涛涂的是与非………………… 098
　　四　如何面向未来处理中日关系？……………… 101

第六章　伦理困境：法理与人情 ……………………… 106
　　一　季友毒杀叔牙的法理与人情………………… 106
　　二　季友缓纵庆父的法理与人情………………… 109
　　三　曹羁事君的义理与自由尺度………………… 111
　　四　如何防治网络暴力而又自由？……………… 114

第七章　因信称义：政治向心力 ……………………… 120
　　一　齐桓公坚守信义的政治能量………………… 120
　　二　为什么对宋襄公的评价两极分化？………… 124
　　三　秦穆公知错能改的示范意义………………… 127
　　四　如何才能真正建立诚信社会？……………… 130

第八章　礼崩乐坏：秩序与自由 … 135
　　一　婚礼不守礼法的现象及流弊 … 135
　　二　丧礼不守礼法的现象及流弊 … 138
　　三　祭礼不守礼法的现象及流弊 … 142
　　四　如何让幸福感与发展相伴随？ … 145

第九章　乱世正道：现实与理想 … 151
　　一　对赵盾于晋灵公之死的定位 … 151
　　二　对楚宋两国讲和的理想记叙 … 155
　　三　对宋共姬之死的争议性评价 … 157
　　四　如何让公益的理念深入人心？ … 159

第十章　乱世忠良：利益与公义 … 166
　　一　孔父嘉忠君行为的典范意义 … 166
　　二　仇牧以身殉大节的力量源泉 … 169
　　三　对荀息信守诺言的不同态度 … 171
　　四　如何让反腐成为真正的利剑？ … 173

第十一章　爱与信仰：为人与治国 … 178
　　一　公子鱄的为人及其政治选择 … 178
　　二　季札的为人及对让国的判定 … 182
　　三　子产的政治改革理念及影响 … 185
　　四　如何让教育成为社会稳定器？ … 188

第十二章　走向战国：道德的分合 … 194
　　一　对许世子止弑君的案例判定 … 194

二　对伍员助吴灭楚的道义评判 …………………… 198

　　　三　对卫国父子争国的礼法分析 …………………… 200

　　　四　如何看待娱乐至上的新文化？ ………………… 202

第十三章　春秋笔法：历史的力量 …………………………… 208

　　　一　三桓当国与旧有制度的溃败 …………………… 208

　　　二　大夫擅权与乱世的纵深走向 …………………… 211

　　　三　新时代与旧道德的无形碰撞 …………………… 214

　　　四　如何才能真正拯救中国男足？ ………………… 217

第十四章　圣人之道：孔子的理想 …………………………… 222

　　　一　对孔子政治思想行为的述评 …………………… 222

　　　二　对孔子文化思想行为的述评 …………………… 225

　　　三　"西狩获麟"的历史性隐喻 …………………… 228

　　　四　如何实现文化软实力的重建？ ………………… 230

第十五章　鉴古知今：历史的智慧 …………………………… 235

　　　一　为什么孔子"志在《春秋》"？ ……………… 235

　　　二　为什么《春秋》被视作律法？ ………………… 240

　　　三　为什么今人要重读《春秋》？ ………………… 243

　　　四　如何通过重新阐释复兴经典？ ………………… 246

结　语　历史到底教给了我们什么？ ………………………… 251

附　录　《春秋公羊传》心解 ………………………………… 266

　　　一　隐公（前722—前712） ……………………… 267

　　　二　桓公（前711—前694） ……………………… 278

三　庄公（前693—前662）	286
四　闵公（前661—前660）	297
五　僖公（前659—前627）	299
六　文公（前626—前609）	305
七　宣公（前608—前591）	307
八　成公（前590—前573）	311
九　襄公（前572—前542）	312
十　昭公（前541—前510）	316
十一　定公（前509—前495）	317
十二　哀公（前494—前468）	318

边民心记（代后记） ……………………………………… 321

引　言
被误读的原始儒家理想

　　国学热是近些年来引人注目的社会现象，但在讨论国学，尤其是儒学的过程中，有些问题必须好好澄清，只有这样，才能追源溯流，正本清源地理解儒家。事实上，今人对于儒家，尤其是原始儒家存在诸多误解，这就有必要首先了解儒家的历史阶段。如果从孔子（前551—前479）算起，儒家已有两千五百多年的历史，在这个漫长的过程中，儒家本身也在不断地发展变化，甚至后出的代表性人物相对于前人而言，已有很大的出入。若是笼统地判定儒家好或不好，恐怕无法简单地给出非好即坏的答案。正因如此，只有对儒家发展史做出分段，仔细考察儒家思想的嬗变历程，尤其是转折之处的关键性问题，才能更好地把握儒家的发展脉络，从而真正贴近历史地理解儒家。也只有在这样的大背景下，才能具体讨论儒家的哪位思想家、哪个观点有哪些可取和不可取之处。一般而言，儒家的历史大致可以分为以下四个不同的阶段：

第一个阶段是自主阐述时期，指春秋战国，大约三百年。德国雅斯贝尔斯有个著名的概念叫"轴心时代"，认为在公元前六世纪至公元前四世纪，北纬二十五至三十五度地区，东西方出现了一批哲人，他们实现了人类文明精神的重大突破，也为各自的文化传统奠定了坚实的基础。中国与此相对应的是春秋战国时期，代表人物是老子和孔子。可以说，只有回到这个时期，才能更清晰地了解儒家是怎样产生，又是如何阐述的。其实，诸子百家的出发点都是基于对天道的体察，对人道的理解，以及对自身历史使命义不容辞的担当。换句话说，正因他们处于"礼崩乐坏"的乱世，才有更紧迫的责任感寻找出路。如何才能使这个糟糕的时代重回正轨？人类到底该何去何从？诸子百家都在追问与反思，只是各家所提出的方案和道路不一样而已。当然，他们也有相通之处，那就是诸家都是基于自己的独立理解自主阐述，不仅给这个乱世诊病，还希望开出长期有效的药方。儒家也不例外，它的独立性和自主性不言而喻。

第二个阶段是糅合阐述时期，指秦朝到宋朝，大约一千五百年。从秦朝开始，尤其是汉武帝时代"罢黜百家，独尊儒术"以后，儒家思想的阐释机制发生了重大变化，糅合他家思想成为主要方式。这是因为把儒家思想变成国家意识形态是柄双刃剑：一方面，儒家固然获得了长足发展的机遇；另一方面，把思想定于一尊，破坏了自由竞争的环境，也会使这种思想失去迸发创造力的原动力。因此，儒家只得外寻，通过他家思想激发自身的原创力，例如汉代董仲舒吸收了阴阳家的思想，魏晋玄学即是用道家思想阐释儒家，隋唐在思想史上被称为佛化的时代，宋明理学更是充分吸收了道家、道教和佛教的思想。这个时期较长，著名的思想家也很多。

第三个阶段是依附阐述时期，指元明清，大约六百年。从中国思想文化的发展脉络来说，这是巨大倒退的时代，因为这个时代的专制越来越严苛，读书人被压抑得抬不起头来，儒家思想也完全沦为专制的工具。然而，今天只要打开电视，满眼都是清宫戏，尤其是对康雍乾这些帝王大唱赞歌，这是很有问题的。为什么？因为这些人无一不是专制魔王，只要稍微看看这个时代的文字狱就知道，思想控制到了何等严酷的地步，多少人因文字狱而人头落地。在这种文化白色恐怖主义的时代，读书人不敢阐释思想，只能蜷缩起来做考据了。

第四个阶段是反思阐述时期，指新文化运动以来直至现今，大约一百年。这段时间虽然不长，但至关重要，因为任何思想文化若不能进行全面的自我反思，就很可能自我封闭、停滞不前。新文化运动以来，我们对传统文化进行了系统的反省，回过头看，那时的许多观点可能偏激，未必完全站得住脚，例如鲁迅先生说，汉字不灭，中国必亡。然而，这场运动本身对中国文化，尤其是儒家的自我净化，有着极为深刻的意义，也为它的重新出发提供了新的可能。

从儒家的发展简史不难看出，不同时期儒家学人的阐述很不一样，依附阐述时期的思想观点自然无法与前代相提并论，有些甚至背离了前人的轨道。今人谈论儒家，很容易简单地用后人否定前人，例如有人说，儒家哪里可取，不是提倡裹小脚么？问题在于，孔子虽是儒家的鼻祖，但他得为后学的说法负责么？合理的判断是，上帝的归上帝，恺撒的归恺撒，孔子应为自己的言行负责，至于后人的阐释，恐怕只能各负其责了。因此，只有回到原始儒家，亦即儒家发展的第一个阶段，才能理清来龙去脉，分清各自的责任。当然，原始儒家的理想相当庞杂，但以下四点受到的误会较深：

第一，等级，还是平等？

众所周知，儒家的理论起点是血缘伦理，即以自己为中心，根据血缘关系的远近，爱呈不断递减的趋势。推广到社会伦理，便是承认等级的客观存在。大概正因如此，许多人认为儒家与现代社会完全脱节，甚至格格不入，因为如今是追求平等的社会。我们不妨先回到孔子的源初阐述，看看他在这个问题上到底着眼于什么。

> 齐景公问政于孔子。孔子对曰："君君、臣臣、父父、子子。"公曰："善哉！信如君不君，臣不臣，父不父，子不子，虽有粟，吾得而食诸？"（《论语·颜渊》）

孔子在这里提出的治国方法是"君君、臣臣、父父、子子"，这八个字也成为儒家强调等级的基本证据。诚然，当今社会，父母并不因年龄和辈分而有优先决定权，成年人也未必要唯父母意志是从，而是大家均应服从于"理"。即使如此，等级依然客观存在，社会依然是金字塔结构，要是变成扁平型，恐怕是无政府主义或丛林法则了。如此看来，问题不在于等级本身，而在于承认等级仍无法完全消除的前提之下，还有更合乎人性的追求吗？若是联系有关"正名"的说法，则能更好地体察上述八字背后的深层意蕴。

> 子路曰："卫君待子而为政，子将奚先？"子曰："必也正名乎！"子路曰："有是哉，子之迂也！奚其正？"子曰："野哉，由也！君子于其所不知，盖阙如也。名不正则言不

顺，言不顺则事不成，事不成则礼乐不兴，礼乐不兴则刑罚不中，刑罚不中则民无所措手足。故君子名之必可言也，言之必可行也。君子于其言，无所苟而已矣。"（《论语·子路》）

"正名"是"君君、臣臣、父父、子子"的另一种表述，而这段话有一个特殊的背景，那就是当时卫国发生了父子争国的事情。卫灵公的儿子蒯聩与卫灵公夫人南子交恶，刺杀南子失败后出逃晋国，卫灵公去世后，蒯聩的儿子辄被立为国君，而蒯聩借重晋国与自己的儿子争位。这段话里的卫君正是卫出公辄，站在辄的角度，蒯聩是父亲，从道义的角度而言，作为儿子应当主动让位给父亲；站在蒯聩的角度，辄是遵从卫灵公的遗命继位的，等于秉承了父亲的意愿，从法理的角度而言，作为儿子，理应遵守本分，不应与辄争位。当然，这是理想状态，现实恰恰相反，父子争国起因于他俩只是伸张各自的合法性，而完全忽视了彼此的道义和法律义务。孔子通过这种复杂的关系意在说明，每个人在社会等级中均有不同的身份规定，只有各自尽到身份义务，社会关系和国家治理才有章可循。换句话说，国君要像国君，臣子要像臣子，父亲要像父亲，儿子要像儿子，并不是自上而下的威权视野，也不是强调臣子对君主的服从、儿子对父亲的服从，而是等级之下的个体视野，亦即每个人都有应尽的本分。

孔子把父子争国视为恶行，因为他的着眼点在于义务而非权利，但这在后代逐渐跑偏了，尤其是"三纲五常"的提法，使得义务本位朝着服从本位转变。"三纲"一词最早见于董仲舒《春秋繁露》：

《白虎通义·号篇》："古之时，未有三纲六纪。"又《纲纪篇》："'三纲'者何谓？君臣、父子、夫妇也……"故《礼纬·含文嘉》曰："君为臣纲，父为子纲，夫为妻纲。"(《春秋繁露》卷十《深察名号》"三纲五纪"注)

这里讲得很清楚，原先并没有"三纲五常"的说法，孔子只是讲社会分等级，个人有相应的身份义务，而君为臣纲，父为子纲，夫为妻纲，突出了君权、父权和夫权的主导性，这不是义务本位，而是权利本位了。这样一来，尊君抑臣的观念得到了有效发挥。董仲舒的阐述有那个时代的特色，那就是专制帝国在秦始皇时代完成了政治、经济、军事等外在形态的构建，在汉武帝时代完成了思想文化等内在形态的构建。董仲舒对儒家的功劳很大，受到的非议也很大，因为他不是纯儒，而从"三纲"的阐释移位可知，秦汉时期的思想文化背景与先秦已有深刻的差别。

与儒家讲等级相反，墨家主张兼爱，即平等无差别的爱：

若使天下兼相爱，爱人若爱其身，犹有不孝者乎？视父兄与君若其身，恶施不孝？犹有不慈者乎？视弟子与臣若其身，恶施不慈？故不孝不慈亡有。犹有盗贼乎？故视人之室若其室，谁窃？视人身若其身，谁贼？故盗贼亡有。犹有大夫之相乱家，诸侯之相攻国者乎？视人家若其家，谁乱？视人国若其国，谁攻？故大夫之相乱家，诸侯之相攻国者亡有。(《墨子·兼爱上》)

墨子的基本推论是，每个人都把别人视同自己，把别的家庭视同自己的家庭，把别的国家视同自己的国家，天下不就太平无事了吗？其实，这是用圣人的标准要求常人，不符合人之常情，注定只能是乌托邦。相反，儒家讲血缘伦理，是基于自然而然的情感，是用常人的标准要求常人。而且，不顾现实地抹平一切差异性，会导致无政府主义的倾向。孟子批评墨子："天下之言，不归杨，则归墨。杨氏为我，是无君也；墨氏兼爱，是无父也。无父无君，是禽兽也。"（《孟子·滕文公下》）杨朱主张利我，墨子主张兼爱，孟子把他们归为无君无父，等同禽兽。意思是说，文明是需要某种秩序感的，杨朱放大个体的独立性，墨子抹杀个体的差异性，推而广之，会使国家的层级管理丧失合法性，这是开倒车的行为。

更重要的是，除了兼爱以外，墨子还有一个核心观点：尚同。即使在抽象层面，每个人爱的心灵与爱的能力也是不同的，那么应当以谁作为标杆呢？墨子的答案是君主。

> 国君者，国之仁人也。国君发政国之百姓，言曰："闻善而不善，必以告天子。天子之所是，皆是之；天子之所非，皆非之。去若不善言，学天子之善言；去若不善行，学天子之善行。"则天下何说以乱哉？察天下之所以治者何也？天子唯能壹同天下之义，是以天下治也。（《墨子·尚同上》）

不难看出，所谓尚同，实则是下层同于上层，所有人同于天子，亦即以君主的意志为终极归宿。这似乎是个悖论，初看起来墨子追求平等，为普罗大众说话，但他的理论落脚点竟然是君主，而以天子的是非为是非，这恰恰是最大的不平等。现实地来看，兼爱往往流于乌托邦，而尚同不仅容易实现，而且很有诱惑力，历代统治者无不尽力做到这一点。相对而言，原始儒家努力限制君权，墨家终究与法家沦为同流。

何谓深度平等？时至今日，无论从政治理论还是从政治实践中，都可以清楚地看到，不顾一切地抹煞所有差异性，恰恰是最大的不平等。换句话说，绝对平等是乌托邦，等级依然客观存在，关键在于如何实现相对平等。在现代社会，这表现为权利和义务双重平等。也就是说，拥有这份权利的同时，必须接受相应的约束。其实，在儒家的理想世界里，也有乌托邦的成分，那就是希望天子修身立德，影响身边的大臣，然后在首都建立首善之区，用以引导全国人民。这固然有很大的偶然性，但不能忽略的是，儒家承认等级，而且等级越高，相应的要求也越高。也就是说，君主要有君主的样子，而君主的样子不同于大臣，因为对君主的道德要求更高。正因如此，儒家的基本态度是，对政府和公众人物要求越严越好，对普通百姓反倒可以宽以待之，这是儒家胜过墨家和法家的地方。

当然，儒家也有不足之处，因为它的着眼点主要是身份义务，而现代社会更注重权利平等。或者可以说，在宪法赋予每个公民所拥有的权利平等方面，儒家是缺位的。这种显而易见的局限性，正是重新阐释儒家思想时尤应在意的。

第二，复古，还是自由？

在一般人印象中，儒家似乎是保守乃至迂腐的形象，而且可以找到很多相应的证据，例如孔子表示自己"述而不作"，即只是整理前代典籍，并没有什么创造。其实这是谦辞，并非事实。又如孔子提倡"克己复礼"，《论语·颜渊》："颜渊问仁，子曰：'克己复礼为仁。一日克己复礼，天下归仁焉。为仁由己，而由人乎哉？'"在这里孔子把"仁"的实现途径分为内外两个方面，即自内克制欲望，自外恢复周礼。就后者而言，《论语·八佾》讲得很清楚："子曰：'周监于二代，郁郁乎文哉，吾从周。'"孔子想要复兴的显然是西周礼治。

为什么孔子会有这样的主张？这固然是因为他觉得当时的时代非常糟糕，但解决问题的办法只能是"法先王"而回到西周么？这是明目张胆地复古，难道不能向前看而有新的建构么？其实，在中国历史上，复古是十分常见的口号，但许多人只是利用这个旗帜获得合法性，然后旧瓶装新酒。因为只要稍有理性就知道，除了穿越剧以外，复古真能实现吗？因此，我们必须深究，西周对孔子到底有什么吸引力。

简单而言是自由。孔子处身春秋时期，这是一个"礼崩乐坏"的乱世，最显著的趋势是一步步走向集权，春秋是开端，秦朝是高潮。圣人见微知著，孔子不仅敏锐地捕捉到了时代潮流的变化，而且深刻洞察了它的最大弊端。正因如此，孔子只是以西周作为引子，意在引导大家严肃正视自由日渐远去的残酷现实。相对而言，西周实行分封制和井田制，人们尚能保持一定程度的自由。例如诸侯对周天子有纳贡和派军队出征等义务，但在自己的领地里有相当大的裁量权。甚至可以说，西周"天下共主"式的中央政府是一个弱势政府，各地均有大小不一的自治权。这种制度的优势是留下了不少自由空间，劣势则是随着几代周天子的胡作非为，中央政府不断被弱化，并被一些大的诸侯反超，造成了权力下移的局面。不过，诸侯的兴起不同于

"汤武革命",不是直线式地以地方取代中央,而是波纹圈式地向外扩展,这注定没有一劳永逸,也就使得它们更加迫切地希望增加土地和人口。在这种背景下,税亩制取代了井田制,意在鼓励大家更多地占有土地,同时大大提升了政府掌控资源和人口的能力,因为弱势政府显然无法争霸,而强势政府必定要让人民让渡出更多的自由。

其实,孔子的老师老子对此早有体察,其以复古之名而弘扬自由的主张有过之而无不及。

> 绝圣弃智,民利百倍;绝仁弃义,民复孝慈;绝巧弃利,盗贼无有。此三者以为文,不足。故令有所属:见素抱朴,少思寡欲,绝学无忧。(《道德经》第十九章)

> 小国寡民。使有什伯之器而不用;使民重死而不远徙;虽有舟舆,无所乘之;虽有甲兵,无所陈之。使人复结绳而用之。至治之极。甘美食,美其服,安其居,乐其俗,邻国相望,鸡犬之声相闻,民至老死不相往来。(《道德经》第八十章)

从道经的部分来看,老子主张绝圣弃智、绝仁弃义、绝巧弃利、见素抱朴、少思寡欲、绝学无忧,都是着眼于体道的角度,而与道同在才是最大的自由。要做到这一点,就必须把我们自以为高明而实属附加的东西通通去掉。从德经的部分来看,老子主张小国寡民,甚至回到结绳记事的时代,这也不是简单复古,而是提倡弱势政府。也就是说,面对走向集权的时代趋势,老子的解决办法是反其道而行之,让国家越来越小，人口越来越少，政府的力量也会随之越来越弱。从制度化的角度来看，老子比孔子走得更远，因为结绳而治的时代几乎没有政府的影子。

与上述观念相近的还有《击壤歌》："日出而作，日入而息，凿井而饮，耕田而食，帝何力于我哉！"（《乐府诗集》卷三十八）据说这是帝尧时代的民歌，意在歌颂尧帝这位儒家的圣君。不过，这首民歌所歌颂的并不是尧帝有什么政绩，他最大的政绩恰恰是没有政绩，老百姓感受不到政府的存在，故而可以做一个自由自在的人，按照自然规律生活。

从上述理念来看，孔子主张回到西周，老子主张回到远古时代，《击壤歌》主张回到尧帝时代。相对而言，孔子并不激进。而且，所谓复古，其实只是一个幌子，没有人觉得真能回去。或者说，这只是在表达不满而已，目的是为了自由。老子也好，孔子也罢，他们对所处的时代牢骚甚多，这也是最为可贵的。

何谓深度自由？世间从来没有绝对自由，只有相对自由，而这取决于两个层面，那就是个人与政府的双重克制。孔子主张克己复礼，正是着眼于此。个人或许难以改变外在环境，但可以改变自己，只要不断提升思想境界和人生格局，自由度必然会随之增加。同时，社会也应尽最大可能给个人自由空间，这就要求政府必须克制。当然，这是一个艰难的过程，因为权力对政府而言太有诱惑力，所以它总是在锲而不舍地加强而不是限制自己的权力。然而，政府若不保持相对克制，就会逐渐变成包办型的全能政府，不仅自己的效率不断下降，乃至"人亡政息"，而且人民会把所有过错和不满全部算到政府头上，对彼此都是伤害。历史上，"文景之治"和"贞观之治"最为人所称道，但这两个时代的治国理念和方法完全不同，前者是无为而治，后者是有为而治，无为而治并不是什么事情都不做，而是政府首先自我克制，这可能比有为而治来得更难。现代社会的核心理念正是尽可能给予公民自由而限制政府的权力。或许，追求自由是人类的天性，我们更应从这个维度来理解孔子和老子。

第三，特权，还是法治？

儒家主张等级有差别的爱，这很容易让人推论出儒家不赞成人人平等，尤其是《礼记·曲礼上》有句广为流传的话："礼不下庶人，刑不上大夫"，似乎更印证了这样的立场。当然，这句话很有争议，主要有两种截然相反的解释。一种释为道德不适用于普通人，法律不制裁士大夫，这不是极度不平等吗？另一种则是把"下"和"上"两个动词的意义做了调整，使之变成道德不能遗弃普通人，法律不能优待士大夫，强调法律面前人人平等。事实上，这两种解释可能都有所偏颇。

儒家认为，每个人的品行才能都不一样，社会因而分为不同的层级，最简单的划分是精英和大众。同时，儒家把治国之道分为道德和法律两个层面，前者高于后者，《论语·为政》："子曰：'道之以政，齐之以刑，民免而无耻；道之以德，齐之以礼，有耻且格。'"儒家的基本立场是顺从自然情感，不以圣人的标准要求常人，所以不同阶层有或严或宽的社会准则。既然从管理者的角度而言，道德高于法律，那么从被管理者的角度而言，法律是底线，适用于所有人，而道德只适用于精英，因为"民免而无耻"是大众的常态，"有耻且格"是精英的自觉。也就是说，法律必然治罪，道德只能谴责，对大众而言,政府可以提倡道德,鼓励他们向精英靠拢,但在现实中只要求他们守法即可,无需更多的道德要求,因为道德是守法之外更高的自我约束,能做到这一点即是精英。换句话说,有守法而无德的人,但没有德全而不守法的人。

正因如此,"礼不下庶人,刑不上大夫"并不是阐述平等与否的问题,而是谈论治国之道,那就是社会有阶层之分,对不同的阶层有不同的适用准则,而且位置越高,相应的要求也越高。关于这一点,孟子有类似的论述:

> 无恒产而有恒心者,惟士为能。若民,则无恒产,因无恒心。苟无恒心,放辟邪侈,无不为已。及陷于罪,然后从而刑之,是罔民也。焉有仁人在位,罔民而可为也?(《孟子·梁惠王上》)

孟子严格区分了"士"和"民"两大阶层,普通人没有固定资产就会缺乏恒定的信念,只有精英才能始终如一地坚守理想,因为支撑他们的不是财产或利益,而是理想和信念,道德也只适用于这个群体。对此,西汉司马迁阐述得更为直接:

> 太上不辱先,其次不辱身,其次不辱理色,其次不辱辞令……传曰:"刑不上大夫。"此言士节不可不厉也……且人不能蚤(早)自财(裁)绳墨之外,已稍陵夷至于鞭箠之间,乃欲引节,斯不亦远乎!古人所以重施刑于大夫者,殆为此也。(司马迁《报任安书》)

司马迁详尽罗列了士大夫节操的内涵，这正是精英自我道德约束的呈现，而且向来受到读书人的重视。所谓"刑不上大夫"，是指精英触犯了法律之后，并不立即施以刑罚，而是给予一点缓冲时间，因为精英有更高的道德自许，气节所至，足以自我裁决，而且这必定不是轻于而是重于法律的规定，直至自行了断。非要等到明正典刑，那就不仅是自取其辱，而且有辱士大夫这个阶层。若是不能做到这一点，那就没有资格进入士大夫行列，可以直接依法办事。

谈到法律与道德问题，大家通常会举证法家主张法律面前人人平等，这层意思主要是从《韩非子》"法不阿贵，绳不挠曲"的说法推演而来：

> 法不阿贵，绳不挠曲。法之所加，智者弗能辞，勇者弗敢争。刑过不辟大臣，赏善不遗匹夫。故矫上之失，诘下之邪，治乱决缪，绌羡齐非，一民之轨，莫如法。厉官威名，退淫殆，止诈伪，莫如刑。刑重，则不敢以贵易贱；法审，则上尊而不侵。上尊而不侵，则主强而守要，故先王贵之而传之。人主释法用私，则上下不别矣。（《韩非子·有度》）

初看起来，法家主张法律面前人人平等，可是大家千万别忘了，这个观念并不是法家的终极归宿，因为它的落脚点只在君主。商鞅也好，韩非也罢，他们殚精竭虑的服务对象只有君主一人，民众只不过是他们手里的工具而已。因此，法家所说的"王子犯法与庶民同罪"，实则有一人例外，那就是君主。君主不仅可以不遵守法律，而且随时可以制定法律，他的所有言行都可以作为现行法。恰恰是这个例外，使事情变得无比糟糕。

从战国时期开始，中国的法律制度日趋丰富，但始终未能进入法治社会，这与法家有莫大的关系，因为法律并不是根植于人心的共同规范，不可逾越，而只是帝王的权术而已。秦朝用法家思想治国，结果二世而亡，可是自汉武帝以后，儒表法里成为帝王治国的不二法门，法家思想可谓死灰复燃，究其原因，大抵在于法家忠心耿耿地服务于帝王一人，对帝王而言实在是太有诱惑力了。

由是可见，法家所谓法律面前人人平等，实际是由帝王说了算，决定权仍在个别人手里，对民众而言，平等只不过是帝王的恩赐而已，这恰恰是最大的不平等。况且，这种表面的平等还有前提条件，那就是必须让渡自由。也就是说，法家给予的平等，目的在于制衡，使任何人都无法威胁君主的威权，因而法家不厌其烦地教导帝王如何控制臣子、民众，乃至整个国家，根本手段就是从言行到思想通盘控制，最大限度地剥夺人们的自由。秦始皇不允许人们议论他，焚书坑儒即是思想控制的典型。

从这一点来说，原始儒家与法家截然对立，而判断一个人是儒家还是法家，办法很简单，那就是鱼和熊掌不可兼得的时候，儒家选择自由，法家选择平等。大概正因如此，荀子一直被排斥于儒学正统之外，因为他不仅与法家有较接近的理念，而且培养了法家的重量级人物韩非和李斯，而纯粹儒家是坚决反对法家的。

什么是深度法治？简而言之是法律的普适与道德的引领，亦即在法律面前人人平等，同时用更严格的道德约束精英，对政府和公众人物尤应如此。当然，儒家也有不足之处，那就是它的着眼点仍在于从上至下的管理。换句话说，虽然儒家的出发点不是君主，但视角依然是居高临下的。现代社会恰好相反，法治的基石不是俯视，而是平视，即人人平等。另外，谁是法律与道德的制定者和仲裁者？这是非常关键的问题，现代社会的答案是人民，现代政治学对此也有清晰的界定，而根据儒家"贤人政治"的理想推论，估计是精英吧，可惜语焉不详。

第四，天授，还是民主？

儒家区分等级，并对精英有更严格的道德要求，那么儒家是不是看不起普罗大众呢？事实也非如此。对这个问题的误解主要来自于孟子有关劳心与劳力的论述：

> 或劳心，或劳力；劳心者治人，劳力者治于人；治于人者食人，治人者食于人；天下之通义也。（《孟子·滕文公上》）

这段话出自孟子与农家的辩论，意在讨论社会分工问题。孟子借此深入论证了儒家的理想：主权在民，治权在贤。意思是说，主权来自人民，但管理国家是精英的事情，不可能让所有人参与。换句话说，劳心与劳力无关平等，而是社会层级的划分及其管理问题。关于这一点，柏拉图《理想国》也有类似的论述，不仅详细阐述了四种政治制度——荣誉政治制度、寡头政治制度、民主政治制度和集权政治制度，而且借苏格拉底之口对它们逐一批评，其中包括对民主制度的批评：

> 这（民主制度）看来是一种使人乐意的无政府状态的花梢的管理形式。在这种制度下不加区别地把一种平等给予一切人，不管他们是不是平等者。（柏拉图《理想国》第八章《四种政治》）

柏拉图认为，不辨个人能力，只是简单地一人一票管理国家，这是无政府状态，并不可取。柏拉图提倡精英政治，与孟子有相近之处，但他们又有重大区别，那就是孟子强调，治权在贤的前提是主权在民。在这一点上，孔子的立场并不是特别明晰，孟子不仅态度明确，而且多次论及：

> 民为贵，社稷次之，君为轻。是故得乎丘民而为天子，得乎天子为诸侯，得乎诸侯为大夫。诸侯危社稷，则变置。（《孟子·尽心下》）

这里讨论的是君主与人民的关系以及君主权力的来源问题，孟子的立场是，人民是君主的归宿而不是相反。虽然《尚书·五子之歌》早有"民为邦本，本固邦宁"的观点，但他们的本质完全不同，《尚书》意在告诫国君，故而是从上往下的视角，意思是人民是国家的根本，只有根本稳固，国家才能安宁，所以必须重视人民。孟子则是从下往上的视角，意思是君主的权力来自于人民。大概正因如此，孟子讲了许多被后世帝王，尤其是像朱元璋那样的专制恶魔视为大逆不道的话：

> 孟子告齐宣王曰:"君之视臣如手足,则臣视君如腹心;君之视臣如犬马,则臣视君如国人;君之视臣如土芥,则臣视君如寇仇。"(《孟子·离娄下》)

这段话的意思是,既然君主的权力来自于人民,那就必须遵守相应的准则,否则就会丧失合法性,人民可以将其赶下台。孟子很了不起,因为君权神授的观念由来已久,而君权若是上天意志的体现,个人是没办法撼动的。西周以来提倡"皇天无亲,惟德是辅"(《尚书·蔡仲之命》),试图用道德约束。孟子的主张更彻底,认为不符合王道就应被推翻。

> 齐宣王问卿。孟子曰:"王何卿之问也?"王曰:"卿不同乎?"曰:"不同,有贵戚之卿,有异姓之卿。"王曰:"请问贵戚之卿。"曰:"君有大过则谏;反复之而不听,则易位。"王勃然变乎色。曰:"王勿异也。王问臣,臣不敢不以正对。"王色定,然后请问异姓之卿。曰:"君有过则谏,反复之而不听,则去。"(《孟子·万章下》)

孟子区分了贵戚之卿和异姓之卿,他们都是精英,只是与君主的亲近程度不同而已,相通之处则是都不盲从君主,而是帮助君主改正错误,君主若是不从,异姓之卿可以离去,贵戚之卿可以更换君主。在君臣关系上,孔子认为君臣都应遵循王道,各司其责,《论语·八佾》:"定公问:'君使臣,臣事君,如之何?'孔子对曰:'君使臣以礼,臣事君以忠。'"相形之下,孟子比孔子激进多了。至于"君要臣死，臣不得不死；父要子亡，子不得不亡"，这是极度专制时代才有的观念，违反人性，完全不是儒家的理念。事实上，孟子还在一般意义上论证了"汤武革命"的合法性：

> 齐宣王问曰："汤放桀，武王伐纣，有诸？"孟子对曰："于传有之。"曰："臣弑其君，可乎？"曰："贼仁者谓之贼，贼义者谓之残，残贼之人谓之一夫。闻诛一夫纣矣，未闻弑君也。"（《孟子·梁惠王下》）

商汤和周武王是儒家推崇的圣君，但他们作为臣子推翻了自己的国君。关于这一点，孔子心里多少还有些疙瘩，《论语·八佾》："子谓《韶》：'尽美矣，又尽善也。'谓《武》：'尽美矣，未尽善也。'"《韶》是歌颂舜的乐舞，孔子觉得内容和形式都很好；《武》是歌颂周武王的乐舞，孔子觉得形式很美，内容有点问题，因为这是以下犯上，以臣弑君。孟子则不然，他认为任何人都应依照仁义行事，否则国君就是独裁者，就会自动丧失合法性，那样的话，人民起来推翻他，也就合情合理。

因此，孟子主张精英政治，但并不否定民权，而是自始至终强调权力来自人民。《理想国》同样倡导贤人政治，但它的理想政治制度是哲学王：

> 只有在某种必然性碰巧迫使当前被称为无用的那些极少数的未腐败的哲学家，出来主管城邦（无论他们出于自愿与否），并使得公民服从他们管理时，或者，只有在正当权

的那些人的儿子、国王的儿子或当权者本人、国王本人，受到神的感化，真正爱上了真哲学时——只有这时，无论城市、国家还是个人才能达到完善。(《理想国》第六章《政治哲理》)

在柏拉图的理想世界里，哲学王的最高权力来自于"某种必然性"和"受到神的感化"，大抵还带有君权神授的意味。相对而言，孟子走得更为深远。

什么是深度民主？简而言之是合法性的终极确认。也就是说，主权在民的口号很动人，但怎样体现国家属于人民呢？关键在于权力由谁赋予，社会准则由谁制定。孟子当然讲得比较简单，现代民主已相当细化。古代主要是自上而下地治民，亦即君主和精英高高在上，出于仁义之心管理人民。现代社会恰好相反，合法性的终极确认在于自下而上，亦即人民通过制定法律和民主选举等手段规范政府。当然，这方面的制度建设，儒家并未涉及，只是较为笼统地有所触及，即使如此，也已让那些醉心于专制的帝王大为恼火，但这反过来证明了这些思想的生命力。

我们今天探讨原始儒家的理想，并不仅仅是为了纯粹的学术探讨，更在于当代阐释和建构。当下国学很热，但我们必须认真思考，到底需要怎样的国学？什么东西才是真正有价值的？自新文化运动以来已有一百多年，我们对传统文化的糟粕已有较深刻的认识，对现时代而言，更重要的不是"破"，而是"立"，亦即利用传统智慧创造有当代特色的思想文化。

不过，传统文化的精华和糟粕并存，倘若没有火眼金睛，就会缺乏足够的辨别力。例如眼下《弟子规》的推广十分火热，对此应保持高度警惕。为什么？我们学习儒家思想，理应学习它最可宝贵的东西，而儒家的可贵之处在于孔孟处身春秋战国的乱世，有着满腹的牢骚和批判。《春秋公羊传》说得非常明白，孔子编订《春秋》，意在"拨乱世反诸正"。意思是说，时代越糟糕，越要仰望星空，勾画更加美好的未来。这种批判精神，才是儒家思想生命力和创造力得以经久不息的核心所在。与此形成鲜明对照的是后世越来越盛行的颂圣文化，这是糟粕之尤，动辄三呼万岁，根本不是原始儒家的理想。

令人遗憾的是，自宋代以后，近八百年来，中国传统文化几乎都是糟粕，只有王阳明、李贽等少数几个特立独行的人。《弟子规》由李毓秀编撰于清康熙年间，这个时代的读书人匍匐在专制魔王的淫威之下，以软骨头居多，他们编写的东西一丁点儿价值都没有。何况读书的关键是以心会心，重在传承精神，《弟子规》只是简单摘取一些形式性的东西七拼八凑，并无任何批判精神可言。况且礼的本质是仁，而仁发自内心深处，若不能从骨子里启迪仁义，培养出来的不是伪君子就是真小人。

若要推荐的话，我们可以回到原始儒家，那才是最有价值的部分。小朋友可以读《诗经》，感发意志，涵养情感，孔子不正是这样教导子弟的么？《论语·阳货》："子曰：'小子何莫学夫诗？诗可以兴，可以观，可以群，可以怨；迩之事父，远之事君；多识于鸟兽草木之名。'"成人可以读《春秋》，孔子自明其志时说："知我者其惟《春秋》乎！罪我者其惟《春秋》乎！"（《孟子·滕文公下》）说明这是他最为看重的著作，充分表达了他的牢骚与梦想，只有这样的精神才值得继承和发扬。例如《春秋公羊传》开篇阐明"大一统"的主旨，这是什么意思？专制时代往往将其解释成大统一，亦即只能有一个主义或一种思想，更有甚者将其归为帝王意志，这完全违背了《春秋》的本意。孔子强调，这是周文王而不是周武王的大一统，文治永远比武功重要。而且，把某种思想定于一尊是专制，而实现大一统的方式应像春秋战国时期那样，百家争鸣、百花齐放，让人们自由呼吸、自由思想，否则只能培养出奴才，而不是大写的人。

专制时代已日渐远去，但我们的思想观念是否真正做到了彻底解放？打开电视，满眼都是清宫戏，实在是让人费解，因为这会让许多人，尤其是未成年人误以为君臣关系等于张口"主子"、闭口"奴才"，或者人只能像奴才一样活着，这对培育现代公民和公民社会毫无助益。

第一章
春秋：时代与经典合一

一 "春秋"是一个怎样的时代？

当我们看到"春秋"这两个字的时候，除了会想到这是两个季节以外，最重要的印象恐怕还有两个：第一，这是一个时代；第二，这是一本经典。而且，这两者之间有十分密切的关联，因为《春秋》这本经典，主要记载了春秋这个时代的历史；而春秋这个时代也正因《春秋》这本经典而得名。那么，春秋到底是一个怎样的时代呢？最简略的概括是四个字：礼崩乐坏。所谓礼崩乐坏，必定是相对而言的，那就是过去曾经非常美好，现在呈现出制度性的分崩离析。因此，只要谈到春秋这个时代，就必须追溯到西周初年，周朝建国之时精英们的思考和建设。那时，一直盘旋在他们心头的问题是，取代商朝以后，如何才能实现长治久安呢？经过不断总结和反思，西周的精英们设计了两种重要的政治制度。

从理念上来说，周朝并不像商朝那样重视鬼神，而是强调德性。换句话说，周朝更加突出"人文"问题，并在此基础上建立了人本主义的政治体制。这是一个伟大的转向，孔子说："周监于二代，郁郁乎文哉，吾从周。"（《论语·八佾》）孔子赞美周朝的礼仪制度丰富多彩，而这正是推崇人文精神的重要表现。因此，周朝主张"皇天无亲，惟德是辅"（《尚书·蔡仲之命》），意思是说，上天公正无私，不会无故眷顾某人，只会亲近那些有德行的人。照此推理，治理天下当然要以德行为先。

从具体政治措施来说，主要有两点。第一，分封制。亦即把王室和功臣分封到全国各地，让他们守卫边藩，只要各地安然无恙，就能像众星捧月般拱卫京师，使之固若金汤，政治权力相应也就稳固了。同时，与这个制度相配套的是嫡长子继承制，亦即嫡出的长子有优先继承权，按照尊卑顺序依次继承，从而避免兄弟之间为争权夺利而内讧。

第二，礼乐文化。可以说，分封制和嫡长子继承制是刚性政治制度，而礼乐文化是柔性政治制度。换句话说，按照理想的制度设计，从周天子到诸侯，一级一级地往下分封，每个人在自己的位置上谨守本分，天下自然太平。然而，理想往往只能停留在纸上，鉴于人性的固有弱点，只要回到现实中，就不能保证所有人都能始终如一地自觉遵守，此时则需要柔性制度的设计和规范。正因如此，礼乐文化着重强调两点：一是"礼"的等级规则。我们必须明白，"礼"固然是为了区分等级，建立起金字塔型的社会架构，但更为重要的是，"礼"

是一种身份约束，不同的身份有不同的要求，身份越高则要求越严。因此，处于什么位置，就该有与此相应的言行，既不能僭越，也不能自降身份。二是"乐"的沟通融和。如果只讲礼仪和规矩，未免会等级森严，过于冷漠，而"乐"恰好弥补了这方面的欠缺和不足。当然，这里所说的"乐"，并不是指流行音乐，而是指庙堂音乐，亦即用于朝会、典礼等与典章制度有关的音乐。也就是说，在某些特定场合，通过音乐的仪式感，让大家暂时抛弃原有身份，转而获得此时的共有身份，以期达到融和彼此，巩固认同的目的，而这种认同包括诸如血缘、宗法、政治关联等不同类别。

西周初年的精英们正是用分封、礼乐等政治制度支撑起周朝的统治，但不容忽视的是，若要保证这些制度有力地推行下去，周天子的德行显然无比重要。换句话说，这套制度意在确立规矩，并引导大家遵守规矩，而其要害在于，身居高位者，尤其是金字塔顶端的最高领导者，必须率先以德服人。否则，大家不是心悦诚服，这个制度就会变得相当脆弱。可以说，在西周初期，从周武王、周公，到成康之治，这套制度都推行得较好。可是到了西周后期，周厉王犯了一个重大错误，那就是不允许别人发表不同意见，议论时政一时成为禁区和雷区，人们不堪忍受，终于起来把他赶跑了，于是出现了"周召共和"，也就是周天子缺位，由周公和召公共同执掌权力。这一年是公元前841年，也是中国历史有确切纪年的开始，具有标志性意义。然而，像"周召共和"这样的传统，并没有得到很好的继承和发扬。周厉王的儿子周宣王继位以后，成为中兴之主，政绩不俗。可惜的是，周宣王的儿子周幽王又胡来，闹腾了一出大戏，那就是妇孺皆知的烽火戏诸侯，使得周天子的威望大大下降，最终导致犬戎攻破都城镐京，西周就此灭亡。周平王迁都洛邑，这便是东周的开始，而《春秋》纪事就始于周平王四十八年（前722）。

从上述历史进程不难看出，所谓"礼崩乐坏"，其实是从上面，尤其是金字塔顶端开始的，所谓"上梁不正下梁歪"，原先礼乐文化建立起来的金字塔慢慢而不可逆转地解体了。在这个意义上，儒家讲君君、臣臣，实则是要求国君要有国君的样子，臣子要有臣子的样子，而国君更应首先以身作则，要是国君狂放无度，必然会让诸侯大臣觉得国君是沐猴而冠，从而产生轻视之心。既然国君胡作非为，无法让人信服，那么诸侯的欲望和野心也会随之膨胀，趁机僭越权力，扩充势力。正因如此，进入春秋时期以后，几乎可以说，周天子已是威望扫地了。

更为严重的是，事情的发展比预想的还要糟糕。鲁桓公五年（前707），由于郑庄公的势力日渐壮大，周桓王很讨厌他，想要削弱他的权力，就理所当然地率领诸侯联军讨伐郑国，结果在繻葛（河南长葛）之战中，郑国不仅打败了周天子，还一箭射中了他的肩膀。按照儒家的说法，王者本应无敌于天下，但现实总是那么残酷无情。这一箭，等于彻底射中了周朝政治的要害，也可以说是把周天子的权威彻底打下去了。正因如此，从这个时候开始，诸侯日渐明目张胆地各怀私心了。诸侯原先是为周天子守卫疆土的，现在忽然发现周天子已成这样，威信和武力均不足以服众，难以作为自己的保护伞了。怎么办？凡事只能靠自己！所以诸侯纷纷把发展和壮大自身作为首要任务，逐渐热衷于军备竞赛和实力竞赛，争相扩充地盘和人口，至于先前对周天子的义务则多被弃之不顾，或者做做表面功夫罢了。

随着周天子权势的衰落，诸侯的扩张之势愈演愈烈，这在诸侯内部也产生了蝴蝶效应，那就是争权夺势日趋激烈地反复上演，最著名的例子是晋国的曲沃代翼。晋国的始封国君是周成王的弟弟唐叔虞，晋国的都城在翼城（山西），但它还有一个重镇曲沃（山西闻喜）。进入东周之际，第十一代国君晋文侯在位，他的父亲是晋穆侯。晋穆侯给晋文侯取名为仇，而给晋文侯的弟弟取名成师。当时已有人说，这两个名字弄反了，因为哥哥的名字寓意不好，弟弟的名字寓意很好，但按理来说，哥哥有优先继承权，他的名字应该寓意很好才是，现在反倒是弟弟超过了哥哥，这很有可能是晋国以后祸乱的根源。我们不能把这番话完全当作迷信而一笑置之，因为这是当时人们的理念，只要有人相信，就会凝聚力量，从而或多或少、或远或近地影响政治。果不其然，进入东周以后，成师的后代被封在曲沃，这一系的势力日益强大，不断挑战国君的权威。经过曲沃桓叔、曲沃庄伯和曲沃武公三代人，用六七十年的时间，终于使曲沃的势力压倒了翼城，亦即成师这一脉取代了仇这一脉而成为国君。

本来，按照周公制礼作乐的设想，诸侯对天子尽忠、尽责、尽职，而诸侯之间也理应友好相处，因为大家要么有血缘关系，要么是政治结盟关系，完全是一根绳上的蚂蚱，有着极为接近的信念和利益诉求。然而，晋国曲沃代翼的例子生动地说明，不仅血缘和盟友之间，而且诸侯内部亲兄弟之间，都出现了反复争夺权力的冷酷无情，这无疑是礼崩乐坏极为突出的表征。

除了政治方面以外，春秋时期的经济方面也有很大变化，标志性事件是鲁宣公十五年（前594）实行的税亩制度。周朝的土地制度原本是井田制，一块土地像井字一样被分成九块，正中间一块是公田，周围八块分给八户人家，公田由周围八户人家共同出力耕种，收成归这块土地的所有者。税亩制度则是废井田而按照田亩数量收税，亦即有多少田地则收多少税。关于这个事件，《春秋》给予严厉的批评。有人可能会觉得奇怪，因为从解放生产力的角度来讲，税亩制相对于井田制绝对是一种进步，它大大地释放了生产力。过去人们只关心自己的一亩三分地，当然也只有这么一点大的空间，可是现在不一样了，国家鼓励拥有越多田地越好。问题在于，经学家为什么批评这件事呢？这是因为在井田制之下，税收是固定的，亦即公田的收成，占九分之一，但在税亩制之下，税率由统治者说了算，或多或少，并不确定，更多的时候是加重税收，增重人民的负担。那么统治者为什么要推行税亩制呢？这是因为他们要扩充自己的势力，就得拓展经济来源，增加人口数量，只有在这些方面超过别人，才有雄厚的底子打仗，为更大规模的扩张奠定坚实的基础。

在这种情势之下，诸侯之间，乃至诸侯内部的争斗更趋激烈。曲沃代翼还可以算是晋国公族之间的内斗，从春秋走向战国的时代，这种情况变得更加复杂，而且远远超出了王族范围。最著名的两个事件，一个是田氏代齐，另一个是三家分晋。田氏代齐发生在东方大国齐国，齐国的始封国君是赫赫有名的姜太公，但在春秋战国之交的公元前481年，田成子杀死齐简公，自己担任相国，自此田氏在齐国专权，经过四代人之后，田氏取代姜氏成为国君。因此，东周有两个齐国，一个是姜齐，另一个是田齐，事实上已经改朝换代，不同的家族在这个地方做统治者，只是国号未变而已。

三家分晋发生在老牌大国晋国，由于晋武公是通过曲沃代翼而登上国君之位的，他的儿子晋献公担心公室的其他人以此作为先例而作乱，故而采取了大杀公族的措施，把家族里有血缘关系的潜在竞争者通通杀光，导致了"晋无公室"的局面，亦即晋国公室的力量相当微弱。然而，让晋献公万万没有想到的是，按下葫芦浮起瓢，公族势力被消灭，结果催生了卿大夫势力的兴起。到了春秋晚期，韩、赵、魏、智、范、中行氏六卿专权，亦即六大家族控制了晋国。六大家族之间你争我斗，最后剩下了韩、赵、魏三家，他们把晋国的领土一分为三，各自独立为诸侯，晋国就以这样的形式灭亡了，这也是走向战国的开端。

归结起来，春秋是一个怎样的时代？可以说，它是一个原有制度开始崩溃的时代，但相对于战国而言，它还处于开端和发展的过程中，仍然保留了过去礼乐的一些影子，只是这种趋势已然形成，无可扭转。

二 《春秋》是一本怎样的经典？

春秋是一个礼崩乐坏的时代，《春秋》记载的正是这个时代的历史。那么，这到底是一本怎样的书呢？众所周知，中国是世界上史学最发达的国家，而且向来有专门的制度保障，所谓左史记言，右史记事，不仅记录历史相当详细，而且相当看重历史对后世的意义和影响。正因有这个良好而悠久的传统，春秋时代的诸侯大多有自己的史书，晋国叫《乘》，楚国叫《梼杌》，鲁国叫《春秋》，今人所说的《春秋》，正是孔子在鲁国《春秋》的基础上编订而成。

虽然孔子自谦地表示自己"述而不作"，但事实显然并非如此。孔子通过编订历史，表达了他的价值判断和政治理想。在这个意义上，《春秋》既是历史记述，又不仅仅是记述历史。那么，孔子想要表达什么呢？孟子说："王者之迹熄而《诗》亡，《诗》亡然后《春秋》作。"（《孟子·离娄下》）意思是说，西周有所谓"采风"（采诗）之说，人们对政治有什么意见、建议或不满，可以通过诗歌表达出来，每过一段时间，周天子就会派使者把这些诗歌收集上去，以此观察民心民情。后来周朝的制度松弛，采诗制度也随之消亡，后人所能见到的只有《诗经》里面的这些作品了。

从孟子的论述可知，《春秋》紧承《诗经》而来。既然《诗经》是有所感、有所思、有所不满而作，《春秋》无疑继承了这种精神，而孔子编订《春秋》，更是只会强化而不会遗失。对此，孔子创造性地将其凝练成六个字：拨乱世，反诸正（即拨乱反正）。简而言之，虽然处在一个礼崩乐坏的时代，他仍然希望通过评述历史而有助于建构现实，从而使这个糟糕的时代重回正轨。

关于这一点，孔子既有自觉的意识，也有明确的阐述："《春秋》之信史也，其序则齐桓、晋文，其会则主会者为之也，其词则丘有罪焉耳。"（《公羊传·昭公十二年》）也就是说，春秋时代的历史事件早已有之，但这些事件所蕴含的义理，主要是由孔子阐明的。清代章学诚有个著名的观点："六经皆史。"把"六经"全部视为历史。就《春秋》而言，这只讲对了一半。《春秋》的确是历史，但又超越于历史本身，因为孔子通过这本书表达了自己的价值判断和政治理想，希望以此使乱世重回正轨，所以古人说，孔子"志在《春秋》，行在《孝经》"（《孝经纬·钩命决》）。正因如此，孔子非常看重这本书，他说："知我者其惟《春秋》乎！罪我者其惟《春秋》乎！"（《孟子·滕文公下》）意思是懂得我的人大概是通过《春秋》，归罪于我的人可能也是通过《春秋》。由是可见，这本书在孔子心目中有特殊的地位和非凡的意义。

在一般人印象中，孔子似乎是个极其保守的人，因为他主张克己复礼，回归西周早期，貌似不能与时俱进。其实，在中国历史上，复古是很常见的观念，问题在于，复古真的行得通吗？现在还能回到过去吗？答案显然是否定的。可是孔子为什么仍然坚持认为，这个时代很糟糕，我们应该走回头路呢？这就得看一看孔子所处的时代，与过去相比，到底有什么不同。孔子所向往的西周初期，在分封制、礼乐文化和井田制之下，从诸侯往下的每一级，每个人在自己的地盘上、在自己的本分范围之内，是有相对自由的。例如诸侯对周天子要纳贡、要派军队参战等，除了这些重要的事情以外，在诸侯的领地之内，完全可以"我的地盘我做主"。之所以改为税亩制，是因为这样才便于掌控更多的人口和资源，不断壮大自己的实力。这是一个滚雪球式的循环，诸侯通过这样的方式完成了集权。孔子觉得今不如昔，是因为他看到了历史的走势，正在一步一步走向集权。

简单回顾历史可知，秦朝是集权的极致，春秋则是集权初现端倪的时代。圣人见微知著，孔子敏锐地觉察到了这种趋势，而这股时代潮流恰恰与他的理想背道而驰，因为孔子是希望保持相对自由的。因此，判断一个人是儒家还是法家，其中一个重要标准，就是对待平等和自由的态度。现代社会，两者缺一不可，但在两千多年前，鱼和熊掌往往不可兼得，若是二者只能存其一，你会怎么选择？选择自由的是儒家，选择平等的是法家。不过，法家虽然主张王子犯法与庶民同罪，法律面前人人平等，但千万别忘了，这个平等需要付出严酷的代价才能得到，那就是必须交出所有的自由。以法家思想治国的秦朝就是这样，个人拥有的资源、行为和思想的自由，通通都要交出去。更直观地说，可以给你平等，但前提是你必须交出自由。反观儒家，孔子主张讲克己复礼，复兴西周初期的礼乐文化，等于承认等级的客观存在，没办法消除，但在等级之内，仍然可以保持相对自由。照此看来，把孔子纯粹视为保守落后之人，恐怕是太低估他了。

结合这样的历史背景便不难发现，《春秋》不仅是"史"，更是"经"。什么是"经"？简单来说，经是判断是非的标准。作为"五经"之一，《春秋》对后世的政治和社会伦理，有着不可低估的意义和作用。正因如此，后人对这本书不断加以阐释。据说孔子编订《春秋》，即使是最为优秀的学生也没办法改动一个字。为什么呢？因为孔子下笔无比准确，恰到好处。今天看来，《春秋经》这部分实在过于简略，但在此之中蕴含了孔子深刻的褒贬，清晰传达了他的价值理念。不过，由于年代日渐久远，后人慢慢觉得不易理解。怎么办？于是产生了很多"传"。"传"是对"经"的解释。

注解《春秋》最有名的当属《左传》《公羊传》和《穀梁传》，合称《春秋》三传。事实上并非只有这些，只是这三家一直流传到现在而已。《左传》，据说是与孔子同时代的鲁国左丘明所作，特点是长于叙事，详尽记述了经文所记载的历史事件，前因后果，来龙去脉，一目了然。而且，《左传》还记载了经文没有记录的一些历史事件。《公羊传》和《穀梁传》据说都是子夏所传，子夏是孔子最得意的学生之一。为什么叫《公羊传》呢？因为这是由公羊高家族所传承，汉代公羊寿将其著录为定本。与此类似，《穀梁传》是由穀梁俶（也叫穀梁赤）所传，据说荀子也是传承中的一环。

《春秋》三传之中，《公羊传》最早被国家承认，汉武帝时立了博士。赫赫有名的董仲舒、公孙弘等人都是公羊学的学者。后来汉宣帝喜欢《穀梁传》，也立了博士。相对而言，《左传》的兴起要晚一些，直到西汉末年才受到人们的关注，但魏晋以后，《左传》的声势逐渐盖过了《公羊传》和《穀梁传》。

为什么汉代人特别重视《公羊传》？因为《公羊传》重在阐发《春秋》的微言大义。换句话说，《公羊传》不像《左传》那样侧重记事，而是注重挖掘孔子的思想，并用更明确的语言表达出来。在汉代人眼里，《春秋》是孔子给他们预先修订的宪法，他们的任务是使这些思想重放光芒，指导现实政治，《公羊传》的特点恰好契合了这种需求。当然，客观地说，《春秋》三传各有特色，各有长处，也各有短处。宋代王应麟《困学纪闻》详尽地比较了它们之间的得失，以及在传承过程中历代大家的长处和不足，有助于深入认识这个问题。

对今人而言，应当《春秋》三传并重，因为它们优势互补，正好可以让人比较甄别，择善而从，而不是抱残守缺。当代已没有"经"的概念，但学习经典，学习《春秋》，对于同情而深刻地理解古人，同时反观自身，尤其是反思当下的道德伦理、思想文化，以及制度方面的建设，无疑都大有裨益。

三　《春秋》为什么旨在大一统？

春秋虽是乱世，但也是思想文化特别自由开放的时代，春秋战国时期被认为是中国历史上第一次思想大解放的时代。为什么会出现这样的局面呢？那是因为身处乱世，很多人都在思考，如何才能改变这个乱世，使社会变得更加美好呢？不同的人从不同的方向出发，去寻找解决问题的办法，故而出现了百家争鸣。诸子百家的思想各不相同，但他们有一个共同点，那就是都在为这个乱世诊病开方。可以说，《春秋》是孔子为这个时代开出的药方。那么《春秋》到底开出了怎样的药方呢？其实，古人著述很重视开篇和结尾，而从《春秋》开篇第一段话就能得到很多启示。《春秋》开篇只有短短六个字：元年春王正月。这究竟蕴含着怎样的深意呢？

这六个字包含了四个关键词：第一个关键词是元年。元年是指鲁隐公元年，即周平王四十八年（前722）。元年是一个时代的开始，按照礼法原则，鲁国只是一个诸侯，纪年理应用周天子纪年，但这里恰恰是鲁隐公元年，而不是周平王四十八年。对此，经学家有不同的解释。第一种说法是，孔子是在鲁国历史的基础上编订《春秋》，鲁国记载自己的历史，故而用自己的纪年，孔子也因了这个便利。第二种说法是"宗周亲鲁"，因为鲁国不同于其他诸侯，与周天子的关系非同一般。鲁国的始封国君，名义上是周公，但周公一直在周天子身边辅政，并没有就封，所以鲁国的第一代国君实际上是周公的儿子姬伯禽。由于周公对周朝有极为特殊的贡献，所以周成王特许鲁国在祭祀周公的时候可以使用天子的礼乐。使用鲁国的纪年，既表达了对鲁国的特别亲近，也通过鲁国向周朝致敬。第三种说法是，周朝的国运衰落了，而鲁国有圣人出生，亦即孔子，所以使用鲁国的纪年。

第二个关键词是春。春是指一年的开始，所谓"一年之计在于春"。第三个关键词是正月。正月是指一个季节的开始。中国人非常看重开端，一个时代的开始，一年的开始，一个季节的开始，毫不马虎。第四个关键词是王。王是指周文王。正月前面为什么要加一个"王",称为王正月呢?因为在历史上,哪个月是正月,有三种不同的情况。现今通行的农历是夏历,亦即夏朝的历法,夏历的正月被称为建寅。商朝把正月改为夏历的十二月,称为建丑。周朝又把正月改为夏历的十一月,称为建子。《春秋》用王正月强调是周文王的正月,亦即周朝的正月。为什么要突出这一点?按照《公羊传》的解释,这便是大一统。因为每年开始的时候,周天子会颁布历法,诸侯要去接受这个历法,表示一年开始了。这种形式到后来又演变成改正朔,正即正月,朔是每个月的第一天,新君继位以后,正月和朔日都得改变。这样做实在太容易引起混乱,所以后来也都放弃了。这些政治行为的目的只有一个,那就是说明四海之内都在周天子的统治之下,亦即大一统。

特别值得注意的是,大一统很容易被解释成大统一。其实,这两者之间存在很大的差别,大一统至少包括以下两层意思:第一,所谓文武之道,周文王是排在周武王前面的,故而用以表示开端的是周文王的正月,而不是周武王的正月。换句话说,文治永远比武功重要。那么该用什么来大一统?武王之道显然排在第二位,文王之道才是第一选择,亦即通过思想文化实现大一统。我们知道,《春秋》记载历史是分层次的,《公羊传》阐述得很明确,那就是以鲁国为内,而以中原其他诸侯国为外;又以中原其他诸侯国为内,而以夷狄为外。什么意思呢?何谓中国?中国是一个相对的概念,亦即与东夷、南蛮、西戎、北狄相对而成。中国与蛮夷的区别,无关乎血缘宗族,或者地域民族,只在于文化。也就是说,只要承认、接受和传播先进文化者即为中国人,反之,即便生活在中原,若仍是披发左衽或者断发文身，没有融入中国文化之中，那就是蛮夷。这是文化分层的概念，也是大一统的立足点和出发点。直白地说，那就是只能通过思想文化的吸引让大家心悦诚服，并不是倚仗武力讨伐征服。这一点对当今世界同样有着重要的启发意义，因为这个时代仍不太平，诸如民族、宗教的矛盾冲突此起彼伏，而优秀文化借助现代科技手段不断扩大影响力，或许有助于消减这些纷争。

第二，文化的大一统并不是文化的大统一。我们通常说，儒家是中国思想文化的主干，但这背后隐藏的问题值得我们深思。儒家原本只是诸子百家之一，虽然在春秋战国时代已成为"显学"（《韩非子·显学》），但这是自由竞争的结果，并非得益于外在的助力。直到董仲舒向汉武帝提出"罢黜百家，独尊儒术"的建议并得到采纳，情况才发生了根本性的变化："诸不在六艺之科、孔子之术者，皆绝其道，勿使并进。邪辟之说灭息，然后统纪可一而法度可明，民知所从矣。"（《汉书·董仲舒传》）这是一个高明的双赢策略，国家选择儒家思想作为意识形态，为其提供权力合法性的论证，以及治国所需的诸种思想资源，同时国家保证儒家的独享地位，使得其他诸家不具有同等的地位，更谈不上与儒家自由竞争了。董仲舒的策略与重新阐释，或许比较接近汉武帝时代的需要，也的确大力推动了儒家的发展，但未必契合孔子那个时代。

春秋战国时代的思想活力与思想火花源源不断地迸发出来，靠的是文化的大统一吗？不，靠的恰恰是百家争鸣、百花齐放。例如孟子很喜欢跟人辩论，甚至喜欢骂人，但他对别家学说的批评，主要是从义理上将其驳倒，而不是先验地凌驾于他人之上，或者专横地以消灭别人的存在为己任。孟子不断地与别人辩论，说明真理越辩越明，那些偏颇甚至是错误的观点，在某种意义上可以起到参照作用，思想也是需要一面镜子的。因此，文化的大一统是指通过自由竞争激发文化的原创力，使之获得日久弥新的生命力，从而保持凝聚人心的向心力。

不过，值得警醒的是，百家争鸣是无序竞争而非有序竞争，由于缺乏相应的制度支撑，自由竞争的态势难以长期独立维系，反而是被动地随着政治军事的走势，逐渐走向了反面，集权思想终于占了上风，秦朝转身迈入了专制时代，标志是"朕即国家"，君主的个人意志成为国家意志，民众只有无条件服从。虽然《诗经·小雅·谷风之什·北山》有"普天之下，莫非王土；率土之滨，莫非王臣"的说法，但从制度设计来看，这只意味着周天子是天下共主，每个人都有自己的身份设定及相应的义务，只要按礼法办事即可，并不需要把君主的个人意志深入贯彻到全社会的各个角落。宋朝灭亡以后更是进入了极权时代，标志是"朕即真理"，君主的个人意志成为是非判断的标准，民众的思想言行只能在这个框框之内而不可越雷池一步。君权独断虽然在专制时代得到了彻底贯彻，但在意识形态领域，仍由读书人保持了相对独立性，并反过来形成了对君权的制约。到了极权时代，民众已没有任何自由思考的空间，自主的地盘大概只剩呼吸了吧。

春秋战国时代属于德国哲学家卡尔·雅斯贝尔斯所说的"轴心时代"（《历史的起源和目标》），深刻塑造了中国文化的品质和性格。这个时代给我们的启示是，只有在自由的环境中，思想才会有创造力，文化才能不断自我更新。秦朝以法家思想治国，推行愚民政策，钳制思想，这对统治者而言很有诱惑力，因为它会得到眼前的驯服和稳定，结果却往往适得其反，常常出现以下两种情况：一是这种暂时得来的稳定无比脆弱，经不住任何风吹草动，秦朝正是二世而亡。二是愚民政策培养出来的多是暴民，他们缺乏理性，更容易出现政治的动荡。这是任何人都不愿看到的结局，而现代法治国家尤其需要理性的公民，这才是社会稳定的基础。汉朝吸取了秦朝的教训，有所修正，汉武帝"独尊儒术"的国策虽然对维系统治至关重要，也使儒家得到迅猛发展，但从更长远的历史时期来看，这种一枝独秀的局面让儒家在把竞争者排挤出局的同时，失去了永葆青春的助力，魏晋以来儒学的衰落即是明证。

归结起来，《春秋》开篇短短六个字，强调的是重视开始，这样才有可能始终如一，而重视开始要从砥砺自己的德行以及保证思想文化的自由做起。按照儒家的说法，政治是什么？政治就是治政！也就是说，政治规则的设定，包括所有的底线和原则，首先是为了规范精英，尤其是为了规范政府，而不是如何治理老百姓。儒家承认等级的客观存在，但请别忘记，等级越高的人，对应的要求也越高，所以儒家对帝王的要求是最高的。儒家的政治理想是，帝王时时修身立德，影响身边的大臣，进而在首都建立首善之区，以此影响老百姓。从这个过程来看，政治的要害之处不是从上到下的治理，而是对政府和精英的有效制约。只有上层人士率先做出表率，老百姓才能有所从，才能明是非、知荣辱，这个社会才有可能变得更美好。而且，老百姓即使犯了错，甚至是犯了罪，对社会造成的伤害相对而言也更小一些。儒家的这种立场，对于理解现代政治，也是很有启发意义的。

四　如何面向未来处理两岸关系？

参与讨论者：
　　黎思文（深圳大学 2013 级中国古代文学硕士）
　　陈光明（深圳大学 2013 级中国现当代文学硕士）
　　陈秋茜（深圳大学 2013 级中国古典文献学硕士）
　　李　霞（深圳大学 2013 级中国古典文献学硕士）

　　周　萌：两岸关系问题可以说牵动着亿万海内外炎黄子孙的心，历史地来看，它涉及国共两党之间的恩怨情仇；现实地来看，又涉及中美之间的大国博弈，这对大陆和台湾双方而言，都是关系到长治久安和未来方向的核心议题。不过，由于历史累积的诸种因素，这个问题相当棘手，处理起来需要高超的政治智慧。思文在台湾做过交换生，对此肯定有很多切身体会，不妨先来谈谈这方面的所见所闻所感吧。

　　黎思文：2015 年上半年，我到台湾做了一个学期的交换生，从在那里的切身体验来看，两岸之间的价值观念、思维方式和生活方式都很不一样，甚至在高度信息化的今天，包括青年人之间，彼此还存在不少误会，例如以前台湾的某综艺节目声称大陆连茶叶蛋都吃不起，我到了那边之后，仍有人问："大陆哪些地方有高楼？楼有多高呢？"这就是缺乏交流的典型体现。因此，解决两岸问题，首先要从加强交流、消除隔阂着手。

陈光明：思文强调解决两岸问题要从民间交流着手，可是两岸已经交流了这么多年，实际效果如何呢？思文刚才举出了例子，台湾人民竟然以为我们连茶叶蛋都吃不起，这种文化交流有什么作用？效果又何在呢？

黎思文：这恰恰是需要进行文化交流并且十分紧迫的体现，为什么两岸之间仍会存在这么大的差异？因为过去的交流主要停留在表层，或者说交流的渠道和管道还是太少。从甲午海战之后，台湾被日本殖民了五十年，后来国民党败退台湾，两岸又分治了六七十年。两岸分隔的时间很长，以致交流非常欠缺，文化交流尤其如此。由于先前的政治对立和军事冲突，经济、文化、教育方面的往来，近些年才逐渐兴起，这条路我们走得不是很远，还有很多不足。

李　霞：其实，两岸在近二十年间进行了很多文化交流，例如艺术节、文博会、非物质文化遗产月等，成果还是相当可观的。我印象较深的是2012年中秋晚会，它的特别之处在于由两岸四地电视台联合举办，两岸四地的歌手同聚一台，这样就有更多的观众收看，影响力也更大。另外，晚会所选的歌曲特别有意义，例如《水调歌头》体现了传统文化，《黄种人》表达了渴望两岸和平统一的愿望，这些可以增强中华文化的感染力和辐射力。

周　萌：从大家的发言来看，思文属于细水长流型，也就是我们应当保持交流畅通，在此基础上努力实现交流增速，尤其要重视文化交流。光明大概比较着急，有点时不我待的感觉。我们也看到或听到过这样的观点，那就是有人主张武力统一，光明是不是较为倾向这样的观点？

陈光明：若要实现两岸统一的民族夙愿，军事威慑力是必不可少的。古人说:"贾人夏则资皮,冬则资缔,旱则资舟,水则资车,以待乏也。"(《国语·越语上》)为了以防万一,就应未雨绸缪,主要原因有二:一是正如思文所说,两岸存在多方面的巨大差异。二是正如老师所说,台湾问题虽是中国的内政,实际上又是牵扯多方的大国博弈,无论日本还是美国,基于本国利益的考虑,都想利用台湾对中国的未来发展进行钳制。这两点就决定了和平手段面临着严峻的现实挑战和难以逾越的困境,只有军事威慑力的存在,才能保证在和平手段失效的时候,我们也有力量实现国家统一。

陈秋茜:对于光明所说的保证军事威慑力的存在,我是赞成的,但我不太赞成现在就用武力解决台湾问题。因为目前两岸都处于发展的上升阶段,我们更应从经济和文化等方面促进两岸的交流与和谐,不应操之过急地动用军事力量。

陈光明:当前两岸问题的走向,不是不宜操之过急,继续等待,寄希望于下一代,而是早已迫在眉睫。一方面,近代以来,台湾离开祖国的怀抱实在是太久了,而共同社会心理是划分民族的重要因素,可惜现在一部分台湾人公然打出所谓"台湾国"的旗号,在心理认同上也在所谓"去中国化"的道路上渐行渐远。另一方面,台湾问题就是横在中国发展史上的太行和王屋二山,怎么解决呢?那就是愚公移山!这个故事对我们有两点启示:一是坚持。多年来大陆虽然对台的具体政策会因时制宜,但积极解决两岸问题的决心和努力从未改变。二是要有危机意识,知行合一,行在当下。换句话说,为了两岸统一,每代人都应把自己当作愚公,身体力行,而不是逃避责任,总想着把问题留给甚至是推给后代子孙,那样的话,就会始终悬而不决,以致根本无法解决。

黎思文：光明说到迫在眉睫，需要明确的是，迫在眉睫的到底是什么？是军事力量的强势存在还是文化交流的循序渐进？俗话说，"十年树木，百年树人"，迫在眉睫的可能主要是软实力的交流，或者说民间的经济文化以及与此相伴的情感交流。正如邓小平所说，在南海问题还无法解决的时候，可以把它留给下一代，让他们用更高的智慧来解决。我们这代人要做的是不把情况弄得更糟。

周　萌：从大家的争论来看，有的近于鸽派，有的倾向鹰派，但不论哪种立场，都不否认武力的必要性，关键在于什么时候可以使用，时机的判断很重要。就现阶段而言，武力可能只是作为威慑而存在，我们更应优先发展经济文化方面的交流互助，使两岸人民能更好地分享彼此的福祉，这才是重中之重吧。不知光明赞不赞同这样的看法？

陈光明：我不赞成老师的观点，因为实现两岸人民的福祉是解决两岸问题之后的目的，现在讨论的是如何实现两岸关系的发展直至统一，把目的作为手段的前提，事实上是不可取的。刚才大家已经提到，如今台湾受到美国、台独以及日本的影响，力量不可小觑。同时，我们寄予希望的国民党虽然主张统一，但在实现统一的方式上，与共产党有不小的分歧，何况国民党目前处于失势状态，仅仅把希望寄托于国共合作，这是不靠谱的。正如邓小平所说，解决自己的问题，终究要靠自力更生。至于什么时候使用武力，这当然是极为审慎的决策，言武而不穷兵黩武，才是处理两岸问题的基本原则。

李　霞：要是这样的话，就等于丝毫不考虑其他台湾民众的感受和利益，毕竟台独分子只是台湾民众的一部分，可是导弹分不清人们的政治立场，必定伤及无辜，也必定伤害两岸之间的感情。

陈光明：战争当然是我们最不希望看到的统一方式，倘若战争已是别无选择，那么流血也在所难免。我们不仅要主动争取避免战争，更要尽最大可能减少流血。其实，从根子上说，避免战争的主动权不在大陆，而在台湾，只要台湾不宣布独立，战争就根本不会发生。

陈秋茜：对呀，怎样才能让台湾不宣布独立呢？还是要从经济文化方面着手。

黎思文：其实，现在两岸的实力对比，不管是政治影响力、经济实力，还是光明所说的军事威慑力，总体而言，天平都已明显偏向了大陆。作为优势方，大陆可以摆出高姿态，向对岸示好，释放友善，这可能更有助于问题的解决。

周　萌：越是刨根问底，或许越能达成共识。大家都不否认，战争只是最后不得已的手段，战争的终极目的是没有战争。基于这样的前提，哪怕做最坏的打算，也应在战争到来之前，不放过任何和平统一的机会。那么在具体操作层面，我们该如何加强两岸同胞之间血脉相连的情感纽带，又该如何反对台独呢？

陈光明：商业交流很必要，改革开放以来，台商在大陆的交流很成功，而大陆企业如何在台湾发展，是未来值得期待的方向。

陈秋茜：的确如此，两岸的经济交流越来越密切，在大陆可以买到各种台湾商品，大陆的品牌在台湾也有一定的知名度，据我了解，大陆的网络购物平台淘宝，也有不少台湾人在使用。

黎思文：除了经贸往来之外，两岸文化教育的交流同样重要，尤其是以教育为主的文化交流，这种模式很有意义。

陈秋茜：是的，加强两岸教育交流，特别是高等教育的交流，是促进两岸文化交流的重要组成部分。两岸教育交流的现有方式是互派学生、互聘教师等，其实深度和广度还可进一步加强，例如选择合适的高校设立两岸教学合作实验区，合作办学，合办专业等，可以在具备条件的高校先行试点，等时机成熟，再扩展到其他高校，这是促进两岸高等教育深度交流的方式。

周　萌：我很赞同你们的观点，尤其是思文所说，不仅要大力推进教育交流，而且要着力加强年轻人之间的交流，因为任何时代，只有年轻人广泛参与的事情，才有生命力和可持续性，甚至可以说，未来在于年轻人，未来的两岸关系也在于年轻人。你们都是年轻人，在这方面有什么建议吗？

陈秋茜：作为年轻人，我很关注台湾的综艺节目，前段时间《康熙来了》停播，我感到非常遗憾，因为这是个很好的节目，对了解台湾的风土人情很有帮助。因此，两岸综艺节目的交流是未来值得期待的方向，例如湖南卫视的台湾主持人欧弟，给大陆观众展示了很多台湾文化；又如冯小刚凭借《老炮儿》这部电影获得台湾金马奖的最佳男演员，这些是两岸文化深度交流乃至融合的良好态势。

黎思文：我可以跟大家分享一些具体事例，在台湾期间，我认识了一位专攻词学研究的师姐，她在一次学术会议上结识了武汉大学的词学研究专家王兆鹏教授，于是决定博士生的后两年直接到武汉大学做交换生，跟从王兆鹏教授做她的博士论文，这是特别有深度的学术交流。我个人也是如此，在台湾学习时，我选修了台湾的"知青文学""毛邓三研究"等课程，用他们不同的视角重新审视我们的思想研究，这是很有意思的学习方式。

李　霞：说到这方面，深圳大学也有很好的学术交流渠道，那就是台湾学术文献数据库。利用这些网络资源，可以很方便地查询台湾的学术文献，也有利于学术交流。

周　萌：大家谈了不少有价值的个案，有些是自己比较熟悉的，有些是自己的亲身经历。当然，两岸关系涉及方方面面，可以改善、加强和提升的地方还有很多，我们不妨以点带面，用一句话表达对两岸关系的美好祝愿吧。

陈光明：和平是目的，战争是必备的手段。

李　霞：在世界和平的主旋律下，还是应当通过以经济文化交流为主的手段促进两岸的和谐发展。

黎思文：两岸的未来终究是年轻人的，我们应把未来的希望寄托在年轻人身上。

陈秋茜：中华民族的传统文化是两岸共同的根，文化交流是促进两岸关系和谐发展不可或缺的部分。

周　萌：两岸关系相当复杂，我们各有侧重地阐述了自己的感受和建议，但可以明确的是，每代人都有不可推卸的责任，不能无限期地把这个问题推给子孙后代。同时，处理两岸关系需要高超的政治智慧，如果时机不够成熟，也不能操之过急，而应在力所能及的范围内，在确保局面不会变得更糟的前提下，通过经济文化等方面的交流，脚踏实地，逐步推进两岸关系的发展。可以说，这既是两岸人民的福音，也是世界和平稳定的福音。

第二章
兄弟阋墙：权力与人性

一　郑庄公与太叔段的是非恩怨

我们知道，儒家和墨家的伦理起点是不一样的，墨家主张兼爱，也就是平等、无差别的爱；儒家恰恰相反，主张等级、有差别的爱。也就是说，与自己的血缘关系越近，所给予的爱就越多，反之则越少。因此，孟子批评墨子主张兼爱，认为这相当于把别人的父亲等同于自己的父亲，可以视为"无父"（《孟子·滕文公下》）。由此可见，儒家特别重视血缘伦理，而儒家所提倡的"五伦"（君臣、父子、兄弟、夫妻和朋友）之中，父子和兄弟都是从血缘而来。父子的重要性自不待言，连君臣也是父子的进一步推演；兄弟作为父子的派生,同样是儒家伦理十分在意和看重的。儒家提倡父慈子孝、兄友弟恭,在兄弟层面要求哥哥对弟弟友爱,弟弟对哥哥恭敬。然而,这只是理想状态,回到现实当中,情况可能会变得更加复杂,尤其是当兄弟之间掺入权力关系以后,事情往往与理想背道而驰。这是因为,权力具有唯一性和排他性,就一般人性而言,总是很难避免争夺权力的诱惑,此时自然不会是兄友弟恭,而是兄弟阋墙了。这样的故事,几乎称得上是历史的常态,《春秋》便是这样开篇的。

翻开《春秋》,第一个著名的兄弟阋墙的故事是鲁隐公元年(前722)夏五月"郑伯克段于鄢"。这件事发生在郑国,郑国的始封国君是郑桓公,他是周宣王的弟弟。这说明相对于其他主要诸侯国而言,郑国受封较晚。不过,郑国最初三位国君(郑桓公、郑武公、郑庄公)在西周末年至春秋初年的政治舞台上相当活跃。

进入春秋时期,郑国国君是郑庄公(名寤生),他的父亲是郑武公,母亲是武姜(夫君谥号加自己姓氏),还有个弟弟叫太叔段。一般来说,父母更容易溺爱幼子,但对长子总是抱有更大的期望,可能会更加偏爱。不巧的是,郑庄公出生的时候是"寤生",也就是说,小孩子出生时头先出来是顺产,脚先出来是难产,即寤生。武姜受到了惊吓,故而一直不喜欢大儿子,而是偏爱小儿子。郑武公在位时,武姜就不断吹枕边风,鼓动废长立幼,但郑武公没有听从。郑庄公继位后,武姜仍不死心,各种小动作不断,不仅把郑国的另一个重要城邑"京"请封给太叔段,而且纵容乃至支持太叔段违背礼制做了不少僭越臣子本分的事情。

当然,郑庄公身边也有很多能人,不止一人看出事态的苗头不对,提醒郑庄公及时采取措施以防不测。出人意料的是,郑庄公每次都以冠冕堂皇的理由搪塞过去了。直到得到太叔段将要起兵的确切日期，以及武姜将会作为内应的消息后，郑庄公才果断地下令讨伐太叔段。结果当然是郑庄公大获全胜，而太叔段的下落，有的说被杀了，有的说逃走了。

关于这件事情，《春秋》经文只有短短六个字。然而，《春秋》的最大特点是"一字寓褒贬"，亦即用笔惜墨如金，但每个字都包含了孔子的态度和评价。作为范例，这短短六个字，至少包含了以下四点：

第一点是"郑伯"。郑国是伯爵，郑国所有国君都可以被称为郑伯。此处为何称郑伯，而不称郑庄公呢？按照《春秋》笔法，这是表达贬斥的方法之一。因为郑伯是通称，郑庄公才具体到个人，现在不称谥号而使用通称，意味着不承认个人的独一无二性，以此表示贬斥。为什么贬斥郑庄公呢？三传的说法并不太一致。《左传》认为，这是讥讽郑庄公没有及时教导好弟弟，因为按道理来讲，哥哥，尤其是在父亲缺位的情况下，承担着教导好弟弟的道义责任。现在弟弟陷于不义的境地，哥哥也是有责任的，理应受到批评。可以说，这种批评是较为轻微的。《公羊传》和《穀梁传》的批评更重一些，认为这是为了突出郑庄公的错误，因为杀弟弟是十分过分的举动。

第二点是"克"。"克"是杀的意思，但为何用"克"而不用杀呢？按照《左传》的记载，太叔段最后没有被杀，而是逃走了，但仍用"克"这个字，意味着哥哥不像哥哥，弟弟不像弟弟，反倒像两个国君在相斗，兄弟之间已没有任何情义可言了。《公羊传》和《穀梁传》的记载是太叔段最后被杀；《公羊传》认为，哥哥杀弟弟是非常严重的错误，用"克"正是为了彰显郑庄公的这种错误；《穀梁传》的解释不太一样,认为这表明太叔段的势力很大,不是一般人所能解决的,只有国君才能把他杀掉,故而用了一个较重的字。

第三点是"段"。古人有名、字、号等不同称呼,而直呼其名是很不礼貌的,也是表示贬斥。这里直呼其名"段"而不称之为弟,意思非常明确,那就是弟弟完全不像弟弟,没有遵守应有的行为准则,与国为敌,故而不承认他的这重身份。在这一点上,三传的批评大体一致。

第四点是"于鄢"。"鄢"是地名,即河南鄢陵。为何记载这个地点呢?《左传》认为,记载讨伐的地点而不是出奔的地点,这是因为,若只记载出奔的地点,则仅仅表示贬斥太叔段而没有贬斥郑庄公,这就很难下笔,所以后面没有写太叔段出奔到哪里,而只写能对两人均加贬斥的"克段于鄢"。《公羊传》认为,记载这个地点是《春秋》的一种体例,因为太叔段与国为敌,所以记下这个地点。而且,在国都之内作乱不记,在外则记,太叔段符合记录的体例。《穀梁传》的解释较为不同,认为"鄢"这个地方已经很远了,但郑庄公还是追过去把太叔段杀了,实在太过分了,意在批评郑庄公。

从以上四点来看,《春秋》对郑庄公和太叔段均加贬斥。有人认为,郑庄公好冤呀!这个位置本来就是他的,武姜和太叔段采取种种手段图谋夺位,郑庄公属于正当防卫,这有什么不对呢?《春秋》经传为何都批评郑庄公呢?这大概是因为,权力应当以德服人,而不是以武力征服别人。现在弟弟反对你,你把他杀掉,那么妈妈呢?难道也要杀掉吗?要真是这样的话,你手中权力的合法性又在哪里呢?

当然,《春秋》三传不只是批评,也有建构。换句话说,郑庄公到底该怎么办呢?《春秋》三传按照事态发展的不同程度分别提出了具体的解决办法，在事态可控之时，哥哥就应教导好弟弟，让他知道自己的本分，不做僭越的事情。而且在这个过程之中，应当采取实际的办法限制他的权力，而不是纵容他。为什么批评郑庄公？因为从《左传》的故事发展脉络来看，让人感觉这是一场阴谋，亦即郑庄公故意让弟弟的势力坐大，然后借机将其一举歼灭，这样做显然是不对的。那么在事态已然失控之后，《穀梁传》指出，即使弟弟起兵，也应当缓追逸贼。意思是说，尽管弟弟背叛，也不能急着追赶，而应给出时间让他逃走，不至于杀了他，毕竟他是你的亲弟弟呀！

关于这一点，《左传》给出了一个较为美好的结局，亦即太叔段最后逃走了。对于武姜，又该怎么处理呢？郑庄公可谓憋了一肚子气，故而他在气头上的时候发誓说，不到黄泉，勿相见也。意思是到死都不要再与自己的母亲见面了。可是等到事情过后，气消了一些，他又后悔了，这也是人之常情嘛。然而，郑庄公是堂堂一国之君，他已经把这个话说出去了，怎么办呢？有人提了一个建议，让郑庄公挖一条隧道，在隧道里相见，因为隧道里有黄色的泉水冒出来，所以不算违背此前的誓言。这是利用汉语构词法的灵活性而玩了一个小把戏，明眼人一看就知道是自欺欺人，但这是出于孝道的目的而解决言行矛盾性的有效手段。郑庄公采纳了这个建议，母子和好如初。这个结局相对圆满，但《公羊传》和《穀梁传》的记载较为悲剧，即哥哥杀了弟弟，也没有提及如何处置母亲。

从这个故事来看，儒家想要表达什么？那就是权力必须建立在德行的基础之上，武力和智谋等手段都只能作为一种权宜之计，最好是不使用。兄弟之间关系密切，在权力争斗中往往如影随形，而这恰恰极好地体现了权力基于德行的合法性。

当然，这里还有一个小小的疑问。按照《史记》的说法，"六经"都是孔子编订，那么它们理应是统一的整体，但"六经"之间显然是有矛盾的。从《春秋》来看，太叔段是极其负面的形象，但《诗经·国风·郑风》之中有几篇作品，例如《叔于田》《太叔于田》等，恰恰是赞美太叔段的，夸他不仅长得帅气，擅长骑马射箭，而且深得民心，出猎时民众纷纷围观。这是让经学家十分困扰的问题，因为在不同的经书中，同一个人的形象可谓截然相反。这也是留给后人思考的问题，或许，人性是复杂的，我们不能简单地用二分法把世界分为非黑即白，把人分为非好即坏。这种贴标签的行为，反而暴露出我们对人性的理解过于简单，也映射出我们应对世界的手段同样过于简单。归结起来，权力很复杂，人性也很复杂，而儒家所弘扬的理想是，德行才是判定是非的终极依据。

二　宋宣公兄弟情深引发的祸乱

郑庄公和太叔段之间的兄弟冲突可谓简单直接，而宋国的兄弟阋墙则是不同的版本。宋国是商朝灭亡以后，周朝册封商朝遗民而形成的诸侯国。宋国的始封国君是微子启，因为他是殷商遗民，所以位列公爵，这是五等爵位（公、侯、伯、子、男）中的最高等级。进入春秋时期，宋国的国君是宋武公，接着是宋宣公。宋宣公在去世之前想传位给弟弟，他的理由是，在弟弟与儿子之间，自己更爱弟弟而不是儿子，而且弟弟的才能胜过儿子。其实，对商朝人而言，这并不值得大惊小怪，因为弟弟继承哥哥之位已是商朝中晚期的主流，尽管历史已经前行了数百年,但殷商逸民仍对此习以为常,宋宣公就这样传位给了弟弟宋穆公。

宋穆公在去世之前又想把位置再传回给宋宣公的儿子与夷,大臣明确表示反对,理由是大家拥戴宋穆公的儿子冯。甚至与夷也不赞成这样做,理由是当初先君传位给弟弟而不是儿子,考虑的正是贤能与否;现在若再把位置传回来,不等于证明先君做错了吗?要是自己足以继承国君之位的话,还需要那么折腾吗?宋穆公的解释是,先君传位给自己,只是让自己做摄政王,将来还是要把这个位置传回去的。而且,先君有不传儿子而传弟弟的美德,自己有义务把这种美德发扬光大。这样,宋穆公传位给了侄子与夷,即宋殇公。然而,并不是所有人对权力都这么洒脱,宋殇公继位以后,宋穆公的儿子冯,亦即宋殇公的堂兄弟,发动政变杀了宋殇公,自己登上了国君之位,即宋庄公。

这个故事的人物关系较为混乱,两代、四位国君之间,既有父子,也有兄弟(包括堂兄弟),他们在国君之位的传承问题上发生了错综复杂的纠结。宋宣公和宋穆公的确兄弟情深,宋宣公传位给弟弟,而弟弟为了报答哥哥的恩德,又把位置传回了侄子。只是上一代的风范完全没有传到下一代,剧情的发展急转直下,最终从上一代的兄弟情深演变成了下一代的兄弟阋墙。

关于这个故事,《春秋》三传的记载很不一样,尤其是《左传》和《公羊传》,他们的观点几乎完全对立。《左传》对宋宣公大唱赞歌,赞许他是仁义之人,而且有识人之明,把国君之位传给弟弟,最终又回到了自己儿子手中,这里所表达的是对宋宣公让位行为的尊敬之意。《公羊传》恰恰相反,把宋国祸乱的根蒂归结为宋宣公让位,换句话说，宋庄公杀宋殇公，起因可以追溯到宋宣公让位。要是宋宣公直接传位给宋殇公，可能就不会开启宋庄公的弑君之心。因为宋宣公传位给弟弟宋穆公，宋穆公又传位给侄子宋殇公，那么宋穆公的儿子便会觉得，他的父亲也当过国君，自己当然有继承国君之位的合法性。既然两人的合法性相当，那么你能当，为什么我不能当?！从这一点来说，让位无疑具有崇高的道德感，但它所引发的结果未必全然符合正义，例如让那些原本不具备继位合法性的人获得了超出常规的资格，从而助长了他们内心的欲望。

不得不说的是，宋国在周朝诸侯国中显得格外与众不同，包括后面会讲到的一些宋国国君，他们的许多行为，可能会让我们觉得费解。这是因为他们是商朝遗民，周朝的制度与商朝已然大不相同，他们是旧人，却处在了新时代。例如兄终弟及是商朝中后期的基本政治制度，而周朝完全摒弃了这项制度，转而采用嫡长子继承制，亦即父子相传成为权力交替最主要的方式。《左传》是从个人品性上赞扬宋宣公，这也有一定的道理。因为权力欲是最大的欲望，一个人能放弃权力（让位意味着宋宣公一系的人放弃了最高权力），这是很不容易的。从这一点来说，宋宣公确实有值得赞许之处。《公羊传》则是从国家大义的角度看待这件事，故而强调君子应当大居正。什么是大居正？就是君子应该遵从最基本的政治制度，即周朝所确立的父子相传。如果宋宣公直接传位给儿子，其他人就不会有觊觎的希望。因此，《公羊传》的意思是，应把国家制度摆在首要位置，必须坚持基本的政治制度毫不动摇，即使个人的品性再好，也不能动摇国家制度；若是对国家制度有害，再好的品性也是微不足道的。

《公羊传》的观点，让我们联想到私德与公德的问题。对领导人而言,私德固然重要,因为凡事都本于人心,始于初心,但更重要的是,应当遵从国家制度,不敢越公共规则的雷池一步,更不能以私乱公,否则只会带来无穷危害。可以说,《左传》和《公羊传》的角度完全不同,《公羊传》的姿态可能更高一些吧。

三 鲁隐公与鲁桓公的角色关系

其实,除了郑国和宋国,作为《春秋》叙事主体的鲁国也有兄弟阋墙的故事。《春秋》开篇即是鲁隐公,他的弟弟是鲁桓公,本来,他们的父亲鲁惠公去世后,鲁桓公的母亲身份地位高,按理鲁桓公应当继位为国君,可是鲁桓公年龄较小,而鲁隐公年纪较大,而且贤明,得到大家的拥戴,故而暂时代替弟弟做了国君。鲁隐公也一直申明,自己只是暂时摄政,将来会把这个位置还给弟弟。按照周朝的制度规定,这是一种权宜之计,而这种临时性的安排,会导致诸多漏洞,也给那些想钻空子的小人提供了可乘之机。

公子翚想要邀功媚上,故而向鲁隐公提出,您当国君那么久了,国家治理得很好,其他诸侯国君很喜欢您,老百姓也很拥戴您,不如一直做下去吧。可是公子翚万万没有想到,拍马屁拍到了马蹄上。鲁隐公回答,自己只是摄政王,因为弟弟年纪小,所以暂时做国君,等弟弟长大之后,就会把这个位置还给他,而且已经派人去修葺涂裘这个地方,打算到那里养老。听了这番话,公子翚很害怕,他担心自己出的这个馊主意将来会传到鲁桓公的耳朵里,一旦鲁桓公继位,他肯定没有好果子吃。然而,小人总是有办法的,公子翚立马像变色龙一样,转换了立场去找鲁桓公,声称自己已向鲁隐公说明应当还政鲁桓公,但鲁隐公已不打算这样做了。鲁桓公毕竟没有政治经验,毫无识人之明,竟然相信了这个谎言,并向公子翚咨询该怎么办,公子翚的回答简单有力,那就是一个字:杀!于是他们合谋,找了一个机会杀了鲁隐公。

这件事情看起来并不复杂,首先是有制度的漏洞,如果鲁隐公正儿八经地做国君而不是摄政王,可能就不会有后面的情况,但这不符合周朝的制度;正因为是权宜之计,结果让小人钻了空子。其次是欲望的难控,小人很喜欢、也很容易钻制度的漏洞,但可能更为重要的是,人应当学着控制内心的欲望。要是鲁桓公对哥哥的尊敬友爱之情再多一点点,小人也未必有钻空子的机会,可惜鲁桓公纵容自己的欲望,事先已起疑心,小人才会有机可乘,自己才会失去辨别力,轻易相信别人的谎言。

因此,古人遵从疏不间亲的原则,亦即血缘关系疏远的人不能离间血缘关系亲近的人。为什么?从表面上看,这是儒家为政治伦理披上了一层温情脉脉的面纱,事实上,这也为限制内心的欲望提供了一层保障。倘若鲁桓公能清醒地认识这个问题,把兄弟之情时时置于心中,或许就不会对公子翚的话深信不疑,至少也应当核实求证,那么小人兴风作浪的可能性以及兄弟阋墙的发生概率都会大大降低。

总体而言,《春秋》对鲁隐公几乎是全面肯定,而对鲁桓公几乎是全面批评。《春秋》始于鲁隐公,而他被自己的弟弟杀了,换句话说,贤者被不肖者所杀,而且这发生在五伦之内。《春秋》用这样的开篇启示后人,血缘伦理关系在权力结构之中,尤其是对权力的合法性和纯净性而言,有着特殊的参照作用。即使对权力有着强烈的欲望,也得好好想一想,目的正义固不可少,手段正义同样重要。如果连兄弟都能下狠手,那么会把天下弄到什么地步?权力的合法性又何在?更为重要的是,历史总是很残酷甚至血腥,而且向来是君子少、小人多,在现实生活中也往往是前者举步维艰,后者如鱼得水,至于贤者被不肖者所讨厌、所压制,乃至所杀,更是稀松平常之事。然而,我们读史的目的,正是要从这血腥与残酷之中,读出制度,读出理想,学会认识人性,学会辨别善恶,而这些都是为了我们善良的人性光辉,以及美好的政治理想所做的努力。

四　如何面向未来处理以巴冲突?

参与讨论者:

陈光明(深圳大学2013级中国现当代文学硕士)
刘　伟(深圳大学2014级中国古典文献学硕士)
钟传慧(深圳大学2014级中国现当代文学硕士)
付晓蕾(深圳大学2015级中国现当代文学硕士)

周　萌:以巴冲突可以说是个世界性难题,因为巴勒斯坦地区不仅是三大宗教的圣地,而且是三大洲的交汇点,地理位置极为重要,大国博弈从未离场。正因历史、宗教、大国等因素交织在一起,这个问题变得错综复杂,牵涉多方利益。甚至可以说,这个地区是世界和平与否的晴雨表,而且异常敏感,稍有风吹草动,就会鸡犬不宁。问题如此棘手,背后的原因必然很不简单,这到底是怎么回事呢?

刘　伟：和平与发展虽是当今世界的主题，但自二战结束以来，小规模的局部战争从未中断，尤其是在历史遗留问题众多的中东国家。阿拉伯世界和以色列在1948年、1956年、1967年、1973年和1982年先后爆发了五次中东战争，不仅给双方带来了无法估量的经济损失，而且葬送了数百万人的生命，还产生了数千万难民。战争的直接后遗症则是双方始终处于敌视状态，民间几乎中断了一切来往，严重阻碍了双方经济文化的发展。我有些疑惑，如此深仇大恨，究竟源于什么？

付晓蕾：说到原因，从历史的角度来看，必然绕不开宗教问题，而宗教问题最突出的表现则是耶路撒冷的归属问题。众所周知，耶路撒冷是犹太教、基督教和伊斯兰教共同的圣地，尤其对犹太人来说，在《旧约》里，耶路撒冷是上帝给他们的应许之地，诸如圣殿山、锡安山、哭墙都在这个地方。可以说，这是以色列国家民族的象征，若要复国，就必然选在这里。然而，同样地，对穆斯林来说，这里是除了麦加和麦地那之外的第三大圣城。因此，双方互不相让，也难以相让，冲突自然在所难免。

钟传慧：除了晓蕾所说的宗教问题以外，可能还牵涉到生存空间和生存资源等方面的利益争夺。这里所说的生存空间问题主要是指因人口膨胀而带来的土地资源短缺，从而想要侵占他国土地，使自己的人民得到居住地；生存资源问题则主要是指因南北气候的差异，北部的水资源很短缺，势必会对南方进行抢夺。双方之所以冲突不断，主要是因为双方在这些方面没办法达成一致。

陈光明：世界上各种问题的产生，一般都是内因和外因互相作用的结果，以巴冲突也不例外。刚才大家谈及的主要是以巴双方的内因，但外因同样不能忽视。老师刚才已经讲了，以巴地区的地理位置极为优越，它处于亚洲、欧洲和非洲三大洲的交界处，又处于大西洋和太平洋的交界处，还濒临世界上极为重要的几大海峡，地理位置的重要性使得这个地方历来就是兵家必争之地。以俄罗斯为首的一些国家，基于自己利益的考虑，倾向于支持阿拉伯国家；而以美国和欧洲为首的一些国家，倾向于支持以色列，大国已经在事实上参与了以巴冲突，大国博弈也必然导致这个问题更加复杂，更加棘手，更加难以解决。

刘　伟：除了以上三方面的原因之外，还有一种力量不容忽视，那就是极端恐怖组织。如果能从根本上解决这个棘手的问题，那么对解决巴以冲突也会极有帮助。

周　萌：正如大家所分析的那样，以巴之间的冲突，主要表现为土地争端，但任何国家在这个问题上铁定是寸土不让，这就变成了一个死结。何况以巴之间不仅有土地争端，还有宗教、大国等各种各样的因素搅合在一起，刀光剑影，错综复杂。然而，面对如此棘手的局面，我们没有任何退路，因为若要维护世界的和平稳定，就必须要严肃面对和妥善处理这个问题，否则这个地方随时可能给世界带来不稳定因素。不过，谈到应对策略和方法，我们不妨放弃不切实际的展望，而是优先考虑一些相对现实的、能在现阶段真正发挥作用的措施，然后一步步推进，或许有望收获较好的效果。你们觉得有哪些办法切实可行呢？

刘　伟：传慧认为争夺自然资源是造成以巴冲突的重要原因，但我觉得外部原因并不起主导作用，因为外部阻碍可以通过一定的方式得以化解。例如土地资源有限，可以通过填海造田、合理规划土地使用、改善建筑格局、控制人口激增等可控因素实现和谐发展。又如水资源匮乏，则可以通过海水淡化、合理开采地下水，甚至是跨国买水等方式解决双方的摩擦。古人云："穷则变，变则通，通则久。"穷困才是导致战争的内在根源之一，如果阿拉伯国家能致力于发展经济，提高人民的生活水平和教育素质，严厉打击极端组织，这对构建以巴和平，乃至世界和平，才是真正有益的。

付晓蕾：刘伟是从现实层面和技术层面提出解决措施，我觉得仍然可以回顾历史，以史为鉴，在奥斯曼土耳其帝国时期，这两个民族是完全可以相互包容、和平共处的，为什么近代以后就不可以了呢？如果他们在相互面对的时候，少一些刚性手段，多一点妥协的智慧，多采用类似于和谈的方式理性对话，也许就会好很多。

钟传慧：的确，双方若能坐下来和平谈判，很多问题可能就会迎刃而解，但这有一个前提，那就是需要第三方的介入，既可以是国际组织，也可以是某个或某些大国，他们应当保持中立的立场，出发点是为了以巴和平共处，通过权衡两者的利益诉求，拟定协议，使之成为涵盖双方主要矛盾点的解决方案，并注重公平公正和可执行性。这样的话，双方共同遵守这个和平协议，也许就能建立相对稳定的关系。

陈光明：除了官方和技术层面以外，还需着重考虑如何加强以巴双方居民的日常交流。因为现在非常突出的情况是，以色列出于安全考虑，建了一道墙，叫加沙隔离带。两国人民的日常交流受到隔离墙的阻碍，无法正常进行。如果日常交流无法正常进行，了解就无从谈起；如果不能增进了解，和平就更没有指望了。因此，若有可能的话，以色列有必要逐步放开对加沙隔离墙的管制，甚至有条件地拆除，只有这样，双方的普通民众才能不断地加深交流和了解，从而促进互信。当然，在此之中，两国的政府和民间都应基于对等原则，因为目前双方在事实上是不平等，甚至是敌视的。只有国家、民族、宗教平等的观点深入人心，才有可能更加公平合理地解决诸多矛盾，使彼此走出敌视，甚至握手成兄弟。

周　萌：光明说到以巴之间可以握手成兄弟，其实他们本就是兄弟，双方的冲突可谓世界历史上兄弟阋墙的典型。从理想状态来说，兄弟本应一体，像一个人似的，但以巴双方呈现出来的是另一种状态，那就是每个人都有欲望，都想扩展领地，获取更多的资源，不过，每个人的内心深处也有向往和平安定的因子。那么，怎样把两者结合起来，使之获得平衡，并尽力使向往和平安宁的一面能加倍放大，这对维护世界和平而言是极为重要的课题。当今是国际化的时代，以巴冲突可谓牵一发而动全身，而相关国家，尤其是大国，应从道义和责任的高度处理这个问题，因为战争对任何国家来说都是不能承受之重，例如难民问题，即使其他国家，也无法完全置身事外。每个向往和平安宁的人都希望以巴之间的兄弟阋墙能慢慢演变成为兄弟互相扶持的故事。当然，这只是我们的美好愿望，仍属书生论政、纸上谈兵，这更有赖于有远见的政治家提出高瞻远瞩的政治理念和政治规划，为世界的和平稳定确立良好的范式。

第三章
为政以正：政治与正义

一 为什么陈佗之流没有合法性？

人们常常把国家与政府混为一谈，其实这是两个不同的概念，国家是指一定范围内的人群所形成的共同体；政府是指拥有社会公共权力，实现有序统治的机构。由是可见，国家的主体是全体人民，这是不言自明的；政府的主体是少数统治者（或管理者），他们的权力从何而来，这是需要论证的。所谓合法性问题，是指政府以何种途径获得权力，并以何种方式统治国家的问题。即使古人，也认为政府的正义性和正当性需要经过论证才能得以确认。

古人论证政府的合法性，最常见的说法是君权神授。这个命题的逻辑推演大致是，天子是上天之子，代表上天的意志，故而可以统治人间。只要简单检视一番，就会发现里面仍有不少细节有待论证，例如天子到底凭借何种独一无二性而得以成为上天之子？这类特殊的父子关系通过何种方式得以持续？儿子与父亲之间必定一以贯么？其实，古人也懂得，单有这一套理论还远远不够，因而又配套了一些其他东西，例如宣扬天子出生时种种与众不同的异象或祥瑞：《诗经·商颂·玄鸟》中说"天命玄鸟，降而生商"，即帝喾的次妃简狄吞了燕子卵而生了商朝的始祖契；《诗经·大雅·生民》中说"履帝武敏歆"，即帝喾的元妃姜嫄踩了天帝的脚印而生了周朝的始祖后稷；《史记·高祖本纪》中说"其先刘媪尝息大泽之陂，梦与神遇，是时雷电晦冥，太公往视，则见蛟龙于其上，已而有身，遂产高祖"，即汉高帝是他的母亲与神相遇而生。

即使如此，仍有不少理论困境难以摆脱，例如如何看待汤武革命？商汤和周武王都是圣君，但他们以臣子的身份推翻了自己的君主，要是天子都代表天命的话，又怎么会有朝代更迭呢？推翻旧朝代而建立新朝代，若不是以成败论英雄的话，又该如何判定彼此合法性的优劣呢？在这方面，西周的理论建树是提出了"皇天无亲，惟德是辅"（《尚书·蔡仲之命》）的理念，意思是说，上天不会特别亲近某些人，只会帮助那些品德高尚的人。实际上，这是在君权神授之外，增加了另一重合法性的判断标准：以德服人。打天下的时候，是因为当时的君主实在太过糟糕，老百姓生活在水深火热之中，所以不得不起来推翻他。等到坐天下以后，尤其是对开国以后的继承者而言，父亲打天下，儿子顺顺当当坐天下，但这并不代表权力可以毫无限制地持续下去，只要违背道德的合法性，人民就有充足的理由让汤武革命再次上演。

关于这个问题，孔子的心里多少还有些疙瘩，《论语·八佾》："子谓《韶》：'尽美矣，又尽善也。'谓《武》：'尽美矣，未尽善也。'"《武》是歌颂周武王的乐舞，孔子的评价是，艺术形式极美而思想内容未臻于至善，意思是武王伐纣在君臣伦理上仍有所亏。孟子则完全看开了，《孟子·梁惠王下》："齐宣王问曰：'汤放桀，武王伐纣，有诸？'孟子对曰：'于传有之。'曰：'臣弑其君，可乎？'曰：'贼仁者谓之贼，贼义者谓之残，残贼之人谓之一夫。闻诛一夫纣矣，未闻弑君也。'"意思是桀纣违背仁义，已完全失去了合法性，诛杀这样的独裁者反而充满了正义性。这显然已把以德服人置于君权神授之上了。

有意思的是，《春秋》虽是孔子所编，但所透露出来的信息反倒近于孟子而非《论语》。《春秋》记载，鲁桓公六年（前706）八月，蔡人杀陈佗。虽然只有短短五个字，但蕴含着深刻的褒贬。陈国是西周建立后册封虞舜的后代而形成的诸侯，始封国君是陈胡公，进入春秋时期，是陈平公在位。陈佗是陈平公之孙、陈文公之子、陈桓公之弟。陈桓公去世后，陈佗杀了太子而自立为国君。这种得位方式本来就不正当，但陈佗不以为然，即位后不是反思律己，励精图治，使自己的合法性增加一些，反而胡作非为，跑去蔡国淫乱，最终在蔡国被杀。

按理来说，陈佗的确做过国君，理应称他的谥号或者通称陈侯，可是《春秋》只记载了他的姓名。根据《春秋》的体例，直呼其名是非常严厉的贬斥，表示根本不承认他是国君，所以他既没有获得谥号，也没有获得被称为陈侯的资格。这是一对有趣的矛盾，我们从中可以看到，现实权力与历史认可均非自动天授，而是后天获得，但两者仍不同步，因为获得现实权力有正义与非正义两种途径，而历史认可只有正义一途。陈佗显然获得了现实权力，但因目的和手段都不具有合法性，故而无法获得历史认可。换句话说，即使实际上做了国君，历史书写也可以完全不予承认。

一般而言，作为帝王也至少有"三怕"。一是怕上天示惩，例如出现彗星或者流星雨、地震或者旱涝灾害，乃至这个季节出现那个季节的现象，诸如冬雷阵阵夏雨雪等，今人将其视为自然现象，但古人觉得这是上天生气的表现。对谁生气？自然是对他的儿子，而且这绝非无缘无故，必定是帝王有做得不妥之处。那么该怎么办？这时候帝王得检讨自己的言行，广开言路，广泛征求大家的意见，好好改正错误。二是怕祖宗成法，因为"家天下"是祖宗的功劳，继承者并没有尺寸之功，只是制度使然而已，因而祖宗定下的一些规矩，尤其是良善的制度规定，对后世子孙有既成法的约束力。继承者将其作为样本而遵守，也是对君权的一种限制。倘若不遵守祖宗传下来的良好规则，那便是对不起祖宗，这在古代是特别严重的事情，因为不肖子孙是没有资格继承祖宗衣钵的。三是怕春秋笔法，虽然历史上有不少君主胡作非为，不在乎死后洪水滔天，但毕竟很多人还是在乎的，千秋万代的史书上会怎么记载自己呢？是写得像尧舜一样，还是像桀纣一样？这种文化习惯，再加上君主的在意，使得史书的记载也对帝王形成了某种隐性限制。因为流芳百世还是遗臭万年，无需外求，只取决于君主自己的言行，而历史定会秉笔直书，做出公正的判断。我们可以清楚地看到，陈佗虽有即位为君的既成事实，但史书否定了他的合法性，用直呼其名的方法把他从国君之位放逐，仅仅当成一个普通人来对待。

如果把这样的方式命名为历史对现实的重新审判,那么几乎可以说这是《春秋》的要义所在了。类似的事例还有很多,记录梁国的灭亡即是如此。梁国实际上是被秦国所灭,但起因是国君沉迷酒色,滥用民力,使得老百姓纷纷惊溃而逃。打个比方说,梁国的灭亡就像一条鱼,肚子里面已先烂掉了,秦国只是捡了个便宜而已。因此,《春秋》并没有记载秦国灭了梁国,而只是记载梁国灭亡了,言外之意是这是自取灭亡的结果,显然是对梁国国君合法性的否定。由是可知,《春秋》的着眼点并不完全在于事实本身,更在于历史所折射的价值启示。

除此之外,《春秋》还论述了另一种合法性,这主要是针对大臣的。《春秋》明确反对两种现象:一是世卿制,亦即官位世袭,用今天的话来讲,就是不辨个人的品行才能而全盘继承父亲的权力和地位,由是形成了所谓官二代、官三代,以至官无穷代。儒家主张,国家管理的理想状态是主权在民,治权在贤。意思是说,国家权力来源于人民,但管理者应是社会精英。设置官位是为了更好地管理国家,故而应当授予贤能之人,绝不允许世袭。二是子代父政,这与前一种情况有点类似,但程度稍轻。有些官员年龄已大,按常理来说,应当辞官不做,避贤者路,把位置让给更贤能的人,但他贪恋权位,不肯退隐,反而让儿子代替他行使权力。这虽然不是世卿,但可以算是世卿的一种变形。官二代、官三代利用父亲的权力,甚至直接使用父亲的权力,在《春秋》看来,这都是乱国之端。

归结起来,《春秋》至少从国君和大臣两个层面论述了权力的合法性问题,从这些受到严厉批评的反面例子来看,作为国家管理者,既不能德行有失,也不能无视制度。无论君主还是大臣,都不能僭越政治理念或践踏政治制度，而且历史会对此做出终极审判。

二　为什么谴责火攻等战争方式？

除了一般意义上的政治合法性以外，具体的政治行为同样需要合法性。对此，儒家区分了目的正义和手段正义，并且强调两者缺一不可。为什么呢？因为有时候，目的正义很容易包装，甚至可以伪装。只要简单想一想就知道，哪个政权、哪个政治家不把自己包装得正义无比呢？就连希特勒大肆屠杀犹太人，犯下了反人类的滔天大罪，也会给自己披上人种优劣论的外衣。正因如此，考察手段正义或许更易于辨别真伪，也更能审视目的正义与否。若是从这一点出发，就算希特勒巧舌如簧，我们也能轻而易举地撕下他那层伪善的外衣。

《春秋》通过具体事例阐发了上述观念。鲁昭公十一年（前531）四月，楚灵王诱杀了蔡灵侯。这件事本身并不复杂，蔡景侯给儿子蔡灵侯娶亲，没想到公公看上了儿媳妇的美色，结果发生了翁媳乱伦的事情，儿子怀恨在心，把父亲杀了。这是一起具有轰动效应的桃色丑闻，蔡景侯无道，而蔡灵侯通过弑君弑父上台，同样没有正当性，但他即位以后不好好治理国家，老百姓也不依附，这就给一直觊觎蔡国的楚国提供了机会。

楚国的始封国君是熊绎，被周成王封为子爵，但中原各国一直看不起楚国，将其视为南蛮。进入春秋时期，是楚武王在位，他希望周天子加封，但没有如愿，于是干脆自己称王，表示与周天子平起平坐。《春秋》虽然按照礼制将其贬称为楚子，但为了照顾实际情况，又把周天子尊称为天王以示区别。蔡国的始封国君是周武王的弟弟蔡叔度，与周王室的关系非常密切，自然不肯依附楚国。楚国对此一直耿耿于怀，因而抓住了这个难得的机会。楚国先是给蔡国送去厚礼，让蔡灵侯前来会见楚灵王。当然，蔡国也有明白人，极力劝阻此事，理由是以前两国关系并不好，如今无缘无故突然奉送重礼，其中恐怕有诈，国君不能轻信。蔡灵侯贪图财物，不听劝告，结果被杀，蔡国亡国。虽然后来得以复国，但这件事给蔡国造成了巨大的伤害。

对于这样的事情，应当如何定性呢？蔡灵侯通过弑君弑父而得位，又没有得到老百姓的拥戴，自然不具有合法性。但即便蔡灵侯如此，楚灵王将其诱杀，是否正当呢？《公羊传》的判语是："怀恶而讨不义，君子不予也。"意思是怀着不良的动机讨伐不义之人，也是不被赞许的。换句话说，即使对方不正当，也不能成为自己不正当的理由。

由此不难看出，儒家是反对以暴制暴的。那么，对方若有错误，也要视而不见，或者听之任之吗？儒家的立场是，理当名正言顺、出于公义、依据法理人情加以处置。楚灵王把他的目的包装得很正当，说成是为了讨伐蔡灵侯的恶行，实际上是为了报复过去对蔡国的不满，并且贪图蔡国的土地，这显然是不正当的，必定会被君子视为可耻的行径。

除了目的正义以外，手段正义同样重要。鲁隐公四年（前719）二月，莒国讨伐杞国，取得了牟娄这个地方。莒国和杞国是很小的诸侯，《春秋》向来惜墨如金，这里为何不惜笔墨把两个微型国家之间城池的得失记录下来呢？这是因为《春秋》反对占领别人城邑的做法，虽然只是发生在两个小国之间，但这是《春秋》有记载以来，第一次出现一个国家占领另一个国家的土地。从开始就明确反对，清楚地表明立场，后面再有类似的情况也就无需赘言。从对这件事的评价来看，《春秋》是反对战争的。因为在儒家的理想世界里，治理天下的最佳方式是以德服人，战争只能是不得已而用之。若非正义的自卫战争，《春秋》是不赞许的。

然而，现实地来看，春秋时期不仅有战争，而且在战争中使用了很多极端手段，《春秋》对此更是严加贬斥。鲁桓公七年（前705）二月，鲁国放火焚烧了邾娄国的咸丘。这个记载相当简单，但《春秋》的用意在于严厉批评战争中使用火攻的方式。众所周知，任何战争都应区分战斗人员和平民百姓，并且尽最大可能避免对无辜平民的伤害。可是火攻，以及我们特别熟悉的《三国演义》里面关羽水淹七军等，完全背离了应有的道义精神，因为水火无情，不会自动区分是不是武装人员，这会让许多无辜的生命成为战争的牺牲品。当然，儒家并未一厢情愿地认为战争可以完全避免，而是主张仁义之人应把战争作为末位选项而非优先选项，即使不得已而用之，也应遵循更加人道的方式。那种不分青红皂白而妄图把所有人都消灭的理论和方法，无疑是非人道和非正当的。儒家对此通通否定，也是自身人道主义精神的必然体现。

直到今天，这个世界依旧不太平，恐怖势力的明枪暗箭、宗教民族的深刻矛盾，无时无刻不威胁人类共同体的命运。然而，无论朝哪个方向发展，都应提倡这样的理念，那就是尽量避免战争，通过和平谈判的方式解决问题。即使战争在所难免，也应最大限度地避免对无辜平民的伤害，采取种种措施保护他们。而且，要坚决反对使用生化武器、细菌战等战争手段，因为这些都是反人类的暴行。中国承诺不首先使用核武器，体现了高度的人道主义情怀。有人说，儒家既要目的正义,又要手段正义,似乎要求太高,甚至近乎迂腐。事实上,只要站在国家的终极目的、大国的道义责任,以及人类的理想向往来看,这样的要求一点都不高,因为这既是出于人性的良善期待,也是人类福祉的必然期盼。

三 如何判定祭仲权变是否合理?

前面所谈的合法性问题,主要是基于政治理论的理想化状态,但现实情况往往更加复杂,判断起来也可能没有那么简单,郑国祭仲废立国君就是这样的典型例子。

郑庄公有四个儿子,其中长子郑昭公,次子郑厉公。郑昭公的母亲来自邓国,这是小国;郑厉公的母亲来自宋国,这是大国。郑庄公去世后,郑昭公继位,宋国很不乐意,想要废长立幼,若是成功的话,两国就是甥舅关系了。当时,祭仲在郑国是一人之下万人之上,郑昭公尚未继位前,祭仲就劝他迎娶齐国文姜,以此作为政治外援,但郑昭公没有听从。宋国诱使并抓获了祭仲,逼迫他答应回国后废掉郑昭公,改立郑厉公。祭仲被迫答应,结果郑昭公出奔,郑厉公即位。

关于这件事情,《春秋》三传的评价很不一样。《左传》只是客观地记载,并未另附评价,《公羊传》和《穀梁传》的立场恰好相反。《穀梁传》给予祭仲严厉的批评,理由主要有两点:一是国君有难,为国君慷慨赴难,乃至于死,这是臣子的本分,祭仲未能做到。二是祭仲不仅没有尽到为臣之道,反倒立恶黜正,扶持糟糕的人上台,赶跑了理当在位之人,实在是太过分了。因此,《穀梁传》判定,《春秋》厌恶祭仲的所作所为。

《公羊传》的视角截然不同,结论则是赞许祭仲懂得权变。什么意思呢?儒家给人的印象通常是古板而不知变通,但从《公羊传》的阐述来看,并非如此。《公羊传》指出,必须区分经、权、诈这组相关而有别的概念,经是指在一般情况下必须遵守的规则,权是指在特殊情况下使用的策略,诈是指利用虚辞谎言有效规避法则的手段。简单来说,平常无视规则,那是小人;面对突发事件而不知变通,那是愚人;只有平时守法如山,临乱又能具体问题具体分析的人,才是君子。

孟子更形象地讨论过这个问题:有人问,如果嫂嫂掉进水里,小叔子该不该出手相救呢?因为根据一般原则,男女授受不亲,小叔子和嫂嫂不能有肌肤接触。可是孟子认为,现在涉及生命危险,已不是通常情况,要是不救,或者说把相救视为错误的话,那是禽兽,而不是正常人该有的言行。在这里,孟子严格区分了一般情况和特殊情况,亦即经与权的不同应用背景,若是把一般原则硬生生运用于特殊情况,显然是极其错误的。

《公羊传》表达的是同样的意思,祭仲被宋国抓住,他若不答应宋国提出的条件,宋国可能会进攻郑国,郑昭公可能会性命不保,郑国也可能会灭亡。若是先答应下来,至少可以保住郑昭公的性命,然后再慢慢谋划此事,等到将来时机成熟,还可以把郑厉公赶走,把郑昭公重新迎回来。后来事态的发展的确如此,故而《公羊传》肯定祭仲的行为,认为他是在特殊情况下采取了特殊的对策。

当然,使用权宜之计是有前提条件的,否则很容易被小人钻空子,因为谁都可以用这个借口为自己辩护,这样的话,通行的法则就会遭到实质性破坏。《公羊传》指出,采用权宜之计有三种前提:涉及国家兴亡、涉及国君安危、涉及人的性命。只有在这些事关生死存亡的重大关头，才能事急从权。同时，实施权宜之计也有限制，那就是对自己没有好处，只对别人有好处。换句话说，只能损己以利人，而不能损人以利己。若是自己获益，那就不是权宜之计，而是小人使诈了。

设计这些前提和限制，主要是为了防止小人利用制度的漏洞，然而，现实地来看，仍有不少人拿这样的理由做自己的遮羞布。这并不是古人的制度设计不够健全，而是在具体操作过程中，小人有太多的花招。如同世间的锁只是为了提醒君子而无法防住小人一样，古人对经与权的区分，也主要是希望君子不至于古板守旧，甚至做出有违人性的选择，又不至于从自己善良的人性出发，在特殊情况下进退两难。可以说，君子修身立德有阶梯可循，小人使诈往往无所不用其极，清者自清，浊者自浊，即使只有幽微之别，仍可见出大节之端。

四　如何看待拆迁引发官民矛盾？

参与讨论者：

黎思文（深圳大学2013级中国古代文学硕士）

陈光明（深圳大学2013级中国现当代文学硕士）

陈秋茜（深圳大学2013级中国古典文献学硕士）

梁婉然（深圳大学2014级中国古代文学硕士）

周　萌：所谓官民矛盾，是指政府和老百姓之间的关系问题，这对任何政府而言都极为重要，因为不仅牵涉到政权的合法性，而且与每个人的切身利益息息相关。当然，造成官民矛盾的原因很多，眼下反应最强烈的当属拆迁。对于这个问题，应当如何认识、怎样处理，可能各方都有自己不同的逻辑和理由。无论如何，只有把所有问题摆上桌面，才有可能真正将其化解。那么，就让我们分别从政府和老百姓的立场考虑，把各自的难处、担忧以及愿景全部展示出来，看能否找到一个让大家都可以接受的方案。在此之中，首当其冲的问题是该不该拆迁。如果老百姓不愿意拆迁，那是为什么呢？政府为什么又要主导这类拆迁呢？

黎思文：就我的观察来说，很多老百姓祖祖辈辈住在同一栋老房子里，他们对这个房子、周边的邻居，甚至是一草一木都有着十分浓厚的情感，突然让他们搬到另一个陌生的地方，人际关系得重新建立，不仅需要时间，而且需要一大笔支出，所以大部分人对拆迁有排斥心理，是可以理解的。

梁婉然：我听到老百姓这样议论，政府给了一笔钱，的确可以去城里或其他地方买房，但祖祖辈辈生活在这里，在他们的意识里，早已觉得这块地属于自己，只要有一双手，就可以解决生存问题。要是搬去别的地方，那里的房子只有七十年产权，往后就不属于自己了，所以他们担忧，没有了土地，子孙后代怎么生存？他们的根又会在哪里？这可能是很多拆迁户，尤其是农民拆迁户存在拒拆心理的缘故。

陈光明：你俩主要着眼于情感问题，但不容否认的是，在经济高速发展时期，拆迁是时代的必然要求。我以前对拆迁也很有意见，最近准备报考公务员，看了很多这方面的资料，逐渐认同了拆迁的合理性。中国的现代化进程正在快速推进，城镇化是其中的重要一环，而推进城镇化，就必然要求建筑更新换代，一些违章建筑、有安全隐患的建筑、破旧的建筑等,就必然在拆除之列。只有这样,才能对城市进行科学合理的规划和重建。在这样的时代背景下,拆迁不仅极为必要,而且有科学依据。甚至可以说,不是政府要拆迁,而是时代发展必须拆迁。

陈秋茜:的确如此,世界在发展,城市也在发展,对城市重新规划和建设是必不可少的。婉然所说的"祖祖辈辈生活在这里,要是失去了土地,子孙后代的生计将无以为继",其实不必太担心。古话说得好:儿孙自有儿孙福。只要把城市规划建设好了,就可以为他们提供更多的就业机会。他们也可以通过自身努力,创造更好的生活,为自己的未来勾画远超祖辈的蓝图。因此,我们所要做的是建设好这座城市,从而为子孙后代提供更加便利的条件。

周　萌:政府一方勾勒了美好的愿景,不知这样的愿景能否打消老百姓一方的疑虑。然而,不管怎么说,正如光明所言,城市化是社会发展的总体趋势和潮流,我们只能顺势而上,不能逆流而行。当然,拆迁应区别对待,能留则留,能修则修,在尽量保存原貌的基础上,有限地去旧立新。如果实行推土机运动,不问青红皂白,所过之处草木不留,显然是极其错误的。若要顺应历史潮流,真正把事情办好,最有效的方法可能是政府和老百姓把各自的核心利益诉求展示出来,相互聆听,不断调整,寻找最大公约数,才有可能找到最佳方案。那么,从老百姓的角度来说,拆迁的核心利益诉求是什么呢?

黎思文:老百姓既不关心长远规划,也不会憧憬这座城市的美好未来,他们最在意的是眼前利益,也就是需要搬到另一个陌生的地方时,会相应产生高额的支出,或者是政府的补偿款能不能及时到账。这才是最迫切、最现实的问题,如果不能解决的话,很多人就会排斥拆迁，这个工作可能就没法继续下去。

陈光明：思文的侧重点在于政府的补偿体系能否满足被拆迁居民的利益诉求，其实，政府已在这方面做了很多努力，突出表现是对拆迁赔付体系的完善。以前的拆迁确实出现过不少不良状况，例如政府一次性向被拆迁居民支付一笔钱，然后就不管了，这种机制带来了很多隐患，因为面对突如其来的大笔钱财，有些人挥霍一空，以致流落街头，无法维持生计。现在政府吸取了这方面的教训，既有现金补偿，又有住房补偿，即政府与开发商合作，为这些居民提供相应的住宅，还有最重要的一点，那就是政府越来越重视被拆迁居民的长期生计，即就业问题。一般而言，政府会出台各种优惠政策，鼓励企业吸收被拆迁居民就业，给他们提供工作机会，这就解决了老百姓的核心利益诉求。这些问题解决以后，拆迁冲突的原因往往在于老百姓，例如关于赔偿标准，政府虽然早已明码标价，但老百姓漫天要价，以致加剧了拆迁的难度。

黎思文：这里面有一个无比现实的问题值得注意，那就是政府的补偿款付不起新房的费用，这才是老百姓最关注的问题。

梁婉然：政府虽然做了很多工作，顾及了老百姓的多种不同情况，但老百姓有更多的顾虑，是政府难以考虑到的。例如旧家离工作的地方很近，新家可能很远。以前上班只需五分钟，现在需要一个小时以上，那肯定不会乐意搬迁了。还有孩子的教育问题，也值得谨慎考虑，例如旧家附近有好学校，新家附近的学校是否跟得上呢？这些对政府可能是小事，但对每个家庭都是大事。

陈秋茜：政府的拆迁并不是针对单个社区，而是整个片区的重新规划，婉然所担心的上班距离从五分钟变成一个小时以上，或许是多余的。至于孩子的上学问题,政府会在新的片区逐步完善基础设施,配套建设中小学,并配备相应的师资力量。

周　萌:从政府的角度来说,与以前相比,工作方式和工作成果有很大的进步,越来越规范。问题在于,为什么老百姓心里仍然颇为忐忑呢?这说明政府的工作还有不少可以改进的空间,或者抽象一点说,在这个问题上,政府能否有更高的价值准则呢?

陈光明:说实话,长期以来,拆迁重建问题乱象丛生。究其原因,用三句话可以概括,那就是政府不依法行政,开发商暴力拆迁,居民漫天要价。之所以出现这种恶性循环,根源在于相关群体法治观念淡薄。大家各做各的,有时为了自身的诉求而出现利益寻租的情况,其中影响最坏、舆论批判最多的是开发商和政府相勾结,暗箱操作,使大量居民的利益受损。为了解决这种状况,就要求各个利益主体以法律作为准绳:政府要依法行政,开发商必须按照法律的规定运作,而普通居民一方面要有足够的维权意识,用法律武器维护自己的权益,另一方面面对政府合法合规的拆迁以及补偿标准,不能漫天要价,致使拆迁无法进行。

周　萌:光明所说的是理想化状态,历史地来看,农民起义往往是导致朝代灭亡的直接动因,归根结底,还是对弱势群体的相关问题处理得不够妥当,官民冲突最终以战争或者朝代更迭的形式结束,这是我们应该严肃吸取的教训。不过,历史上也有很多宝贵的经验,例如政府不应与民争利的理念。换句话说,虽说政府勾画了美好的愿景,但老百姓总觉得忐忑,在这种情况下,政府和社会舆论理应设身处地站在老百姓的角度,尤其是弱势群体的角度思考问题。既然拆迁是一个系统工程,若能对社会加以整体规划,特别是把老百姓的福祉全部纳入考虑范围，那么大家的疑虑或许是可以消除的。

陈秋茜：是的，政府在拆迁过程中应充分考虑老百姓的利益和感受，这就要求政府做到公开透明，制定公平公正的拆迁条例，明确告知拆迁的整体规划、赔偿拨款的到款日期等，这样老百姓才知道政府在做什么、怎么做以及进度如何，双方才能更好地沟通，从而建立信任。我相信，这不仅有利于拆迁本身，而且有利于城市的长远发展，尤其是市民文化建设。

梁婉然：除此之外，政府还应把工作做到细处，不能搞一刀切，而应具体问题具体分析，例如这块地处于交通要道，那么值钱的就不仅是这栋房子，更是这块地，政府是不是应该补偿更多的拆迁费呢？另外，有些居民不想搬迁，也可能是有不便明言的原因，政府应做更多的思想工作，帮助居民从理解拆迁走向配合拆迁，而不是简单地胡萝卜加大棒。不要把老百姓都视作刁民，其实，他们既享受公民的权利，也履行公民的义务，没有人不愿意让自己的家乡明天变得更好。

周　萌：照此推理，拆迁不仅是拆建房子，还涉及公民的权利和义务，甚至可以说，这是民主法治社会的缩影之一。简而言之，拆迁之初似乎是博弈，但终极目的不是对抗，更不是激发官民矛盾，而是政府和老百姓之间形成合力，共谋发展，共享社会红利和福祉，这才是我们所向往的模式。

第四章
身不由己：女性与政治

一　宣姜婚姻所折射的政治黑洞

　　人们常说，婚姻是爱情的坟墓。其实，这两者之间是否果真存在这样的因果关系，可谓见仁见智，但可以肯定的是，两者的本质完全不同，爱情是发自内心深处的自然诉求，也是人性的重要体现；婚姻则是统治阶级强加给个人的外在规范，也是统治阶级维护社会秩序的基本手段，甚至可以说，婚姻连接的主要是两个家族的经济关系。照此来看，每个人都打心眼里向往爱情，而对于婚姻，恐怕就未必如此了。古代的婚姻不以爱情为基础，而是父母之命、媒妁之言起决定性作用，这样的话，尤其是社会上层掺杂了权力关系的婚姻，与爱情大概是南辕北辙的。在春秋的历史上，不少上层女性的婚姻，便是这样不如人意地收场，齐僖公的两个女儿宣姜和文姜的经历极具典型性。

齐国的始封国君是姜太公，他可能是个帅哥，而且他的基因可能是强势遗传，故而齐国公室先后涌现出诸多美女，宣姜和文姜即是其中的佼佼者。文姜不仅容貌倾国倾城，私生活更是惊世骇俗。她尚未出嫁前，就与自己异母的哥哥齐襄公兄妹乱伦。大概这件事弄得天下人皆知，所以齐僖公急于把这个女儿嫁掉。刚开始齐僖公看上了当时还是世子的郑昭公，祭仲力主接受，但郑昭公拒绝了，他的理由冠冕堂皇，谦虚地表示郑国是小国，齐国是大国，自己高攀不起，实际上可能是在意文姜的私生活。后来文姜嫁给了鲁桓公，但她依然与齐襄公藕断丝连，私情不断。鲁桓公与文姜一起去齐国，文姜与齐襄公旧情复燃，继续兄妹乱伦，鲁桓公知道后，当然很生气，齐襄公为了掩盖这件事，派人杀了鲁桓公。

鲁桓公的儿子鲁庄公继位后，就要面对如此棘手的事情，母亲与舅舅乱伦，两人合谋杀了父亲，怎么办？鲁庄公当然没有什么更好的办法，也不能对母亲如之何，只好把她安置在齐国和鲁国交界的地方，这样反倒更加方便了文姜和齐襄公的往来。因此，鲁桓公去世后，文姜兄妹的幽会，史书上记载得非常详细，似乎生怕落下一次似的。在《诗经·齐风》中，《载驱》《敝笱》《南山》等篇章都给予文姜严厉的批评。文姜有谋杀亲夫的嫌疑，这些批评并非捕风捉影。

文姜的命运堪称曲折，但她仍能部分按照自己的心意行事，相形之下，姐姐宣姜的命运可谓凄惨，因为她彻底沦为政治的工具。从她俩的称谓来看，姜是齐国的国姓，"文"是以才华而称，并非丈夫的谥号，这显示出文姜一定程度的独立性，而"宣"表示嫁给了卫宣公,依附性不言而喻。卫国的始封国君是周武王的弟弟康叔,进入春秋时期,是卫桓公在位。卫宣公是卫庄公的儿子,卫桓公的弟弟。卫宣公在治国方面没什么水平,在男女关系上却乱得很,他先是与父亲的小妾夷姜私通,并生下公子伋(即急子)。公子伋的素质较高,卫宣公因而立他为世子,并为他礼聘齐国宣姜为妻(当然,那时她还不叫宣姜)。然而,使者从齐国回来以后,向卫宣公极力宣扬宣姜的美貌,结果糟了,卫宣公的色心怦然而动,本来是为儿子娶亲,没想到公公当了新郎。宣姜在毫不知情的情况下被更换了身份,从原先预设的世子夫人变成了国君夫人。《诗经·邶风·新台》即是专门讽刺卫宣公这种行径的作品。

不过,事态的发展并不寻常。由于宣姜非常得宠,夷姜上吊自尽。宣姜生了公子寿和公子朔两个儿子,并与公子朔密谋夺取世子之位。由于宣姜一再说公子伋的坏话,卫宣公假装派他出使齐国,打算让人假扮盗贼在半路上把他杀了。这件事碰巧被公子寿知道了,他把这个阴谋告诉了公子伋,并让他赶快逃走。可是公子伋固执地认为,既然是父亲的命令,怎能弃之不顾而逃走?要是违背父亲的命令,作为儿子还有什么用呢?故而执意不肯逃走。公子寿只好假意与哥哥喝酒,乘机把他灌醉,然后自己冒充哥哥往前赶路,假扮的盗贼不明就里,把公子寿杀了。等到公子伋醒来时,发现弟弟不见了,急忙赶过去,可惜只看到了弟弟的尸体。他告诉盗贼,你们想杀的人本来是我,却误杀了弟弟,弟弟有什么罪呢?还是杀了我吧。盗贼真的又杀了公子伋。

不知宣姜对公子寿之死是否痛惜,是否由此对自己的行为有所忏悔,单就无情的政治而言,这样一来,公子朔顺利地成为第一继承人，他的阴谋得逞了。卫宣公去世后，公子朔继位，是为卫惠公。从这个不太复杂的夺位过程可知，卫惠公是个阴险小人，公子伋和公子寿倒是大有古人之风，明知大难临头，一个不回避，另一个替代哥哥去死，可谓义薄云天，实在难能可贵。《诗经·邶风·二子乘舟》的背景正是这件事情。

由于卫惠公是通过阴谋诡计上位的，并且害死了两个哥哥，所以原先公子伋和公子寿身边的政治势力对他极为不满。为了稳定卫惠公的权力，宣姜的哥哥齐襄公出了一个馊主意，让宣姜改嫁给公子伋的弟弟公子顽（即卫昭伯），从辈分来说，这是改嫁给侄子。不管宣姜愿意与否，对政治人物而言，政治需要永远是第一位的，个人意愿无论如何得服从政治大局。宣姜和卫昭伯共生了三个儿子和两个女儿，他俩的儿女倒是有很出色的，例如卫戴公、卫文公和许穆夫人。《诗经·鄘风·载驰》即是许穆夫人所写，背景是卫受到狄人的攻击而亡国时，许穆夫人忧心母国，呼吁其他国家救援卫国。

从宣姜婚姻关系的变动来看，可谓到处充斥着政治黑洞，不仅没有爱情，甚至践踏伦理，更谈不上有尊严了。只要哪里有政治需要，她就得去填补。《诗经·鄘风·君子偕老》据说意在讽刺宣姜，可是客观地说，她既没有主宰自己命运的可能，也没有选择婚姻的任何余地。若要讽刺她在男女关系或道德伦理方面败坏，这算得上是污名化，因为这并非出于她的真实意愿，她只是别人手中玩弄政治的一枚小小棋子罢了。

如今是男女平等的时代，对女性而言，要主宰自己的命运，就必须真正拥有该有的经济权利和政治权利。不过，主宰命运是一种强大的能力。有人谈权利时强调男女平等，谈义务时则强调男人应当多分担,这种双重标准恐怕无助于男女平等的完全实现。因此,女性的独立自主,应当先从自身物质基础和精神世界的不断丰富开始。对古代女性而言,这种空间十分狭窄,现代虽然空间更大,但要做一个独立自主的人,甚至是顶天立地的人,同样很不容易。除了男权的阴影仍或隐或显地存在以外,怎样有效克服自己的内在惰性,怎样深刻认识自己的灵魂诉求,怎样积极提升自己的人生格局?这些至今仍是值得不断自我反思的课题。

二 夏姬性关系引发的政治风波

爱情和婚姻有内在心灵诉求与外在社会关系的区别,那么性呢?其实,性也是人的内在需求,甚至可以说是更本质的需求,因为性是生命力的体现。从前面的历史事件可以清楚地看到,婚姻往往受制于外在因素,对上层人士而言,政治的影响尤为深刻。同样,性有时会受到政治的影响,甚至是被压抑,可是反过来,性对政治也有巨大的冲击力。夏姬的经历即是这样的典型例子。

夏姬是郑穆公的女儿,她尚未出嫁前就与庶兄公子蛮兄妹乱伦,不到三年,公子蛮死了。后来她嫁给了陈国夏御叔,故而被称为夏姬,生了儿子夏征舒,十二年后,夏御叔也死了。夏姬就与陈灵公、孔宁和仪行父君臣三人私通,这三个人太不像话,公然在朝堂上拿着夏姬给他们的贴身衣服互相开玩笑,不以为耻,反以为荣。大臣泄冶实在看不下去了,严肃地向陈灵公指出,君臣在朝堂上肆无忌惮地谈论自己的淫乱之事,只会让老百姓无所适从。可惜这番义正辞严的话不仅没能让这三人有所收敛或改正，反而给泄冶惹来了杀身之祸，这三人仍是外甥打灯笼——照旧。《诗经·陈风·株林》即是专门讽刺四人淫乱关系的作品。有一次在夏姬家里，陈灵公跟仪行父开玩笑说，夏征舒长得真像你。仪行父反过来回答，长得也像国君你。这实在是太过分了，那时夏征舒已经长大，听到这番话非常不爽，于是在自己家里杀了陈灵公。夏征舒自立为国君，孔宁和仪行父逃奔楚国。

在这件事情上，本就是陈灵公有错在先，虽然是弑君的大事，但陈国人似乎没怎么放在心上。然而，楚国或许是听信了孔宁和仪行父的话，或许是想利用这个机会扩张实力，竟然以此为借口出兵陈国，夏征舒抵挡不住，兵败被杀。那么，应当如何处置夏姬呢？当时楚国是"春秋五霸"之一的楚庄王在位，这是位雄才大略的君主，但当夏姬被带到他面前时，连这样的君主也不免动心了，他打算纳娶夏姬。这时申公巫臣站了出来，讲了一番大道理，大意是讨伐陈国本是为了主持公道，处置弑君这种逆行，要是事后纳娶夏姬，就会让人误以为是为美色而打仗，出兵的正义性便会大打折扣。楚庄王不愧是明君，听从劝告，打消了这个念头。不过，仍有人被夏姬的美色所迷倒，那就是楚国的重臣子反，既然国君不娶，他觉得该轮到自己了。申公巫臣又讲了一番大道理，大意是夏姬是一个不祥之人，子蛮和夏御叔早早过世，陈灵公和夏征舒被杀，孔宁和仪行父被迫出逃，陈国亡国，都是夏姬引起的。天下漂亮的女子多得是，为何非要娶这个祸国亡家之人呢？这个理由对子反很有杀伤力，他也放弃了。楚庄王把夏姬赐给了另一个大臣连尹襄老，此人没过多久就战死了，他的遗体尚在晋国，他的儿子黑要不是急着给父亲报仇，而是急着与后妈夏姬乱伦。

这个过程看起来相当混乱，但男主角的重头戏才刚刚拉开帷幕。

申公巫臣看到机会来了,派人给夏姬传话,让她赶紧回娘家郑国,自己定要娶她。原来,前面那些堂而皇之的话,只不过是申公巫臣的障眼法而已,而且他已经通盘布局好了。夏姬怎样才能回去呢?理由正是迎回连尹襄老的尸体。申公巫臣是当时政治舞台上的活跃人物,他利用自己的社会关系在各国之间周旋,先是让郑国告诉楚国,只要夏姬亲自前来,就可以得到连尹襄老的尸体。然后让夏姬向楚庄王报告此事,楚庄王则向申公巫臣咨询是否可行,既然这是一个布好的局,申公巫臣自然早就准备好了足够充分的理由,说服楚庄王同意。夏姬回国前,还故意放出话来,不见到连尹襄老的尸体,就不回楚国了。实际上她早已不打算回来了。楚庄王去世后,楚共王继位。这时晋国打败齐国,齐国向楚国求援,楚共王派申公巫臣出使齐国,申公巫臣带着自己的所有财产随行,从齐国返回、途经郑国时,他让副使带着齐国赠送的礼物回楚国复命,自己在郑国迎娶夏姬,随后两人一起逃亡到了晋国。

可以说,这是春秋历史上最有名的无间道事件,而且发生在楚庄王去世、楚共王新立不久之时,这让楚国相当难堪,子反尤为生气:当初你那么冠冕堂皇地劝阻我,弄到最后原来是在为自己盘算。子反请求楚共王给晋国送去重礼,设法说服晋国永远不要任用申公巫臣,从而大大压缩他的活动空间。楚共王还算明智,并未采纳,理由是申公巫臣在楚庄王时代立下过汗马功劳,现在他若是对晋国有用的话,晋国必然不会听从楚国的建议;若是对晋国没用的话,那就随他去吧。虽然楚共王没有采取任何针对性措施,但申公巫臣在楚国的家族遭了大殃,因为申公巫臣不仅得罪了子反,还得罪了另一个大臣子重,原因是有一次楚国打了胜仗,子重想要楚国北部的两个防御要地作为自己的封赏，申公巫臣劝阻了楚庄王，因为这两个地方既是抵御北方、也是进取中原的要冲，不应作为私人封地。正因如此，子反和子重联合起来，对申公巫臣家族大开杀戒，同时杀了黑要，分了他们的家产。

事情到此仍未结束，申公巫臣得到这个消息后，给楚国的这两个大臣写信，强烈谴责他们滥杀无辜，还示威性地宣称，咱们走着瞧，我定会让你们疲于奔命而死。申公巫臣确实是个翻手为云覆手为雨的人物，他得到晋国使臣的身份，出使吴国，不仅把楚国先进的作战技术教给吴国，还唆使吴国背叛楚国，不断骚扰，弄得楚国非常被动，一年之中七次往返，疲于奔命。晋国扶持吴国对抗楚国，意图和效果都很明显，吴国不断壮大，楚国遭到削弱，霸业由此受到掣肘。毫不夸张地说，这件事情在某种程度上左右了春秋时期诸侯实力的此消彼长。

申公巫臣和夏姬在晋国可能生活得比较幸福，史书记载两人至少有一个女儿。他俩的人生可谓轰轰烈烈，天下闻名，这甚至影响到女儿的婚姻大事。晋国名臣叔向想娶他们的女儿，但遭到自己母亲的坚决反对，理由正是这个女孩子的母亲杀三夫、一君、一子，亡一国、两卿，堪称红颜祸水的不二代表，娶这类德义不佳的尤物必有祸患。叔向听了，很是畏惧，但晋平公仍强迫他娶了。申公巫臣和夏姬的女儿倒没捅过什么娄子，而且生了儿子伯石（即杨食我）。伯石刚出生的时候，叔向的母亲前去看望，她还没见到孙子，只是在堂前听到他的哭声，就立刻掉头走了，并说这是豺狼般的声音，这样的男子必有野心，将来恐怕会毁掉羊舌氏一族。后来果然如此。

史书的这段记载，表达了强烈的道德倾向，那就是红颜祸水论，即把高颜值的女性视为祸乱国家或家族的根源。其实，审视这个事件的前前后后可知，夏姬的自由度固然大于宣姜，但她仍不足以左右政局，真正的操盘手是申公巫臣。红颜祸国论在中国古代很有市场，但未必符合事实，因为红颜是否成为祸水，关键在于男人。如果男人立身行事正派，又怎会祸事无端及身？正因男人沉溺美色，荒废正事，不行正道，才导致了亡国败家，哪里是红颜祸国，分明是男人自我放纵祸国祸家！而且，许多与夏姬有关系的男人死了，这是她的错吗？像申公巫臣这样的情种，历经曲折而与夏姬在一起，不是很幸福么？

中国向来有反贪官不反皇帝的传统，总喜欢吹嘘天子什么都好，只是身边的人（包括奸臣、太监、美女等）把他唆使坏了。同样的逻辑推演是，只因母亲是尤物，才会生出不肖之子，以致毁掉了整个家族。事实上，苍蝇不叮无缝蛋，在男权社会，问题的根本仍在男人，凡事归罪于红颜，既不属实，也不公正。直到今天，仍有人呼吁女性在公共场合不要穿得太暴露。对女性而言，着装是否得体，这是个人品位的呈现；对男性而言，怎么不先管好自己的贼心和贼眼呢？这类呼吁也实在太可笑了。

三　息妫为平息政治纷争的婚姻

从前面两个错综复杂的历史事件来看，似乎男女关系只要与政治搅和在一起，就必然是一潭浑水，或者说，男女关系从来只会给政治添乱，而难以起到积极的引导作用。其实也不尽然，息妫即是与宣姜和夏姬完全不同的正面典型。

息妫是陈庄公的女儿，妫是陈国国姓，息表示嫁给了息国国君。息妫长得非常漂亮，据说面若桃花，故而又被称为桃花夫人。有一次息妫回国省亲，路过蔡国，恰好她的姐姐嫁给了蔡哀侯，因而在此暂留，没想到蔡哀侯竟然对她无礼，这让息侯无比愤怒。因此，他向楚文王献计，让楚国假装讨伐息国，息国则向蔡国求救，楚国正好借机攻打蔡国。楚文王采纳了这个计谋，打败蔡国，俘获了蔡哀侯。蔡哀侯怀恨在心，于是心生毒计，在楚文王面前极力宣扬息妫的美貌，说得楚文王动了心，以至于不惜亲自到息国一探究竟。事实果真如此，楚文王随即灭了息国，娶了息妫。息妫在楚文王身边三年，从未说过一句话。楚文王很奇怪，问她为何从不说话，也从不笑，息妫回答，一个女人先后侍奉两位丈夫，已是失节，即使不能为此而死，又有什么脸面讲话呢？还能说些什么呢？这番话让楚文王非常感动，由于是蔡哀侯进献谗言而灭掉了息国，所以楚国又去讨伐蔡国。

楚文王去世后，息妫的儿子楚成王继位，但因年幼，大权掌握在他的叔叔令尹子元手里。子元觊觎嫂嫂息妫的美色，在她的住所旁盖了栋房子，派人在那里摇铃并演习万舞。息妫知道后哭着说，先王之所以设置这样的舞蹈，是为了军事训练，现在令尹心里想的不是如何为楚国复仇，而是在寡妇身边摇铃跳舞，不是很奇怪吗？这番话义正辞严，说得子元也不得不承认，连这个女人都没有忘记复仇，自己怎能忘记呢？不过，子元对息妫的美色始终念念不忘，虽然暂时被打动了，但没过多久反而变本加厉，试图住进王宫，挑逗息妫。若敖氏实在看不下去了，极力劝谏，但子元置若罔闻，最终若敖氏杀了子元，才平息了这次事件。至于息妫的结局，史书上没有明言，可能是从此隐居深宫，不问国事了吧。

除了极少数威权赫赫的人物以外，绝大部分古代女性总是身不由己，命运掌握在别人手中，甚至是政治的牺牲品。然而，从息妫身上可以看到，女性依然可以部分掌握自己的命运，那就是通过坚守道义和气节赢得别人的尊重，这是一种无形的力量。息妫经历了婚姻的曲折，但在这个过程中，她始终知道自己的底线和坚守。虽然有人惑于她的美色，但她本人留给历史的是品格高尚的正能量。当然，今人谈论女性的独立自主，不能如此被动，而应主动地有所作为，尽力改善外部的社会环境。尽管男权的阴影依然存在，在短时间内不可能一下子完全消除，但当代女性仍有可为的空间，例如独善其身，首先提升自己的人生境界，做一个顶天立地的人。其实，不管男人还是女人，大抵都应如此。也唯有如此，才能赢得别人发自内心的尊重。从历史书写的角度来看，更是如此。

四　如何看待同性恋婚姻的争议？

参与讨论者：

吴映丹（深圳大学 2010 级文学学士）

廖丽清（深圳大学 2010 级文学学士）

邱梓佳（华南师范大学 2014 级中国现当代文学硕士）

朱清婷（深圳大学 2015 级新闻传播学硕士）

周　萌：同性恋是个异常敏感的话题，也是当代不容忽视的现象。为什么这么说呢？因为这种现象虽不是当代所独有，但随着时代发展，尤其是互联网得到普及之后，相关问题越来越浮出水面。换句话说，以前同性恋多被视为病态，在社会上受到各种歧视，现在不仅成为热门的学术课题，不少公众也能以平常心对待。那么，作为年轻人，你们怎么看？

廖丽清：其实，我对同性恋这个概念有点模糊。一般而言，同性恋是指男性和男性、女性和女性恋爱。然而，也有这样的例子：美国有个链球运动员，她生来是女性，但长着部分男性器官，由于在链球运动方面有巨大的潜力，她加入了国家队，并取得了好成绩。为了能继续待在国家队，她选择了手术，切除了自己的部分男性器官。出人意料的是，在生活中，她却以男人自称，甚至还有一个非常爱她的妻子。这种现象又该如何解释呢？究竟什么是同性恋？

朱清婷：性别的概念有很多，例如生理性别、社会性别和自我认同的性别等。人们一般是基于生理性别理解同性恋的，而同性恋和异性恋对上述三种性别的认识基本保持一致，也不排除有例外，即上述三种性别认识互相矛盾的情况，有人称之为"跨性别者"，这种状态下的性取向分析更加复杂。大概正因如此，关于同性恋的定义仍是有争议的。

周　萌：这种争议恰恰说明，今人注重从心理、社会、文化等不同层面深度认识同性恋。相形之下，古人显得更抒情一些。虽然古今同性恋的缘起、形式、结局等大不相同，但同性恋现象可谓古已有之。中国古代最有名的三个代名词是分桃、断袖、龙阳之好："分桃"是春秋时期卫灵公和弥子瑕的故事，"断袖"是汉哀帝和董贤的故事，"龙阳之好"是战国时期魏安僖王和龙阳君的故事。由是可见，同性恋现象可以上溯到春秋战国，而且在典籍中被堂而皇之地记录下来，甚至被后人不断地传播，这貌似说明古人对同性恋的态度相对宽容。

邱梓佳：老师所举的中国古代的例子让我想起了古罗马时期制作的一个杯子，这个杯子的图案是一个成年男子和一个美少年之间的性爱场面，但这个场面描述的不是古罗马时代，而是在它之前的古希腊时代。对古罗马人来说，他们可能不会公然宣传自己所在时代的同性恋。这种现象说明，一个时代对当下的同性恋，态度往往是暧昧不明的。这就像今人看古人的分桃、断袖、龙阳之好，其实是带着猎奇心态的，真要把同性恋放到正常的社会中，有些人只怕是避之唯恐不及的。

吴映丹：这让我想起之前为准备这个话题所做的一些采访，在采访过程中，大多数人都表示可以接受同性恋，但不会成为其中的一员，甚至希望能与同性恋者保持一定的距离。这说明他们从本质上、在内心里是抗拒同性恋的，可是他们又会表现出包容的态度，这就是一种"暧昧"。其实，要让大多数人接受同性恋，这不仅需要时间，而且可能需要很长时间，例如美国最高法承认同性婚姻合法，其间经历了很多波折，就算现在颁布了法案，仍有不少保留意见和争议。

周　萌：的确如此，2015年6月25日，美国最高法颁布了同性婚姻合法化的法案，可是美国国内和其他国家的不少人对此有不同看法。对此，你们怎么看？

吴映丹：我个人倾向于支持同性婚姻合法化。其实，早在2001年，中华精神学会就已发布报告，声明同性恋不是病态，而是一种自然情感。既然同性恋者与其他人一样是正常公民，他们的权利就应该得到同样的保护。何况，同性婚姻合法化并不伤害其他人的权益，同样生而为人，为什么他们就没有追求幸福的权利呢？

朱清婷：社会上关于同性婚姻的争议还涉及孩子问题，也就是说，同性婚姻领养的孩子怎么办？因为有报告指出，孩子跟着同性恋父母的话，可能会受到某种规训，不自然地就成了同性恋者。这是让很多人感到害怕和担忧的事情。

廖丽清：这只是个案而已，其实，同性婚姻的积极作用更多：第一，中国乃至全世界有不少孩子生活在福利院，他们从小没有家的概念，也没有受到父母的关爱，在这样的环境中成长起来的孩子是不健全的，如果允许同性婚姻，并能领养这些孩子，就能在很大程度上解决这些孩子的归宿。第二，同性恋家庭可以给孩子一个家，这总比没有强。何况，据不完全统计，同性恋群体中，很大比例的人受教育程度相当高，如果从小生活在这样的家庭，孩子的教育是不成问题的。

邱梓佳：同性婚姻还有一个好处，那就是可以大大减少艾滋病的传播。人们通常认为同性恋与艾滋病的关系很大，这也是很多人否定同性恋的原因。不过，话又说回来，为什么同性恋者染上艾滋病的概率很高呢？主要原因之一在于他们没有稳定的性伴侣。如果允许同性婚姻，让他们形成稳定的家庭关系，避免性伴侣的随意性，或许能从源头上防控艾滋病。

周　萌：大家的分析可谓立意高远，但我们仍需回应更现实的问题。众所周知，同性恋与同性婚姻是不一样的，只要两个人相恋，即使别人不认同，也照样可以我行我素，可是一旦涉及婚姻，那就免不了家庭和社会的认可。大家刚才列举了同性婚姻的种种好处，但比理论更残酷的是，面前就有很多现实的沟沟坎坎，最直接的便是父母的反对，一般而言，父母会近乎本能地反对。面对这种情况，该怎么办？

朱清婷：人们常说"结婚是两个家庭的事情"，而中国古代婚姻遵循"父母之命、媒妁之言"；传统观念讲究"阴阳协调"，"男女搭配，干活不累"，所以在一般人的意识里，还难以公开接受同性婚姻。不过，父母对此应有清醒的认识：你希望孩子幸福吗？你希望孩子的婚姻建立在什么基础之上？以前的父母可能看重物质，现在的父母已部分认识到婚姻不止有眼前的利益，更有孩子的终生幸福。如果父母秉持这样的观念，就能避免很多悲剧。

廖丽清：我也认为要在改变父母的观念方面努力，虽然让父母在短时间内接受孩子是同性恋这个事实的确很难，但只有提前正面地向人们解释同性恋现象，使之循序渐进地理解和接纳，慢慢地改变观念，才能从根本上解决问题。其实，父母也有社会压力，只有社会主流观念宽容了，父母才容易放下包袱。可以说，社会和父母是一体两面，应促进两者的良性循环。

吴映丹：父母这一关很难通过，而为了过关，不少人采用了形式婚姻的做法，女性就这样在毫不知情的情况之下成了同性恋者的妻子，婚后的生活注定不幸，甚至是悲剧，"同妻"也已成为十分突出的社会问题。对此，同性婚姻合法化才能快刀斩乱麻，从根源上给这些人脱困。为什么有人会采用形式婚姻的做法呢？不是他们想这样，而是不得不这样，一方面是"父母之命、媒妁之言"的传统观念，另一方面是同性恋者无法领证，没有疏通的渠道，他们只能按照既有的社会规定去做，虽然目的是为了自己的幸福，但危害是显而易见的。另外，虽有不少人一直呼吁不要歧视同性恋，但这只是口头表达，真正的支持和保护应落到实处，而以法律的形式保护同性婚姻是最有力的措施。

周　萌：映丹谈到对同性恋群体的保护，的确，他们在社会上是弱势群体，而对弱势群体的尊重和保护反映出一个社会文明开放的程度。如果让你们用最简单的一句话呼吁全社会宽容地对待同性恋，你们会说什么？

廖丽清：同性恋和要求同性婚姻合法化的人应勇敢站出来，只有自己站出来，为自己争取利益，将来才有实现同性婚姻合法化的可能。

朱清婷：应特别重视性教育，尤其是面向青少年的性教育，而性教育的主题之一是呼吁性平等，既不能过分干涉同性恋的自由，也要防止性暴力。

邱梓佳：不要以自己的眼光衡量别人，也不要以高高在上的姿态对别人的幸福指指点点。我们，没有资格。

吴映丹：尊重差异吧，人与人之间总有不同，不要用有色眼光看待同性恋，他们与我们一样。

周　萌：愿望是美好的，但现实地来说，在相当长的时期内，同性婚姻仍将是极有争议的话题。例如同性恋的归宿，是否只有婚姻合法化一条道路，恐怕也未必。可是不管怎么说，从情感的角度来看，我们没有任何嫌弃同性恋的理由，因为无论是男人爱女人、女人爱男人，还是男人爱男人、女人爱女人，只要是真心相爱，都值得祝福。另外，对弱势群体的尊重和保护，往往是检验一个社会文明开放程度的试金石，探讨同性恋问题，正是为了促进社会在理性、宽容的道路上健康地前进。或许，通过不同意见的交锋，人们的思想观念会越来越成熟，社会关怀也会越来越人性化和有温度。

第五章
与邻为善：外交基本法

一 齐襄公九世复仇的价值准则

春秋时期诸侯林立，各国的内政与外交息息相关，甚至外国干涉内政的情况也时有发生。当然，春秋时期的国家关系主要指诸侯之间，上面还有周天子，尽管他的权势已然衰落，但仍是天下共主，至少还有象征意义。正因如此，春秋时期的国家关系与现代民族国家之间的关系大有不同，但其中一些基本原则是相通的。

例如《春秋》反对灭掉别的国家，鲁隐公二年（前721），鲁国灭掉极国，尽管鲁国是《春秋》的基本落脚点，极国只是一个很小的国家，但孔子并未站在鲁国的立场为此叫好，而是给予严厉的批评。因为《春秋》出现灭掉别的国家是从这里开始的，首次出现孔子即予以贬斥，严正地表明态度。可以说，《春秋》一贯反对战争，反对灭掉别的国家，所颂扬的是扶灭继绝，亦即扶助那些即将或已经灭亡的国家，使之能够继续存在。网络上有很多人动辄叫嚣战争，鼓噪灭掉别人，或者觊觎别人的领土，鼓吹沙文主义，从《春秋》的立场来看，这是很成问题的，因为治国的要义，首先在于领导人是否推行德政，政权有没有合法性？有没有管理好内政，老百姓过得是否幸福？这可能比开疆拓宇更具本质意义，毕竟人民的福祉才是终极归宿。

当然，这并不是说国家之间没有矛盾，或者说对矛盾采取漠视态度，甚至掩耳盗铃。只要国家依然存在，矛盾就注定无法避免，关键在于如何处理。《春秋》以与邻为善为目标，提出了处理外交关系的基本原则，这主要从齐襄公九世复仇引申而来。鲁庄公四年（前690），齐襄公灭掉了纪国。这件事情本身很简单，但起因可以追溯到很远，大约两百年前，纪炀侯在周夷王面前说坏话，导致齐哀公被烹杀，齐国和纪国因而成为世仇，到齐襄公时，已历经九代。齐襄公准备灭掉纪国，占卜并不吉利，但齐襄公坚持出兵，表示即使自己死了，也要做这件事情，最终大功告成。

对此，《公羊传》不仅持赞赏态度，而且主张不要说九世之前，哪怕百世之前的仇都可以报。当然，《公羊传》设定了基本前提，那就是必须区分国仇和家仇，对普通人而言，家仇只能及于当事人，不能把仇恨延续到下一代；国仇则不然，不管经历了多长时间，都有复仇的充分理由。这是因为国仇代表所有人的耻辱，是集体记忆，已成为整个国家历史的重要组成部分。诸侯之间经常相互往来，两国若是交好，在外交过程中，必定会先叙述先君结下的传统友谊。齐国和纪国结了这个梁子，没办法往来，再加上国仇不共戴天、你死我活的性质，齐国灭掉纪国是有合理性的。

有人会说，儒家难道主张复仇吗？其实也不尽然，一般而言，国仇可报，但仍应根据不同情况区别对待。什么意思？国仇经历的时间过长，则不能一概而论。例如有人指出，纪国的先君犯了错，可是现在的国君并没有罪，赞同齐襄公复仇，不是等于把前人的过错算到今人头上吗？当代国君岂不是无辜受过？《公羊传》详细区分了以下三种情况：第一，站在自己的角度来说，只有首先修身立德，以德服人，才有复仇的资格，否则，即使两国有仇，原先错在对方，但因自己现在胡作非为，为天下所不耻，也会自动丧失复仇的资格。第二，站在对方当代国君的角度来说，即使先君有错，当代国君若能修身立德，以德服人，那么己方也未必非得将其灭之而后快，两国可以重结友好。第三，若是这个国家的先君胡作非为，当代国君同样如此，两国之间无法交好，那就完全可以复仇。

从上述情况来看，儒家并不是简单地主张复仇，而是意在敦促所有国家遵循以德行为第一的正道，只有这样，天下才能太平，相应地，仇怨也能通过这种升华而非对立的方式得到消解。因此，《春秋》赞赏齐襄公九世复仇，并不是让人们永远生活在仇恨之中，而是引导自己和别人从中吸取教训，提升彼此的德行。在当代国际关系中，尤其是面对与我们有历史宿怨的国家，可能确实需要有所区分，而不是不问青红皂白，一概灭掉。《春秋》用动态的眼光看待历史，才是辩证的。

与此相关的还有另一件事情，那就是纪国国君的弟弟纪季，在纪国灭亡的前一年，带着酅城（山东青州）归顺了齐国，这表明纪国在亡国之前就已被削弱了。对此，《春秋》三传的态度不太一样。《左传》未予置评，《公羊传》充分肯定，当然，这个判断必须有一个前提，那就是齐襄公的复仇有充分的合法性。照此推论，纪季在亡国之前率先服罪，说明他是明辨形势、深明大义之人。而且，纪季带着酅城归顺齐国，主要是希望能在这个地方保持纪国的宗庙和祭祀，说明他是贤明之人。不过，倘若深究的话，《公羊传》的评价未必十分妥当，因为纪季到底是深明大义，还是投机，似乎很难判断。无论如何，作为臣子，尤其是作为纪国宗室，率先归顺他国，不管出于何种动机，在情理上都让人有点难以接受。《公羊传》赞赏齐襄公九世复仇，故而连带纪季也高度肯定，恐怕是有点爱屋及乌了。相反，《穀梁传》认为，齐国不应接受纪季，这当然是理想化状态，但反过来可以证明纪季的行为并不符合正道。

二　鲁庄公以弱对强的外交选择

　　齐襄公九世复仇是强势行为，因为齐国的实力远大于纪国，若是实力相对较弱，还能复仇吗？鲁庄公面临的正是这样的局面，自己的母亲文姜与舅舅齐襄公私通，两人联手杀了自己的父亲鲁桓公。作为儿子，鲁庄公的处境无比尴尬，即使抛开个人感情，这件事对鲁国而言也是国耻，或者说国仇。然而，形势比人强，鲁国的实力弱于齐国，开打又打不过，讲和又丢颜面，怎么办？鲁庄公四年（前690），鲁庄公与齐襄公一起狩猎，意在缓和两国关系，但这个行为遭到《春秋》的严厉批评。为什么？因为在古代政治生活中，尤其是外交场合，狩猎并不是为了好玩或武备，而是带有相互示好的象征意义。本来两国是仇敌，即使一时无法复仇，也应警钟长鸣，不忘国耻，可是这下好了，两人其乐融融地狩猎交好，国仇家恨呢？由于狩猎在外交关系中的独特地位，《春秋》在这个地方重重地批评鲁庄公，由是可知他的一系列后续行为都是极其错误的。

有人会问，像鲁庄公这样，开打与讲和都不妥，那么到底该怎么办？俗话说，冤家宜解不宜结。《春秋》并不是让人只记住仇恨而不解开仇恨，而是说解开仇恨得有相应的渠道，不能什么都没做就屈服了，或者对方送些礼物也就选择性忘记了，这些都是有违道义的行为。在这方面，值得学习的是商汤和周文王等前代圣君的例子，他们在位的时候，国土面积很小，实力也不强，但他们修身立德，以德服人，吸引众多人才心甘情愿地辅佐，终至拥有天下。因此，小国面对大国，当然需要时间，但这种时间换空间的做法并不是阴谋论，而是着眼于怎样提升自己的德行和实力，等到时机成熟，就可以参照齐襄公九世复仇的三种不同情况去做，否则，只是采用一些莫名其妙的手段应对，显然很不可取。

鲁庄公的错误行为远不止如此，两国仇恨尚未解开时他与齐襄公狩猎，后来齐襄公去世，齐国发生内乱，鲁国与齐国发生了干时（山东桓台）之战，鲁国战败。这一段特别有意思，经文的记载是"我师败绩"，意思是我国战败，可是按照《春秋》的通行体例，鲁国打了败仗这样的坏事要隐讳表达，这里为什么反而明明白白地说出来呢？《公羊传》认为，这是夸耀失败，打了败仗难道还有什么值得夸耀的吗？意思是以此表示向齐国复仇了。其实，这样的解释恐怕有欠妥当，理由主要有二。第一，鲁国发动干时之战的目的并不是复仇,而是想扶持公子纠回国即位,因为公子纠的母亲来自鲁国,没想到被公子小白(齐桓公)抢了先机,故而鲁国想用武力强行护送公子纠上位,最终失败了。第二,就算从形式上来说鲁国复仇了,也没什么好夸耀的。因为在这个过程中,鲁国并没有做任何有助于提升自身德行和实力的事情,而是明知会失败,仍然赶鸭子上架,只是等着失败的结果出来,然后自我吹嘘和自我安慰一番:你看,我已经报仇了,不是不报,是报不了嘛。这样,鲁庄公就可以心安理得地放下心理负担,逃脱他应尽的道义责任,这是虚幻的自我满足和实际的自我逃避。

因此,复仇要视具体情况而定,尤其是小国,本来就在大国的夹缝中生存,步履维艰,复仇谈何容易?解决的办法只能是从点滴做起,多方面提升自己的德行和实力。其实,大国也好,小国也罢,既不能忘记耻辱,也不能光从形式上蜻蜓点水式地表示一下就算完事,而是应当遵循同样的原则,那就是以自立收服人心,以王道挺立天下。至于合纵连横,那只是可供选择的外交手段,只有落实到内在实力上,才能使之最大限度地发挥作用。若像周边某些小国,把希望全部寄托在别人身上,舍本逐末,醉心于拉拢一个大国而攻击另一个大国,终究会自食其果。

三 齐桓公归罪袁涛涂的是与非

在外交关系中,还有一些特殊案例,例如跨国执法事件。鲁僖公四年(前656),齐桓公讨伐楚国,最终两国讲和,齐桓公班师回国,途中抓捕了陈国袁涛涂。关于这件事情,《春秋》三传的记述不太一样。《左传》记载,袁涛涂向郑申侯提出,齐桓公要是从陈国与郑国之间走的话,必然造成陈国负担很重,要是能让他从东边走的话,陈国就不会有什么负担了。郑申侯表示赞同,于是袁涛涂向齐桓公禀明情况,齐桓公答应了。就在这时,袁涛涂被郑申侯出卖了,郑申侯劝阻齐桓公说,现在军队已经相当疲惫,若是从东方走的话,碰到敌人肯定没办法打仗;若是从陈国与郑国之间走的话,粮草辎重等后勤供给都有保证。齐桓公很高兴,把郑国的虎牢关赏赐给了郑申侯(大概因为他是盟主,或许还采取了一些手段迫使郑国同意),同时抓了袁涛涂。《公羊传》的记载则是,虽然袁涛涂力主齐桓公从东边走,但并没有郑申侯出卖他这回事。而且,《左传》记载齐桓公只是觉得自己上当受骗了,军队尚未开动。《公羊传》的记载则是齐桓公听从了袁涛涂的建议,选择了东边这条线路,结果使军队陷入沼泽当中,故而抓了袁涛涂。

对于这个事件,应该怎么评价呢?虽然齐桓公是盟主,但袁涛涂是陈国人,齐桓公是否有跨国执法的权力呢?从《左传》的记载来看,袁涛涂欺骗了齐桓公,但他是出于维护自己国家利益的目的,也是人之常情。优先为自己国家谋划,难道有什么问题吗?或者说,当自己国家的利益与他国发生冲突的时候,采取一些特殊手段,尤其是对弱国而言,至少是情有可原吧?因此,《左传》没有做具体评论,倒是《公羊传》和《穀梁传》几乎同时否定了齐桓公的这种做法。《公羊传》认为,齐桓公跨国执法显然不对,当然,这里所说的不对,并不是从袁涛涂的角度来讲的,而是从齐桓公的角度来讲的,意思是出现这样的情况,齐桓公理应首先自我反思,为什么陈国不乐意齐军从它的地盘经过呢？从前代的事例来看，周公执政的时候就不是这样，周公征讨东方，西方则抱怨说，怎么还不到我们这儿来呢？周公征讨西方，东方则抱怨说，怎么还不到我们这儿来呢？然而，齐桓公作为五霸之首，别人却巴不得他绕道而行。两相对照，齐桓公不是主动反思自己的问题，或者立即整顿军队，反而归罪于袁涛涂，恐怕是不恰当的。《穀梁传》的立场大体相近，因为是跨国执法，可能涉及国家之间的关系问题，尤其是对弱国而言，为了维护本国利益而采取特殊手段，甚至是欺骗，那么大国应当归罪还是宽容，甚至进而自我反省呢？

现实地来看，当代国家之间的跨国执法相当常见，但无一例外都有法律作为依据，这样才能避免不必要的节外生枝。即使如此，我们仍需不断地总结反思，使之更加完善，至关重要者，便是如何对待相对弱小的国家。有些大国总是仗势欺人，或者只顾自己利益而完全忽视乃至牺牲他国利益，显然都有违道义。当然，并不是说要牺牲本国利益而取悦他人，因为外交是内政的延续，从自身利益出发本身并没有错，问题在于，当两国利益发生冲突的时候，如何找到一个彼此都能接受的平衡点，或者是使利益分配处于相对合理的范围之内，而不是首先考虑武力威慑。现代社会战争依然不断，这要求人们有更高的政治智慧，通过谈判解决争端，用和平的手段博弈，找到实现双方互利共赢至少不是让一方满盘皆输的合适节点。否则，很多时候，尤其是面对国际问题的时候，几乎每个国家都很容易走向民族主义，以至民粹主义，而这不仅无助于化解争端，甚至会进一步激化矛盾。因此，外交手段优先，理性地和平谈判，对处理国际冲突，促进世界和平，都有极为重要的参考价值。

四　如何面向未来处理中日关系？

参与讨论者：

　　黎思文（深圳大学2013级中国古代文学硕士）
　　陈光明（深圳大学2013级中国现当代文学硕士）
　　李　霞（深圳大学2013级中国古典文献学硕士）
　　梁婉然（深圳大学2014级中国古代文学硕士）

周　萌：中日关系是个让人无比纠结，甚至有点无奈的问题，因为两国是一衣带水的邻邦，历史上曾有过美好的回忆，例如鉴真东渡、日本遣唐使来华是两国文化史上的一段佳话，可是自近代以来，尤其是自甲午战争以来，两国之间变得剑拔弩张，先后爆发两次大规模战争：甲午海战中国惨败，割地赔款；抗日战争中国虽然最终取得胜利，但付出了巨大的牺牲。基于这样的历史背景，中日关系到底该何去何从，是两国不得不面对的现实问题。然而，从官方到民间，两国都有一些极端声音，意欲灭对方而后快。这种民粹主义的立场使历史问题更加复杂，未来走向更不确定，着实堪忧。为了使两国关系正常化，乃至持续稳定地发展，有必要全面深入地梳理历史和现状。对此，作为年轻一代，你们怎么看？

梁婉然：其实，说到友好往来，除了老师所说的唐代以外，改革开放之初，邓小平第一站出访美国，第二站是日本，在上世纪八十年代，正因有日本的大力相助，中国的经济改革才更顺利，并由此走上了腾飞之路，以至于有一种说法，八十年代是中国和日本的蜜月期。

李　霞：改革开放之初，日本在经济和技术方面的确给中国提供了很多支持，但此后两国关系逐渐走向了不和谐，例如2003年至2006年，两国的政治交往非常冷淡，两国领导人终止了会晤，甚至2005年亚太经合组织的例行会议也取消了，这既影响了东亚合作，也给经济发展带来了诸多不利。

黎思文：总体而言，两国的交往是经济文化方面比较正常，甚至呈现出某种程度的繁荣景象，政治方面却总是忽冷忽热，处于不正常、不健康的状态。我们处理中日关系所遵循的原则是"以史为鉴，面向未来"。所谓"以史为鉴"，是指日本必须正视侵华期间所犯下的种种罪行，并妥善处理历史遗留问题，才能为民间交往和经贸合作提供良好的环境。例如日韩就慰安妇问题达成了和解，形成了赔偿协议，中日在处理这类问题时可以此为参照。

陈光明：当前，中日问题不仅表现为官方层面的冲突，而且表现为民间层面的矛盾，最突出的是抵制日货，它的直接起因是钓鱼岛之争，间接原因是民族情绪长期积压的结果。两国官方在钓鱼岛问题对立最严重的时候，成都发生了一场抵制日货的学生活动，在最繁华的春熙路，很多学生打着抵制日货的口号，游行示威，但事实上在干什么呢？说白了就是打、砸、抢、烧！所涉商铺不仅有日本人开的，更有中国人开的，甚至与此无关的商铺也受到连累，损失巨大，抵制日货的民族情绪演变成了个人不满的发泄。作为反面教训，这类事件告诉我们，把中日关系落实到民间层面时，应当通过合理、合法的途径表达爱国情怀，坚决杜绝打着爱国旗号，实施打、砸、抢、烧以发泄个人不满的犯罪行为。

黎思文：究其原因，主要在于很多人抵制日货时的不理性态度。其实，现代经济已高度全球化，不仅商品全球化，而且生产全球化、资本全球化。在这种时代背景下，无论是中日两国合资，还是日本独资设厂，例如广州本田汽车，从事生产的工人都是中国的普通老百姓，抵制日货虽会减少日本的利益，但更会损害本国人民的利益。

周　萌：不容忽视的是，民间的态度有时像一个硬币的两面，一方面容易演变成民族主义，甚至是民粹主义，例如抗日神剧上演手撕鬼子的"壮举"，另一方面又有所谓"哈日"一族，例如中国游客蜂拥到日本买马桶盖，可见中国人对日本的情感相当复杂。正如大家刚才所说，现在最需要做的是促使双方的官方和民间回归理性，促进两国关系正常健康地发展。对此，你们有哪些具体建议呢？

陈光明：最近，中国领导人出访时宣传的新理念是"建立人类命运共同体"。把这种理念落实到中日关系上，核心着力点是建立法律共同体。就中国而言，法律共同体的目的是依法办事，使日本人在中国的合法权益得到保障，同时，根据对等原则，要求日本遵照同样的原则维护中国人在日本的合法权益，只有这样，两国才能正常、理性地交流，两国关系才有长期可持续发展的基础。否则，日本人在中国得不到公平对待，势必会危及中国人在日本的安全。

黎思文：日本政府应有更正面积极的作为，因为民众的态度往往需政府的引导，而通过影视作品、动漫、游戏等产业可以更接地气地加深中国民众对日本的良好印象。日本政府最近可能意识到了这个问题，外务省给在华著名艺人矢野浩二颁发了"外务大臣表彰奖"，表彰他在两国交往过程中起到的桥梁作用以及为促进两国相互理解做出的巨大贡献。矢野浩二主要出演抗战剧里的日本军官，他塑造了与中国人所演不太一样的日本军人形象，使"鬼子"的形象更加圆形化，而不是简单地扁平化，得到了中国民众的好评。这是日本对华文化输出的成功例子。

梁婉然：这给我们的启示是，应把"引进来"与"走出去"相结合，努力把中国的优秀传统文化传播到日本。例如孔子学院在全世界遍地开花，怎样将其管理得更好，使之成为展示中国传统文化的重要平台，让日本民众更加全面地了解中华文化，仍有许多工作可做。而且，孔子学院作为柔性纽带，能更好地把两国民众联系在一起。另外，对我们这代人乃至上一代人来说，日本动漫在人们心中留下了非常美好的印象，但最近这些年，由于某些客观原因，日本动漫遭到了抵制。其实，日本动漫确有优秀的一面，包含了很多文化的元素、美好的因子、怀旧的情怀，能激发人们向往更加幸福的生活，这对中国孩子，甚至是成人来说，都是有所裨益的。作为泱泱大国，是不是应该以更加开放的心态引入优秀的日本动漫呢？

李　霞：归根结底，中日关系的要害在于信任，因为信任不仅是人与人交往的基础，对国家而言也同样适用。我们应当促使两国从经济文化的信任走向政治军事的信任，这的确很难做到，但仍应朝这个方向努力。

周　萌：有学者提出过汉字文化圈的概念，指的是中国、日本、韩国、朝鲜、越南等国家，历史上都使用汉字，都以儒家思想作为理论资源，以文化为纽带形成了相近的价值观。正因如此，中日之间除了复杂纠结以外，也有向好的基因。我不太喜欢阴谋论，因为它总是习惯于把所有事情都想象成阴谋诡计，尽管中日关系的背后确有美国，也少不了各种阴谋阳谋，但最根本的仍是从自我完善做起，同时强烈要求对方按照国际公理行事。所谓一个巴掌拍不响，只有共同遵守规则，两国关系才有望在未来发展得更好。邻居是没办法选择的，怎么办呢？只能尽量处理好与它的关系，即使邻居不太友善，我们能否带动它变得更加友善呢？当然，中日关系的未来和希望始终在青年人身上，如果对日本青年说句心里话，你们最想说什么？

李　霞：善良是没有国界的，善良就像阳光一样，可以普照大地，更可以温暖人心。

陈光明：我倒是想对国内爱国青年说句心里话：抵制日货，先抵制蠢货；抵制日货，先爱护同胞。

梁婉然：世界是你们的，也是我们的。只有携手合作，才能开创更加美好的未来。

黎思文：我们既要面对历史，也要友善对待新一代日本青年。

周　萌：青年人的愿景就是国家的未来，当越来越多像你们这样的理性青年成为社会主流后，会更有处理争端的智慧，中日关系也会更趋理性和稳定，从而走出雾霾，走向更加灿烂的明天，把与邻为善、代代相传的恒久主题变成现实。

第六章
伦理困境：法理与人情

一　季友毒杀叔牙的法理与人情

人们常说法不容情，似乎法律和人情注定是截然对立的，这固然体现了现代人对法治理想的向往；但儒家的立场稍有不同，因为儒家总是力图调和法理与人情之间的矛盾关系。前面讲到"郑伯克段于鄢"，关于如何正确处理兄弟阋墙的问题，《穀梁传》提出缓追逸贼的主张，认为只有这样才符合亲亲之道。也就是说，不要急着讨伐叛乱的弟弟，给他留一点逃跑的时间，才是照顾到了兄弟之情。不过，《穀梁传》并未深入展开，《公羊传》则有更具体的案例分析。

《公羊传》阐述亲亲之道所依托的历史事件发生在鲁庄公晚年，

文姜共生了四个儿子,即鲁庄公、庆父、叔牙和季友,文姜大概一门心思扑在与哥哥齐襄公私通这件事上,对鲁庄公的婚事一直没有重视,结果鲁庄公私自与一个叫孟任的女孩子在一起了,并且许诺将来以她为夫人。从她的姓名来看,她是任家的大女儿,但毕竟身份低微,要想成为国君夫人可谓困难重重,因为古人讲究门当户对,而且联姻是巩固政治实力最有效的方法,鲁国并非大国,不会轻易放弃这样的机会。历史地来看,鲁国与齐国是传统的婚姻之邦,许多鲁国国君的夫人来自齐国,鲁庄公最终也迎娶了齐国哀姜。不过,哀姜并不受宠,与鲁庄公的关系也不融洽,于是出现了非常难堪的一幕,那就是哀姜与鲁庄公的两个弟弟庆父和叔牙私通。面对这样的局势,鲁庄公晚年对自己与孟任所生的儿子公子般是否能顺利继位并保住权力,心里是没底的。

正因如此,鲁庄公把最小的弟弟季友找来,试探性地问他,将来自己死后,谁能继承国君之位呢?季友很干脆地回答,有公子般在啊。这下鲁庄公的心里才踏实了一些,并缓缓道出原委,原来刚才已就这个问题问过叔牙,他说鲁国历史上既有父死子继,也有兄终弟及,庆父特别有才能。这简直不是暗示,而是明目张胆地威胁了。季友当即表示,叔牙怎敢如此?随后派人通知他,你要是立刻服毒自尽的话,你的后人将会在鲁国传承下去,否则你懂的。就这样,季友毒死了三哥叔牙,鲁庄公去世后,公子般顺利地继位了。

有人会说,叔牙只是言辞不逊而已,并未采取任何具体行动,季友据此杀了他,于情于理合适吗?是否有过度执法的嫌疑呢?《公羊传》不仅完全赞成季友的举动,而且提出了相应的理论为之辩护,那就是"君亲无将,将而诛之",意思是对国君和父母不应起丝毫的坏念头，否则就是罪过，理当被杀。一般而言，法律推定罪责，虽然考察动机，但主要依据行为及其影响。若是连想一想都不许，等于认定思维活动也会犯罪，这是极为严酷的标准，与儒家追求自由的一贯立场并不相符。不过，进一步深究可知，《公羊传》所言并非着眼于法律层面，而是道德层面。换句话说，人性通常是善恶并存，只是不同的情境激发出不同的能量而已，对个人的修身立德而言，在善与恶的较量中，应当尽力去除恶念而弘扬善念，这就要求从源头做起，正本清源，使恶念无从落地生根，而不是非得等到有了之后才想办法将其清除。当然，就法律层面而言，思维活动并不构成犯罪，只有行为才算数。如果叔牙光是独自想想也就罢了，严格来说，他仍算得上有行动，例如他与鲁庄公的对话，等于是公然向鲁庄公挑战。而且，《公羊传》记载叔牙"弑械成"，即弑君的准备工作已然完成。这样看来，他既有犯罪动机，也有犯罪行为了。

　　从表面上看，季友似乎很不近人情，但儒家将其视为贤人而极力褒扬，意在告诫人们，时刻都不能放松对自己内心恶念的警惕，因为往往念头在先，行动便会紧随其后，所以要从源头上遏止。而且，《公羊传》还自问自答，既然叔牙有罪，为何季友不是明正典刑，而是让他喝毒药而死呢？答案是为了照顾兄弟之情，因为喝毒药而死，感觉好像他是得病而死一样，毕竟季友要杀的是自己的亲哥哥，虽然他不得不这样做，但内心其实伤痛无比，所以不忍心施以国法，而是采用这种特殊的方式，这正是亲亲之道的体现。

二　季友缓纵庆父的法理与人情

从处理叔牙的方式来看，季友可谓兼顾了法理与人情，但事情并未就此完结。有个广为流传的成语叫作"庆父不死，鲁难未已"，意思是只要庆父还活着，鲁国的灾难就不会结束。事实正是如此，鲁庄公在位的时候，庆父唆使叔牙向鲁庄公提出由自己名正言顺地继位，但这个阴谋被季友挫败，叔牙被杀。鲁庄公去世后，他的儿子公子般继位，庆父仍不死心，再次从背后怂恿他人作乱。这个人叫邓扈乐（或圉人荦），当初在宫中淫乱，公子般鞭打了他，鲁庄公告诫儿子，此人孔武有力，不如把他杀了，否则，你鞭打了他，只怕将来他会报复。公子般没有听从，于是庆父抓住这个机会，故意用言语激怒邓扈乐，声称公子般鞭打和羞辱他这件事，全国人民都知道，难道没有想过杀公子般报仇吗？邓扈乐经不住蛊惑，果然付诸行动。庆父玩弄权术特别在行，在他的主持下，杀了邓扈乐结案，同时拥立哀姜妹妹的儿子为国君，是为鲁闵公。这样做既是为了掩人耳目，也是为了塑造自己的正义形象，意在争取民心，以图后报。

当时季友出使在国外，但他回来后，并未深究这件事情。《公羊传》的解释是，这是因为庆父只是幕后黑手，并未直接出场，而且这个案子已有结论，故而没必要再去深究，这也是为了照顾兄弟之情，符合亲亲之道。照此看来，与前面的貌似严苛相反，季友在这里表现出的是宽宏大量。可惜庆父并不领情，而是野心不断膨胀，不达目的决不罢休，仅仅不到两年，就与哀姜联手杀了鲁闵公。这次庆父亲自出马，说明他已经累积了雄厚的资本，季友不得不护送鲁僖公逃到邾国。庆父不断搅动鲁国政局，希望可以从中渔利，但他的阴谋终究落空，只得出逃莒国，哀姜出逃邾国，季友这才护送鲁僖公回国即位。

等到鲁国的局面安定下来以后，怎么处置庆父与哀姜呢？庆父可谓罪莫大焉，他先后杀了两位国君，公子般虽不是他直接杀的，但他是背后主谋及事后最大的受益者。这时，鲁国动用外交关系说服莒国把庆父遣送回国，庆父停留在鲁国边境，派人向季友求情，希望念在兄弟情分上赦免他，但被季友拒绝了。使者哭着回去复信，庆父听到哭声，知道事不可为，上吊自尽了。齐桓公杀了哀姜，把她的遗体送回，鲁国仍以国君夫人之礼下葬。

有人会问，叔牙作乱的时候，只因"君亲无将"的缘由就把他杀了，庆父折腾了这么大的动静，弄得鲁国不得安宁，这已远远超过"君亲无将"的范围，为何季友不迅速把凶手捉拿归案？《公羊传》的解释与《穀梁传》在"郑伯克段于鄢"那里的主张基本一致，那就是缓追逸贼，亲亲之道也。意思是说，鲁闵公已然被杀，人死不能复生，现在若是急着追捕自己的亲哥哥，则是断了兄弟情谊；若是放缓一点节奏，则是照顾到了兄弟之情。当然，庆父罪无可赦，即使回来，也只有死路一条，最终庆父被迫自杀，达到了惩恶扬善的目的，只是手段要有所讲究而已。

现代社会固然是法治优先，法不容情，但也应注意到另一点，那就是法律不外乎人情，或者说两者虽有冲突，但并非势同水火，故而儒家总是试图调和它们之间的矛盾关系。某些西方国家的法律规定，亲密关系可以免除出庭作证的义务，例如丈夫或妻子犯法，配偶有权拒绝作为证人，这倒比较符合儒家所说的亲亲之道。因为举报或举证亲属，就个人情感而言，内心是非常撕裂的，一方面是国法不容，另一方面此人毕竟与自己血肉相连。从这一点来说，法理与人情或许确有调和的空间，只是我们在相当长的时期内，尤其是"文革"期间，提倡大义灭亲，这虽然符合法律规范，但显然没有照顾到个人情感。换句话说，要是人与人之间完全不讲人情，法理所建立的基础也必然是脆弱的。历史事实已经清楚地告诉后人，"文革"中亲人间的相互举报，导致了如此多的悲剧，直到现在仍有许多当事人在忏悔当年的所作所为。这说明在通常情况下，法律与人情需要找到一个相对合适的节点，既不让人情干扰法律，也要让法律照顾到人情，这的确是立法者和执法者乃至全体公民都应积极思考和探索的问题。

三　曹羁事君的义理与自由尺度

除了亲情之间的伦理困境以外，君臣之间也有伦理张力，因为在一般意义上，君臣关系可以视作父子关系的放大。当然，这仅限先秦时代，此后君权日盛，逐渐只剩下服从，只有基于权力的争夺，而没有基于大道的冲突了。曹国大夫曹羁的行为体现出先秦士大夫的高贵风范，因而被《春秋》大加颂扬。那么，曹羁到底有何贤明之处呢？戎人将要侵犯曹国，曹羁劝阻国君最好不要亲自出战，因为戎狄根本不讲道义。国君不听，曹羁连续劝谏三次，国君仍旧不听，曹羁就离开曹国走了。《公羊传》的评价是，君子以为得君臣之义。意思是说，曹羁这样做很符合君臣大义。的确如此吗？若是在先秦以后专制时代的人看来，则必然很不符合，但先秦的君臣大义即是如此。换句话说，君臣之间有矛盾冲突是常态，国君做错了，臣子理当尽力劝阻，倘若国君始终不听，那该怎么办？按照先秦以后的观念，臣子只能对国君尽忠，绝对不可以擅自离开，但在先秦时代，事不过三，劝谏三次，则已尽到了自己的本分和义务，道不同不相与谋，那就可以拍屁股走人了。

关于"三谏之义"，孟子也有类似的观念，《孟子·万章下》："齐宣王问卿。孟子曰：'王何卿之问也？'王曰：'卿不同乎？'曰：'不同，有贵戚之卿，有异姓之卿。'王曰：'请问贵戚之卿。'曰：'君有大过则谏，反复之而不听，则易位。'王勃然变乎色。曰：'王勿异也。王问臣，臣不敢不以正对。'王色定，然后请问异姓之卿。曰：'君有过则谏，反复之而不听，则去。'"孟子区分了贵戚之卿与异姓之卿，他们的共同点是，国君有过错则进谏；不同点是，如果反复劝谏，国君仍不听从，那么贵戚之卿可以换掉国君，异姓之卿可以选择离开。由是可见，先秦时代的君臣大义强调君主应当恪守本分，臣子反倒有自由选择的空间。更直白地说，君臣应同时服从大道，而非臣子服从国君。然而，自秦朝以来的集权时代，面对君臣矛盾，一味强调臣子应当尽忠，不仅不能随便离去，还要不断乃至不惜生命代价进谏，而不敢对君主有丝毫强制性约束。两相对照，集权时代终究是为了维护君主的绝对权力，臣子别无选择，这完全背离了前代的价值取向。

可以说，集权时代用绝对君权置换了君臣之间的冲突，这给中国文化带来了严重的后遗症，那就是颂圣文化的盛行。这里说的颂圣，并不是指歌颂圣贤，而是指把当世帝王当作圣人歌颂。从理论上讲，君主有错，臣子理当犯颜直谏，但这样的君子毕竟只是少数，在君主的绝对威权之下，实际上造就了更多的小人。既然一切以君主的意志为核心，那么就算他有错，别人也没有任何动力去提醒，更不用说批评了。相反，颂圣文化热衷于对君主的颂扬，尤其是夸大其词的吹捧，这是中国文化的糟粕之尤。现在打开电视，动辄"皇上圣明"、三呼万岁，显然是把糟粕当精华。先秦根本不是这样，秦朝以来日渐堕落，清军入关以后更是将其无限放大。一般而言，正常的君臣关系是"补衮"，"衮"是天子的礼服，上面出现了小洞，臣子应当及时补上，意味着臣子的职责在于纠正君主的过失，而不是吹捧逢迎。清代则只知道用低级的主子和奴才的关系取代原先正常的君臣关系，而奴才对主子只有绝对服从，完全谈不上补正过失。这时，君臣之间已然没有冲突，只剩一味顺从和逢迎拍马，这是对中国文化的莫大戕害。现在电视上几乎天天上演清宫戏，张口主子闭口奴才，实则比抗日神剧的危害性更大，因为明眼人一看就知道那些神剧是杜撰的，只会一笑而过，而辫子戏会让人误以为过去就是那样，甚至三跪九叩、奴颜婢膝也最正常不过，这对培养现代公民没有一丁点好处。

由此看来，先秦时代的君臣之间有某种张力乃至冲突，这反而是好事，因为这对矛盾实际上对君臣双方形成了某种约束，而后代的绝对顺从只会普遍地消灭那些有棱角、有道德、有良心的人，把人们引向顺民之路。孔子主张正名和"君君、臣臣、父父、子子"，意在强调君臣对各自本分和义务的恪守；孟子否定君权神授，主张君权来自人民，更是有超前的眼光。至于"君要臣死，臣不得不死；父要子亡，子不得不亡"这种无比糟糕的观念，最早出现于明清戏曲小说中，绝对不属于先秦，因为它的出发点已然错误，而无限度地突出君

第六章 伦理困境：法理与人情

权和父权,也是非人性的。

今天,当我们回过头去看先秦时代的君臣伦理,君主并不能一劳永逸地在位,臣子也有自己的自由尺度,这有助于人们反思和端正上下级关系。从领导的角度而言,是要听话的奴才,还是能容忍真正做事的人呢?从下属的角度而言,是一味顺从,还是就事论事,并敢于提出不同意见呢?当然,只有君子才能坚守大道甚至以身殉道,这正是儒家的信念和精神。对现代社会而言,这样的君子越多,民主政治才会走得越来越稳妥。

四　如何防治网络暴力而又自由?

参与讨论者:
　　吴映丹(深圳大学2010级文学学士)
　　廖丽清(深圳大学2010级文学学士)
　　邱梓佳(华南师范大学2014级中国现当代文学硕士)
　　钟传慧(深圳大学2014级中国现当代文学硕士)

周　萌:新千年以来,世界变化真的很快,尤其是互联网的发展,可以说是三千年未有之大变局。为什么这么说呢?因为春秋时期出现了铁器,直到上世纪九十年代,铁犁仍作为主要的农业工具在使用,时间可谓走得慢悠悠。然而,近十几年来,互联网对人类社会与人们生活,尤其是对思维的革命极其深刻,这是前所未有的时代格局。不过,互联网似乎是柄双刃剑,在给人们提供自由平台的同时,又出现了一些不尽如人意的现象，例如网络暴力问题相当突出。如何既保证网络自由，又能有效防治网络暴力，这是新时代必须严肃面对的新问题。你们生逢其时，称得上是互联网的一代，对此都有切身体会，不妨先来谈谈所见所闻所感吧。

廖丽清：我朋友就有过这样的经历，她是一名初中语文老师兼班主任，班上有个男生不太认同她的教学方法，也不喜欢她。随着这种情绪的蔓延，这个男生竟然把她的个人信息和联系方式都放到了网上。我朋友在接下来的半年时间里，频繁收到各种验证信息、诈骗信息、恐吓信息，以致无法正常使用这个号码，工作和生活受到严重影响。这个男生还是未成年人，他看似恶作剧般的举动，对我朋友造成了很大伤害，也反映出网络暴力已成为当今的常见现象。

邱梓佳：丽清所讲的是生活中的例子，网上也有很多这样的例子。大家都听过一句话叫作"很黄很暴力"吧？它出现在CCTV关于网络传播低俗文化的专访中，记者问到一名中学生，这名学生说："那天我打开网络查资料，突然蹦出来一个网站，很黄很暴力，于是我就关掉了它。"就因这么简单的一句话，被网友各种炒作，更有一些人对这名学生进行了人肉搜索，让她一下子出了名，但这是不好的名声，可想而知对她的伤害有多大。

钟传慧：国外也有这样的例子，英国北爱尔兰东部郡的十四岁女孩汉娜·史密斯因在社交网站注册了个人主页并上传了照片，竟无辜遭到网络暴徒的谩骂，导致她不堪网络暴力而自杀。此事曝光后，在英国掀起了一场关于抵制网络暴力的大讨论。由是可见，无论在精神上还是肉体上，网络暴力都会对当事人造成严重伤害，有人甚至将其称为"软刀子杀人"。

周　萌：大家列举了国内外有关网络暴力的例子，后果无一例外都很严重。那么我们不得不反思，网络本是自由交流的极佳平台，可是为什么如此利器，却结出了恶的果实呢？这里面肯定有很多复杂而深刻的原因，对此，你们怎么看？

吴映丹：主要原因在于网络传播是虚拟化场景，它对人们的规范和约束力相对有限。也就是说，当人们以匿名的形式发表言论时，无论是自我约束还是社会约束，都不像现实生活中那么强，人们的法律意识和责任意识也会相应弱化。在这种情境下，人们更容易突破底线，产生情绪化表达的冲动。

钟传慧：的确如此，那些情绪化的表达，例如现今流行的仇富和仇官心理，许多人会倾向于选择虚拟的网络世界作为途径。法国心理学家古斯塔夫·勒庞的《乌合之众》很好地解释了这种现象，那就是个体一旦进入群体之后，群体的思想会淹没个人理智，即使这个人原本不会参与这类活动，只因群体的思想占领了他的心理，所以仍会选择盲从群体，这也是网络暴力盛行的原因之一。

邱梓佳：舆论界有个概念叫"沉默的螺旋"，这个理论描述的是这种现象：人们在表达自己想法的时候，如果看到自己赞同的观点并且这个观点受到广泛欢迎，就会积极参与进来，这类观点也会被越发大胆地发表和扩散；如果发觉某个观点无人或很少有人理会，即使自己赞同，也会保持沉默。其实大家想一想，当我们在网上看到这样一条消息，例如让谁滚出娱乐圈之类，下面肯定有一堆评论，既有赞同的，也有反对的。作为一个普通网民，可能我本来对这个明星不熟，也没觉得他演技差或怎样，但当看到如此众多的负面评论时，我就会想，是不是之前认识错了呢？接下来就有可能加入讨伐大军的行列。

就算自己不这么认为，可是看到评论都是一边倒的情况，也会选择沉默，正是这种沉默和盲从导致了网络暴力现象越来越猖獗。

周　萌：从大家刚才的分析来看，网络暴力的确有人性、心理、制度等多方面的深刻原因，可是处身信息化时代，几乎每个人都到了朝夕离不开网络的地步。因此，面对网络暴力，我们别无选择，只能迎难而上，努力促使网络环境越来越好。对此，你们有什么建议呢？

廖丽清：现在，手机号码、微博、微信都实行了网络实名制，我们是不是可以从中得到一些启发呢？例如全面实行网络实名制和负面清单机制，以此监督网络言论的发表。这样的话，人们就会三思而后行，而非只是肆意宣泄自己的情绪，网络暴力以及对他人的伤害相应也会大大降低。

吴映丹：我不认为网络实名制可以很好地解决这个问题，因为实名制与其说是出于责任感的需要，不如说是出于压制言论的需要，这必然导致很多人不敢讲真话，或者是干脆不说话，这是通过无言的强力而非理性的方法解决问题。

钟传慧：前面两位同学争论的焦点是如何在不影响言论自由的情况下营造良好的网络环境。在我看来，落脚点终在个人，仍应从个体的自我约束和外在规范做起，这就要求每个人都要有理性判断的能力，才能在信息爆炸的时代，分辨真伪，去伪存真，而不是被网络言论所煽动。

邱梓佳：我非常赞同传慧的观点，其实，上网是一件需要学习的事情，很多西方发达国家有"媒介素养"的专门课程，在中小学生上网之前，教他们学会如何上网，主要是有关文明上网的知识，所以国外的网络暴力不像我们这么频繁。如果我们也采用这种方式，在中小学开设文明上网的课程，岂不是从源头做起，事半功倍？

周　萌：人们通常认为，只要有一根网线，上网就会无师自通。可是从梓佳的谈论中可知，上网是需要学习的。看来，原先我们对上网的理解过于简单，这种旧观念的确需要转变，这既包括个人观念的转变，也包括政府在网络管理方面思维方式的转变。归根结底，防止网络暴力的终极目的是为了保障网络自由，让更多人可以自由地利用网络平台。分清了手段和目的之后，从个人和政府的角度而言，怎样才能更好地保证网络自由呢？

钟传慧：从个人的角度而言，除了提升个人素养以外，还要理性面对网络信息，例如碰到虚假信息，就应不信谣、不传谣。虽然我们管不了别人的言论，但自己理应首先保持清醒。所谓谣言止于智者，我们应做谣言的终结者而不是传播者。

邱梓佳：自由不仅需要刚性的制度保障，更是深度的文化自由。许多人认为，网上可以任意发言，因为制度保障了人们说话的自由。其实，世间没有绝对自由，否则便是文化的不自由。所谓文化的不自由，是指网络环境的不宽容。试想，如果我们"自由"地发表了某种言论，别人也基于"自由"的原则对我们讨伐，当这种交锋进行到一定程度，就可能对人不对事，从而导致了网络暴力。因此，要让自由成为深入人心的观念，首先要在文化上形成自由的氛围，使人们习惯于在理性的平台上就事论事，对事不对人。

廖丽清：通过这番讨论，我在想，能不能把网络实名制和投票机制结合起来呢？例如有人发布了一条虚假信息，我收集证据证明它的虚假性，而后以投票的方式显示出来，其他人也可验证和判断，当票数达到一定数量时，这条信息就会被自动删除。这样的话，既能保证言论自由,又能人人参与监督,是个值得一试的解决方式。

吴映丹:其实,目前我国关于网络的法律法规已出台了多部,只是它们的效率和可行性还不足以搭建干净清爽的网络环境,这正是我们应当着力的地方。

周　萌:从大家的建议不难看出,网络只是平台和工具,关键在于怎样利用。客观地说,现有的部分网络暴力,是因为社会疏通的渠道不够顺畅,而网络恰恰是相对自由的平台,所以很多人把不满转移到了网络。如果相关社会问题能得到妥善解决,司法部门的渠道更加宽广通畅,老百姓有更多自由表达的地方,网络暴力自然也会随之减少。说来说去,当代人都离不开网络,每个人都期待良好的网络环境,这样才能更好地保证个体的自由,但这既需要我们不断学习,努力提升自己的素养,也需要政府积极提升网络管理水平,乃至转变网络管理的传统思维模式。只有双方互相促进,共同进步,实现人人自觉,人人有利,才能真正迎来网络环境的春天。

第七章
因信称义：政治向心力

一 齐桓公坚守信义的政治能量

"因信称义"这个词来自《新约》，原意是相信上帝才是最大的义，把它借用到政治领域，意思是信用是治国要义所在。其实，国家关系与人际关系一样，对绝大多数人来说，向往某个国家，恐怕并不是因为这个国家有航母、核潜艇等高端军事装备，或者尖端军事技术能上天入地，真正深入人心、打动人心的是先进的思想文化、价值理念等，这才是产生吸引力的终极源泉。因此，对政治人物而言，坚守信义往往是获得向心力的基本保证，对于"春秋五霸"之首的齐桓公，这也正是他占领政治高地的逻辑起点。

齐桓公与管仲的故事可谓妇孺皆知，管仲原先辅佐公子纠，在争夺齐国君位的过程中,双方是对手,但齐桓公获胜后,重用管仲,称霸天下。齐桓公和管仲提出"尊王攘夷"的口号,使春秋以来遭到破坏的政治秩序得到了一定程度的恢复,这是他们的政治远见。然而,在群雄逐鹿的时代,国际关系错综复杂,形势瞬息万变,光有雄才大略还不行,还要向别人展现出以德服人的内在能量,使之产生持续的信任感,坚守信义由是显得极为重要,齐桓公称霸正是从这里开始的。

鲁庄公十三年(前681),齐桓公与鲁庄公在柯邑(山东东阿)会盟。这次会盟的背景是,齐僖公去世后,他的儿子齐襄公继位,但齐襄公被他的堂兄弟公孙无知所杀,公孙无知又被齐国人所杀。这时,齐僖公的两个儿子,亦即齐襄公的两个弟弟,公子纠和公子小白(齐桓公)争夺齐国君位。鲁国支持公子纠,因为他的母亲是鲁国人,但齐桓公抢得先机,回国即位。鲁国与齐国发生干时之战,鲁国大败,在齐国的压力之下迫使公子纠自杀。正因如此,对鲁庄公而言,柯邑会盟可谓压力山大。此时曹刿(或曹沫)挺身而出,让鲁庄公对付齐桓公,自己对付齐国大臣。什么意思?其实是在会盟时,曹沫违背规矩,带着剑上了盟坛,用武力胁迫齐桓公答应他的要求,用外交辞令说则是,如果鲁国的城墙坏了,就会落到齐国境内,故而希望齐国归还鲁国的汶阳之田。管仲让齐桓公答应,结盟后曹沫扔下剑就走了。当时的通行规则是"要盟可犯",也就是别人不守规矩,自己被逼无奈答应的条件,可以不用遵守。齐桓公当然很生气,但管仲指出,即使如此,仍应信守诺言。正因这件事,齐桓公的信义昭著于天下,从而为称霸奠定了坚实的人心基础。

从表面上看,信义看不见摸不着,很是玄虚,事实上,它根植于每个人的心中。政治是什么?简而言之是聚拢人心。怎样才能做到这一点?最常见的方法是让每个人心悦诚服地接受。信义正是既有深度,又能持续有效的良方。齐桓公在管仲的辅佐下"九合诸侯,一匡天下",大大改变了过去礼崩乐坏的局面。在此期间,齐桓公主持了几次重要的诸侯会盟,他的不同表现导致了截然相反的结果。鲁僖公三年(前657),齐桓公主持阳谷(山东)会盟,提出了四项基本原则:一是不能截断溪谷,使河流下游无水灌溉;二是不要囤积粮食,在别人发生灾祸时不予救助;三是不能轻易改变"立嫡以长不以贤"的政治制度,亦即不能随便废除合法继承人;四是不能以妾为妻,扰乱传统的婚姻制度。这四条有极强的现实针对性,因为当时引发社会乱象的原因主要有二:一是诸侯之间从协同关系变成了竞争关系。若是往上追溯,诸侯之间或有亲戚关系,或是政治结盟关系,可是发展到后来,彼此都不顾先辈的情义,只为自己的私利打算。齐桓公所说的前两条基本原则,实质是希望大家团结协作,从最基本的物质供给做起,水源共用,用粮食帮助别人渡过难关。二是诸侯内部的权力传承从有序趋向无序。由于时代背景的变化,诸侯内部的权力也日趋不稳,国君被赶走或被杀的情况变得十分寻常,《史记》卷一百三十《太史公自序》:"春秋之中,弑君三十六,亡国五十二,诸侯奔走不得保其社稷者不可胜数。"究其原因,在于原有礼法制度遭到严重破坏,齐桓公所说的后两条基本原则直指这个问题,例如随便更换继承人,或者把妾立为妻,因为妻妾身份的转化会导致她们儿子继承权的变化,这样的话,政治斗争就难以避免。齐桓公出于公义,提出纠正时弊的四条准则,大家很是信服,因为他没有为齐国谋求毫厘私利,而是把大家团结起来面对共同的时代问题,这是非常成功的例子。

也有不成功的例子，这是因为齐桓公的功业让天下人心服口服之后，自己变得越来越骄傲了。鲁僖公九年（前651），齐桓公主持葵丘（河南民权）会盟，可是这次的情况大不一样，有人不来参加，有人来了以后又走了。为什么会这样？《公羊传》的解释是，齐桓公主持贯泽会盟的时候，因为忧虑中原各国，为它们的利益着想，所以那些没有受到邀请的国家，以及偏远的江国和黄国等都主动来了。等到葵丘会盟的时候，齐桓公觉得自己的德行和功业已然足够大了，无比自满，以老子天下第一自居，因而有些国家不来，有九个国家来了又走了。关于这次会盟，《穀梁传》的记载不同于《左传》和《公羊传》，而把前面所述四项基本原则挪到了这里，恐怕是有误的。

从上述三次代表性会盟来看，齐桓公称霸天下，离不开硬实力和软实力两方面。硬实力是指他的政治远见、政治谋略和政治规划；软实力是指他对信义的坚守，而且是站在公义的角度，为天下人考虑，并非为了谋求私利。其实，做带头大哥相当不易，既要站得更高，看得更远，又要通盘考虑他人利益，并使之得到平衡。若只是贪图私利，别人怎会依附？同时，还要谦虚谨慎，不能把别人的拥戴视作理所当然，否则很容易丧失良好的局面。要知道，建立信义需要很长时间，因为人心的接受是慢慢浸润的过程，但要毁掉信义，只是眨眼之间的事情，像齐桓公一旦表现出志得意满，别人的立场就会立即发生转变。政治在于聚拢人心，靠的是将心比心。也就是说，即使是带头大哥，也应尽量把别人放在平等的位置，尽最大可能照顾他人的感受和利益。既要超越个人的私心私欲，又要高瞻远瞩应对时局，只有德才俱佳者方堪此任。

二 为什么对宋襄公的评价两极分化？

"春秋五霸"是一个广为流传的概念，但到底是指哪五个人呢？历来存在不同的说法。在诸家之说中，只有齐桓公和晋文公得到大家的公认，至于其他三位，分歧相当严重。例如宋襄公，有人将其列入，有人不仅不列，而且将其视为迂腐之人。当然，宋国在周朝诸侯中十分特别，因为它是殷商遗民，换句话说，在周朝这个新时代，宋国仍是旧人，他们的思想行为似乎总是不能与时俱进，赶不上时代变化的节奏，宋襄公即是这样的典型例证。

齐桓公去世后，宋襄公很想继承霸主之位，并为此做了一系列努力，但都以失败告终。究其原因，或许在于宋襄公的理念和行事方式与那个时代明显脱节，过于理想化。例如鲁僖公二十一年（前639），宋襄公在鹿上（安徽太和）召集诸侯会盟，他同父异母的哥哥公子目夷（司马子鱼）劝阻，理由是小国争霸，或有亡国之祸，宋襄公听不进去。齐桓公之后，楚国实力大增，很多诸侯倒向了楚国，这是称霸所必须跨越的头等障碍，子鱼提醒，楚国是蛮夷，不讲道义，不能空手前去，只有带着兵车才能保障安全。宋襄公又不以为然，理由是既然自己提议和平见面，若是出尔反尔，带兵相随，显然不符合道义。结果楚国把他抓了，后来又放了。到了第二年，也就是鲁僖公二十二年（前638），宋襄公仍不死心，继续争霸。既然和平手段失效，那就改为动武。子鱼极力劝谏，理由是商朝已被上天抛弃很久了，若想重兴，有违天命。宋襄公依旧不听，先攻打最先倒向楚国的郑国，楚国采用围宋救郑的办法，与宋国在泓水（河南柘城）对阵。这时子鱼提议，敌众我寡，应趁楚军尚未完全过河时出击。从军事角度而言，这是极佳的时机，可是宋襄公认为，君子不使人陷入困厄之中，怎能趁人之危呢？等到楚军全部渡河后，子鱼再次提议，应趁楚军尚未摆开阵势时出击。在冷兵器时代，布阵的重要性不言而喻，这也是极好的机会，可是宋襄公仍旧认为，君子不击鼓进攻尚未摆好阵势的军队。结果宋军大败，宋襄公也中了一箭，七个月后就去世了。

关于这件事情，《春秋》三传的态度很不一样，甚至是截然对立的。《左传》与《穀梁传》的立场较为接近，《左传》批评宋襄公根本不懂打仗，《穀梁传》批评宋襄公根本不懂如何根据形势变化做出正确的选择。《公羊传》恰恰相反，认为君子非常赞赏这种行为，因为遇到打仗这种大事仍未忘记礼义，宋襄公虽然失败了，但过错不在他，而在于缺乏良臣辅佐，甚至说即使是周文王打仗，也不过如此而已。把宋襄公与儒家的圣君周文王相提并论，这种评价已经无以复加。很多人会说，《公羊传》可谓罔顾事实，说得太过了。对此，我们应当如何看待呢？一方面，军事行为与日常政治完全不同，"政者，正也"，"兵者，奇也"，意思是说，政治理当遵循正道，亦即遵守社会公认的底线，并点燃心中的理想。军事则不然，《孙子兵法·始计篇》所谓"兵者，诡道也"，意味着用兵应当出其不意攻其不备。另一方面，《公羊传》的态度体现了它一以贯之的立场，那就是儒家从根本上反对战争，正如《老子》第三十一章所言"兵者，不详之器，非君子之器，不得已而用之"，最好是没有战争，退而求其次则是把战争作为末位选项。

同时，儒家主张目的正义与手段正义缺一不可。除了自卫以外，战争本身是非正义的，所谓春秋无义战，是指春秋时期的战争几乎都是诸侯为了扩充自己的地盘所为，没有任何正义性可言。宋襄公为了争霸而战，也不例外。既然如此，我们更应追求手段正义。这里的意思是，与其说《公羊传》意在拔高宋襄公，不如说只是借此强调，就算是战争，也要尽量实现手段正义，或许唯有如此，才能部分地弥补目的非正义的缺憾。虽不完美，也不放弃。初看起来，《公羊传》的评价实在迂腐，但倘若联系儒家的基本立场来看，它至少表明了古人对战争的谨慎态度，《司马法·仁本》："国虽大，好战必亡；天下虽安，忘战必危。"前半句着眼于非正义战争，后半句着眼于正义战争，只有后者才有合法性。

后世通常把宋襄公作为反面典型，但《公羊传》看似迂腐的评价也给人们留下了深入思考的空间，那就是如何构筑战略威慑，有效自我防卫，尽力阻止或避免非正义的战争。因为只要有战争就会有伤亡，不管是哪边的伤亡，都是人类的悲剧，所以从最高层面而言，当然是不要战争，但有时这只是美好的愿望，前提是要有消除战争的能力，正如《孙子兵法·谋攻》所言"不战而屈人之兵"，才是上上之策。若是战争在所难免，则应尽量使双方的代价减到最小，首要问题是最大限度减少己方的伤亡。宋襄公陈义甚高，但对宋国将士而言，无异于灭顶之灾。不过，古代减少战争的制衡机制相对较少，现代社会，尤其是在核威慑的制衡之下，外交谈判的分量大大增加。虽然这个世界依旧不太平，但维护和促进世界和平，通过外交谈判消弭战争，已越来越成为人们的共识。儒家推崇周文王打仗，其实用意不在打仗本身，而在于周文王能以德服人，不战而胜。现代社会制止战争的途径更多，关键只在《孟子·梁惠王上》所言为与不为，而非能与不能也。

三 秦穆公知错能改的示范意义

齐桓公偶尔骄傲导致诸侯离心,宋襄公高唱仁义却给宋国造成了巨大的灾难,由此可知,领导的品性素养、所思所想、行事作风,对团体而言至关重要,稍有不慎就会跌入万丈深渊。当然,人非圣贤,孰能无过?关键在于是否知错能改,因为就人性固有的弱点而言,都希望听到表扬而不是批评,可是个人的能力毕竟有限,对领导而言,只有广开言路,广泛听取各种不同意见,甚至是否定性意见,才能真正把事情做好。这两者之间存在矛盾和张力,而事情的走向和结果往往取决于领导的态度和境界。

从谏如流,闻过则改,说起来容易做起来难,对身居高位者来说更是如此。作为"春秋五霸"之一的秦穆公,奠定了秦国兴起的基石,《公羊传》给他很高的评价,但不是出于他的丰功伟业,而只是为了肯定他的虚心悔过。当初,秦穆公想偷袭郑国,蹇叔极力反对,认为根本不可能达到目的,秦穆公不听,结果在秦晋殽之战中惨败。面对败局,秦穆公不是迁怒他人,而是真心自我改悔,恢复并增强了秦国的实力,吞并了西戎。事件本身很简单,迁怒还是改悔可能只在他的一念之间而已,但这一念的转变实际上很不容易,甚至有着内心深刻痛苦和不断纠结的过程,毕竟要克服人性固有的弱点,等于是自己动手割肉洗心、荡涤灵魂,尽管这十分必要,但谁又愿平白无故主动去做呢?

也有反面例子,那就是晚年的齐桓公。在管仲的辅佐下,齐桓公称霸天下,管仲临死前,齐桓公问起继任者的人选。管仲逐个点评,他的好朋友鲍叔牙不行,因为他过于嫉恶如仇。另有三个人尤其不行,那就是公子开方、易牙和竖刁,因为他们违背人性,必是虚伪。公子开方是卫国人,他在齐国做官,十五年没有回国,连父母去世也不奔丧,若是连父母都不爱,又怎么可能真正爱国君呢?易牙是著名的厨师,为了讨好国君,竟然把自己的儿子做成一道菜献给齐桓公,若是连儿子都不爱,又怎么可能真正爱国君呢?竖刁为了长期在国君身边侍奉,自宫为太监,若是连自身都不爱,又怎么可能真正爱国君呢?只有隰朋是最合适的人选。然而,管仲死后,齐桓公把他的政治遗言抛之脑后,重用公子开方、易牙和竖刁,政局大乱。齐桓公病重,这些人各自树立党羽,争夺继承权,齐桓公被幽禁于宫中,活活饿死。他的几个儿子互相打得不可开交,以至于齐桓公的遗体几十天不能下葬,长出的蛆爬到了宫门之外。

由是可见,这一念之差有天壤之别。管仲本是辅佐公子纠的,与齐桓公是死对头,齐桓公重用管仲,体现了他的雍容大度,正是这种宽广的胸怀,成就了他的霸业。《诗经·大雅·荡》云:"靡不有初,鲜克有终。"管仲去世后,齐桓公走上了相反的道路,自己不得善终,齐国霸业陨落。或许,人心之中本就是两念并存,只是随着外部环境的变化而选择性释放罢了,这更说明去除人性固有的弱点是一项长期而艰巨的任务。《论语》《孟子》都论述过这个问题,《论语·子张》:"子贡曰:'君子之过也,如日月之食焉:过也,人皆见之;更也,人皆仰之。'"《孟子·公孙丑下》:"孟子曰:'古之君子,过则改之;今之君子,过则顺之。古之君子,其过也,如日月之食,民皆见之；及其更也，民皆仰之。今之君子，岂徒顺之，又从为之辞。'"意思是圣贤不在于无过，而在于能改过，而且人人心中都有一杆秤，文过饰非不仅于事无补，还会使过错放大。

正因如此，儒家主张，地位越高，相应的道德要求也越高，而时刻提高警惕，正视自己内心的积习，是身居高位者的必修课。清乾隆元年（1736），孙嘉淦写了《三习一弊疏》，深入分析了帝王是如何一步步走向反面的。其实，许多人的初心是良好的，故而能兢兢业业，取得一些成就，但就在此时，骄傲自满的情绪开始蔓延，慢慢习惯于只爱听中听的话语、只愿见媚上的举动、只喜欢顺从的下属，结果必然是亲小人而远君子，危害性不言而喻。从这点来说，领导者能否广开言路、虚心纳谏，往往成为政治风向的标杆。若能克己从人，这个时代会相对开明，反之会很糟糕。

儒家主张主权在民、治权在贤，亦即国家权力属于人民，而治国者应是贤能之人。这里所说的贤人不是指一人，而是指群贤。历史上大凡稍有作为的君主，做事从来不是拍脑袋决定，而是让大臣们充分讨论。专制时代，人们不能随便议论当代帝王和先帝，但对其他人，尤其是宰相等当权大臣的执政，理论上完全可以品评甚至抨击。只有经过充分讨论乃至辩难，才能有效避免错误。此时君主应当择善而从，即使与自己原先的想法相左，也得仔细斟酌比较，到底哪种方案最为合理。越是自以为是的人，越容易成为昏暴之君，因为有能力的自负，往往是最大的绊脚石。例如根据《史记·殷本纪》记载，商纣王身材魁梧，能与熊搏斗，还擅长辩论，经常把大臣驳得哑口无言。秦始皇雄才大略，统一天下。隋炀帝是个喜欢写诗的文艺青年。大概正因如此，他们觉得天下人都比不上自己，不愿以至不屑于听取不同意见,更谈不上反思自己的所作所为,终于造成了亡国之祸。这些例子值得后人高度警醒和深刻反思,而现代社会以民主法治为基础,我们有足够的理由做得更好。

四 如何才能真正建立诚信社会?

参与讨论者:

  黎思文(深圳大学 2013 级中国古代文学硕士)
  刘 伟(深圳大学 2014 级中国古典文献学硕士)
  钟传慧(深圳大学 2014 级中国现当代文学硕士)
  朱清婷(深圳大学 2015 级新闻传播学硕士)

  周 萌:诚信是人际交往和国际关系的基本准则,可以说与每个人息息相关。然而,现实地来看,当今社会的食品安全、钓鱼执法、电信诈骗等事件层出不穷,既让当事人严重缺乏安全感,也说明现阶段人际关系的可信度相当低。若是长此以往,必将人人自危,社会撕裂。因此,有必要从制度上规范引导,在防止恶之花的同时,让人性的善端形成主场优势,从而构建起持续稳定的诚信社会。对此,你们有哪些感受和见解呢?

  刘 伟:孔子说:"民无信不立。"(《论语·颜渊》)诚信不仅是个人立足社会的基本保障,更是民族国家长盛不衰的主要支柱。历史地来看,两千多年来,上至君主,下至平民,失信的例子不胜枚举,乱世尤为严重。例如《春秋左传·隐公二年》记载,周天子与郑庄公互换人质以求互信,这便是著名的"周、郑交质",结果却事与愿违,双方关系破裂,古人评价为"信不由衷,质无益也"。按照通常的理解,诚信本是人与人之间发自内心的行为,无需倚仗外在契约。盟约虽能一时达到目的,终究不是长久之计。古人对诚信尚且有着深刻的认识,何况今人呢?

黎思文:失信之事古已有之,现代社会更是屡见不鲜,例如引发众怒的中国红十字会"郭美美事件",影响极其恶劣,结果是相比于往年,中国红十字会收到的捐款大为减少,树立多年的良好形象轰然坍塌。

刘 伟:除了社会组织以外,商家失信同样比比皆是,例如让人瞠目结舌的"山东天价大虾事件",让不少人立刻打消了前往青岛旅游的计划,这让经营多年的"好客山东"品牌毁于一旦,青岛的城市形象遭到重创,旅游业受到不小的冲击。

钟传慧:即使从更微观的角度,哪怕是平时所接触的小店,也存在类似的问题。例如食品安全的新闻每天刺痛着我们的神经,瘦肉精、地沟油、三聚氰胺之类,与日常生活息息相关,危及每个人的生命健康,让人食不能安、寝不能寐。于是全社会兴起了一股代购潮,这个潮流背后隐含的意义是,内地居民对本土商品存在严重的不信任感,甚至可以说已失去信心,这无论是对个人生活还是国家经济发展,都是极为不利的。

周 萌:孔子说过,若是硬要做选择的话,可以去食、去兵而不能去信(《论语·颜渊》),信义的重要性由是可见一斑。可是放眼望去,现实却在肆无忌惮地摧毁许多人心中尚存的一点诚信。如何让诚信者获得应有的安全感,让失信者受到相应的惩罚,已成为全民挂心的热门话题。

朱清婷：问题的根源可能在于，许多人只要遇到疑难，就会求助于专家或网络，但专家有可能学术造假，或者因商业利益而昧着良心代言虚假广告。网上更是充斥着虚假信息和谣言，这些内容往往成裂变式发展，很多真实的声音反而被淹没了。因此，我们既不能盲目崇拜权威，也不能偏信网络，那么我们又该信任什么呢？这些事件本质上暗藏着信仰危机的问题。

刘　伟：这的确是一个严肃而严重的问题。例如有人反映，携程网存在偷换顾客积分换取机票的现象，甚至顾客购买的机票根本不存在。携程网本是一家为大众提供生活便利的大公司，作为行业的领军者，竟然暗箱交易，这就迫使人们不得不重新评估它的信用度。要是连大公司都如此行事，我们还能相信谁？要是谁都不能相信，哪还会有安全感？社会能量岂不全都消耗在相互指责和内部撕裂之中么？

周　萌：要建立信任很不容易，但要毁掉它实在是太容易。从大家所举的事例来看，民众、企业、专家，甚至是部分地方政府，许多人在不约而同地痛斥社会失信的同时，自己又在有意无意地毁掉他人的信任。面对这种悖论，我们无法漠视，因为这是全民有责，也是全民都应参与的事情。那么，我们可以采取哪些现实的应对之策呢？

黎思文：从政府的角度来说，要做的工作还很多，要走的路还很远。一是渠道问题，应建立信息公开平台，使官民之间始终保持顺畅的沟通。例如温州动车事故以后，不少人对所公布的信息感到怀疑，甚至出现了围攻铁道部发言人的情况，这固然是令人遗憾的，但此后全国各地普遍建立了新闻发言人制度，对挽救危机和树立政府的公信力起到了很大的帮助作用。二是机制问题，在政策出台之前，应遵循民意调查和专家论证等程序，做到科学研究和群策群力相结合，使之既符合规律又顺应民意，还要接受社会大众和新闻媒体的监督，这样才能未雨绸缪并及时纠错。

钟传慧：政府的积极引导固然重要，但我们不能只是被动等待，因为每个人都有义不容辞的社会责任。例如食品安全问题为什么接二连三地发生，部分原因在于民众对这个问题的容忍度极高，就算商家受到处罚，只要风头一过，它们又故技重演、卷土重来，民众还是一如既往地购买，这无疑助长了无良商家的胆量。假如每个人都有强烈的监督意识和责任感，不管商家怎样重新包装宣传，大家就是不消费它们的商品，使之断了销路，这些品牌自然而然就会消失，这样才能对商家起到真正的震慑作用。

朱清婷：是啊，我们对假冒伪劣产品的容忍度实在是太高了，这大概是因为受到"多一事不如少一事"的集体心理暗示，导致许多人不忍或不敢正面批评他人，更不要说惩罚了。不过，每个人都应当树立明确的是非观，对失信行为实行零容忍。同时，应充分发挥群体规范的作用，这不是指威权体制下的制度约束，而是指群体内部的文化氛围。我们身处各类群体当中，群体的文化氛围对个体有深刻影响。例如有人作弊并受到处罚，但周围的人从不表达对作弊的不耻态度，犯规的人在实际中感受不到群体对他的无形压力，这很容易使他的认识发生偏离。只有在内外规范的双重作用下，全民监督体系才能真正形成。

刘　伟：政府对企业的监管是为了造福于民，惩罚的目的则是为了确保公平正义。换句话说，"破"是为了更好地"立"，对违规企业，政府应帮其脱胎换骨，这不仅是指形象的重塑，更是指质量的保证。总不能让民众每周跑到香港或澳大利亚买奶粉吧？据报道，澳大利亚原打算向我国出口三十吨奶粉，后因种种原因取消了。试问，数以千万计急需奶粉的婴儿怎么办？这个事例说明，以高品质的商品重新赢得公众信任是企业的核心任务，也是政府必须重视的民生问题。

周　萌：大家分别从政府、企业、个人等不同角度建言献策，而宏观方面有赖政府和企业从现在做起，微观方面有赖每个人从自我做起，因为这是所有人共同的责任和义务。倘若追源溯流，中国古人特别重视"诚"，《大学》所说的诚意、正心、格物、致知、修身、齐家、治国、平天下，由浅至深，从小到大，而"诚"被摆在第一位，意义非凡。有个很出名的例子，某中国学生在欧洲留学时，通过精确计算，多次成功逃过地铁的检票系统，结果找工作时屡次遭拒，最终有人好意告诉他，原因正在于他的精明而不诚信，因为缺乏道德感是让人畏惧的。有意思的是，儒家传统着意弘扬人性的善，西方传统着力防治人性的恶。其实，两者并不矛盾，只有从扬善弃恶两方面着手，政府和民间共同努力，诚信社会才有望真正建立，而诚信社会是和谐社会的主要基石。

第八章
礼崩乐坏：秩序与自由

一　婚礼不守礼法的现象及流弊

秩序与自由是一组特别矛盾的话题：一方面，自由固然是人类内在而深刻的追求，但若没有秩序，就会陷入无政府主义，恐怕也谈不上自由；另一方面，过于强调秩序，难免会妨碍自由。怎样把握两者之间的尺度，实现各自的最优化，这是相当不易的事情。具体到春秋战国时期，礼崩乐坏，秩序不断松动，乃至于走向衰败，结果出现了两种截然相反的情况：从精神层面来说，思想得到了大解放，可谓自由奔放的时代；从政治层面来说，新旧制度新陈代谢，只是从春秋战国到秦国的制度变革，恰恰是从相对自由走向了专制集权，造就了自由度越来越小的时代趋势。因此，要把握两者之间的适度位置，需要极高的政治智慧。或许，只有深入剖析新旧交替的逻辑脉络，才能真正理顺这个时代的症结及其启示。

在礼崩乐坏的时代乱象中，婚礼很有典型性，因为它不仅是大吉的礼仪，而且有利于己。春秋时期婚礼不守礼法的典型表现有三种。

第一，内娶。按照礼制规定，诸侯既不能在本国娶亲，也不能在同姓的他国娶亲。然而，宋襄公、宋成公、宋昭公三代人相继内娶，《春秋》给予批评和讥讽。"男女同姓，其生不蕃"（《左传·僖公二十三年》），意思是同姓通婚，后代不会繁盛。这是近亲结婚的危害，很好理解。可是诸侯为什么不能在国内娶亲呢？原因大概有三：一是可能造成渔色现象。国君夫人的首要条件是德行，但国君在自己的势力范围内，即使胡作非为，别人也难以阻止，内娶使其有机会只注重对方的外表而忽视德行。二是岳父母的名分怎么处理呢？若是常人，女婿作为子侄辈是通义，国君则不然，从理论上讲，除了父母、祖父母及以上的嫡系长辈外，所有人都臣属于国君，而君臣关系是父子关系的放大，这样一来，国君与岳父母就存在双重而相反的关系，这在伦理上是很难化解的矛盾。三是容易给那些阿谀奉承的小人钻空子的机会，他们可以借机进献美色，甚至鱼肉百姓，这是对国政的戕害。

第二，一国娶多国媵。按照礼制规定，诸侯一生只能娶亲一次，不能再娶，但他一次可以娶九个女子。具体而言，新娘出嫁时，以妹妹或侄女作为陪嫁，同时另有两个国家的女子陪嫁，即所谓一国娶二国媵。春秋时期，诸侯再娶的现象时有发生，更常见的是一国娶多国媵。这些看似都是小处，但对礼法的伤害甚大。有人会问，诸侯一聘九女，足以证明他们荒淫吧？其实，古代的婚姻制度是一夫一妻多妾，简略成一夫多妻是不准确的，因为妻与妾及其子女的地位差别很大，而娶亲仅指娶妻，纳妾不在此列。问题在于，国君为何需要如此众多的女人呢？《礼记·昏（婚）义》规定："天子后立六宫、三夫人、九嫔、二十七世妇、八十一御妻。"算起来共有一百二十一人，这岂不是帝王荒淫的铁证吗？事实上，礼法制度并不是为君主的荒淫提供保障，而是为了巩固家天下的权力。对君主而言，首要任务是确保手中的权力，并把它传承下去。他最相信的自然是他的儿子，尤其是在分封制之下，需要很多儿子分封领地，为他守卫疆土，还需要一个儿子继承他的位置。直白地说，帝王需要这么多女人只是手段而已，目的在于儿子，归根到底则是为了权力。礼法想要确立社会规则，必然会与权力纠葛在一起，只是这里的着眼点并非权力的合法性问题，而是现实政治制度的设计与运作问题。

第三，丧娶。古人娶妻有完整的程序，通称六礼，即纳采、问名、纳吉、纳征、请期、亲迎。前五项通常由媒人居中完成，只有最后一项才由新郎亲自出面。当然，这仅限于娶妻，纳妾完全不需要这些程序，甚至可以买卖，而且妻是唯一的，妾可以有，甚至很多，也可以没有。娶妻必须严格遵守整套程序，像鲁庄公亲自纳币（即纳征），亦即自己到齐国送聘礼，这是有违礼法的，《春秋》给予了讥讽。还有更严重的情况，那就是丧娶。像鲁文公即位后的第二年就急着娶亲，《左传》与《公羊传》的态度截然相反，《左传》认为国君即位后娶妻生子，延续香火，是孝道的体现，而孝道是礼法的基石。《公羊传》则将此认定为丧娶，即在为父亲守丧期间娶亲，这是礼法所不容的。究其原因，是因为小孩子三岁以后才能完全脱离父母的怀抱，所以父母去世后要守丧三年以报答他们的养育之恩。当然，这并不是三十六个月，而是二十五个月或二十七个月，即三个年头。儒家主张等级有差别的爱，父母与自己的血缘关系最近，父母去世是人生最悲痛的事情，而婚礼是最为吉祥且于己有利的礼仪，正如俗话所说，洞房花烛夜是人生四大乐事之一，丧期未满就娶亲，意味着把对父母的孝道抛之脑后，迫不及待地享受人生的快乐，这分明是大不孝。《公羊传》的批评极其严厉，认为只要是有良心的人，就绝不会这么做。

从上述例子来看，春秋时期的社会氛围确实发生了很大变化，而且更多地表现为有些人为了满足私欲或贪图享乐，不惜破坏礼法，尤其是君主如此作为，上梁不正下梁歪，只会让社会风气变得越来越糟糕。因此，儒家主张，对领导和公众人物等社会上层理应用更严苛的道德标准，使他们受到监督，甚至是将其放到显微镜下审视，对底层百姓反倒可以宽容一些。这是因为处身上流，就负有不可推卸的道义责任，有义务严格约束自己的言行，为社会的风清气正做出表率，否则就是自甘堕落，类同俗人，无缘精英之列。

二　丧礼不守礼法的现象及流弊

说到孝道，有必要区分孝和孝顺，这是两个完全不同的概念。从字源来看，《说文》："孝，善事父母者。从老省，从子，子承老也。"《礼记·祭统》："孝者，畜也。顺于道，不逆于伦，是之谓畜。"照此看来，孝字本是由老人和小孩组成，意指父母与子女的关系，《礼记》成书于战国至西汉前期，把这种关系归结为天道人伦，统而言之即是本于人性的双向之爱；《说文》成书于东汉，日渐偏重于子女应如何对待父母，这就有意无意地放大了父母的权力而忽视了其相应的义务。

在此之中，全面阐发孝道的当属《孝经》，它的成书时间与《礼记》大致相当，两面性就已表现出来。一方面，强调孝的本义是爱，《孝经·天子章》："子曰：'爱亲者，不敢恶于人；敬亲者，不敢慢于人。爱敬尽于事亲而德教加于百姓，刑于四海，盖天子之孝也。'"这是说天子的孝道始于爱敬。另一方面，表现出向顺从移位的倾向，《孝经·士章》："故以孝事君则忠，以敬事长则顺，忠顺不失，以事其上，然后能保其禄位而守其祭祀，盖士之孝也。"这是把孝敬引向了忠顺。当然，《孝经》的主体立场是前者，后者只是苗头初现而已。《孝经·谏诤章》："曾子曰：'若夫慈爱恭敬，安亲扬名，则闻命矣，敢问子从父之令，可谓孝乎？'子曰：'是何言与！是何言与！昔者天子有争臣七人，虽无道，不失其天下；诸侯有争臣五人，虽无道，不失其国；大夫有争臣三人，虽无道，不失其家；士有争友，则身不离于令名；父有争子，则身不陷于不义。故当不义，则子不可以不争于父，臣不可以不争于君，故当不义则争之。从父之令，又焉得为孝乎！'"无论是君臣关系还是父子关系，这里都明确而激烈地反对无条件顺从。

在此基础上，我们有必要重新审视孟子那句妇孺皆知的名言，那就是《孟子·离娄上》所言："不孝有三，无后为大，舜不告而娶，为无后也，君子以为犹告也。"这段话的背景故事是，舜受到父亲和继母的虐待，故而娶尧帝的两位女儿时，没有禀告父母。孟子认为，禀告则必然被否决，不禀告则延续了香火，两害相权取其轻，后者的孝行大于前者，可以视为合乎礼法。孟子虽然提出了"不孝有三"

的说法，但并未明确所指，从这段话本身所能推论出来的，大抵只有"不告而娶"与"不娶无后"两种，两相比较，前者在于礼法形式，后者关乎伦理本质，前轻后重。不过，孟子只是就事论事，若是脱离背景故事而把前八个字抽象为一般原则，貌似有过度阐释的嫌疑，与战国的时代氛围和孟子的一贯立场并不十分契合。

东汉赵岐显然注意到了这一点，因而为之注解时做了完善和拓展："于礼有不孝者三事，谓阿意曲从，陷亲不义，一不孝也；家贫亲老，不为禄仕，二不孝也；不娶无子，绝先祖祀，三不孝也。"这里调整了"不孝有三"的顺序：第一条变成明知父母做错了，不是劝谏，而是怂恿，使父母陷于不义，这与《孝经·谏诤章》的立场完全吻合；第二条是父母年纪大了，儿子仍不出来工作，使父母不能老有所养，这是事关生存的最基本需要；第三条才是没有娶妻生子，断了祖宗的香火。这种调整的意义在于，最大的不孝由"无后"换成了"陷亲不义"，强调人伦基于天道、正义大于顺从的价值取向。

由是可见，在春秋战国时期，从人伦来说，孝是爱；从天道来说，孝是义。它与顺从完全无关，甚至两相对立。当然，儒家会讲究方式方法，父母做错了，应动之以情、晓之以理，用亲情感动，用道理说服，如果父母仍旧不听，那就继续哭谏，将心比心，毕竟父母与子女心连心嘛。然而，不知从什么时候开始，孝被置换成孝顺，这大概是为了与专制集权的历史趋势相配套，但突出顺从的愚忠愚孝在理论上就已漏洞百出，父母的所作所为就一定对吗？父母做错了又该如何顺从？这种移位导致了许多人对孝道的误解，我们只有回归本义，摒弃奴化的阐释，才有可能使之重新焕发生命力。

作为孝道的具体表达，丧礼占有极重的分量，因为在古人的观念里，人死以后灵魂不朽，故而要事死如事生，让故去的人在天堂如同在人间一样生活，现代考古发掘的墓葬足以证明这一点。同时，这也是实现不朽的现实手段之一，即通过丧礼展现和强化血缘关系，展示基因顽强遗传的强大意愿力。以是观之，丧礼不仅横向联结血缘关系，而且纵向联结过去与未来，是呈现社会网格的重要节点。当然，必须承认，丧礼十分繁复，包含诸多细节，但这不能成为破坏礼法的理由。春秋时期的反面例子很多，例如鲁隐公三年（前720），周平王去世，周天子的大夫武氏子居然到鲁国化缘，请求资助安葬费用。《公羊传》和《穀梁传》对当事双方都给予了批评和讥讽，正如《诗经·小雅·谷风之什·北山》所言："普天之下，莫非王土；率土之滨，莫非王臣。"作为天下共主的周天子去世，诸侯有义务出钱出力襄助办理丧事，即使周朝没有提出要求，鲁国也应主动去做，坐视不管岂是为臣之道？同时，天子富有四海，王者无求，怎能向诸侯求援呢？周朝大夫与诸侯的双向错误，反映了时代风向的变化，即周天子权势下降，以至于向诸侯低声下气；诸侯的势力膨胀，以至于目无尊长。

周天子与诸侯的关系有一定的特殊性，若是一般意义上的君主和大臣，在这个问题上又该如何呢？按照常理，大臣守丧期间，君主不应征召他们出仕，如果守丧期满十一个月，发生战争之类的紧急事情，大臣可以主动出来做事，但国君不应主动征召。当然，这只是权宜之计，那些特别注重孝道的人，像孔子的学生闵子骞，认为这种规定实在太不近人情，因而辞官不做，孔子十分赞赏这种纯孝的行为。换句话说，忠与孝有时存在矛盾，表现在君臣观念上，则是先秦时代与此后的集权时代差异极大。先秦时代注重血缘伦理，孝道相当重要，忠君的概念相对淡漠，要是国君不听劝谏，三次以后臣子就可以离开。要是大臣犯错，国君应将其流放，先让他在那里待三年，然后再决定让他何去何从。集权时代以来，两者的关系被颠倒，忠被视为孝的放大，忠的级别也高于孝，孝子在守丧期间可以移孝作忠，亦称夺情，即把对父母的孝转化为对国君的忠，这显然是为了给专制集权提供理论服务，而不是本于人性与自由的结果。正因如此，我们理当发掘先秦时代忠孝观念的合理之处，摒弃专制集权时代用政治否定人性的倾向。

三 祭礼不守礼法的现象及流弊

除了婚礼和丧礼以外，祭礼也很重要。《左传·成公十三年》："国之大事，在祀与戎。"意思是说，国家大事的重中之重是祭祀和打仗。军事的重要性不言而喻，祭祀为什么如此重要呢？这是因为它体现了政治的宏大愿景。古代祭祀的范围相对宽广，例如祭祀天地山川，这是人与上天及自然沟通的方式；祭祀祖先，体现了对历史的尊重与传承。这既涉及政治的合法性，也事关个体的社会性，在某种意义上，还是人类实现不朽的方式之一。

春秋时期祭礼不守礼法的现象也很常见，例如鲁桓公二年（前710），宋国把郜鼎送给鲁国，鲁国将其放到太庙，用以祭祀周公，《春秋》给予严厉批评。事情的背景大致是这样的，宋庄公弑宋殇公而自立为君，为了讨好其他诸侯，宋国向各国大肆行贿，其中把郜鼎送给了鲁国。这本来是受贿之物，并不是什么光彩的事情，鲁国竟然堂而皇之把它置于祖庙，献给周公，倘若周公泉下有知，会作何感想呢？受贿有过乃至有罪，这是常理，用受贿之物祭祀祖先，看似孝敬，实则是大不敬，因为这恰恰是祖先所不耻的。鲁国是礼仪之邦，但在这件事上似乎缺乏常识，这样的祭祀明显不妥。

还有比这更严重的事件，那就是逆祀。鲁文公二年（前625），鲁僖公的牌位被升到了鲁闵公前面。按照通常的理解，鲁僖公是哥哥，鲁闵公是弟弟，鲁文公将自己的父亲鲁僖公前置，似无不妥，但鲁闵公先做国君，鲁闵公为君之时，鲁僖公还是臣子的身份，既然君臣关系是父子关系的放大，那么也可以说鲁闵公是父，鲁僖公是子，尽管他俩在血缘关系上其实是弟弟和哥哥。鲁闵公被杀以后，鲁僖公才成为国君，这在鲁国历史上已有定论，不容轻易改变。鲁文公打乱祖庙中祖宗牌位的昭穆顺序，实则是出于提升自己父亲历史地位的私心，也是对历史本身的不尊重。

这在今人看来似乎不算什么大事，但在家天下时代，对于血缘关乎帝位、孝道关乎治国的人们来说，是一件天大的事。例如宋英宗不是宋仁宗的亲生儿子，按照通行观念，养子应以养父为父，而不再以生父为父，但宋英宗本着执拗的孝道观念，继位后定要给已过世的生父以皇帝的名分，大臣分成两派，宋英宗与持反对意见的大臣论战将近两年，最终虽然如愿以偿，但他在位仅有不到四年，此事耗费了君臣之间多少精力，这便是著名的"濮议"事件。宋英宗用近乎偏执的孝道使宋朝活生生多出一位皇帝，可谓罔顾历史事实。明朝嘉靖时期"大礼议"事件的经过和结果大抵也是如此。乍看起来，像宋英宗和明世宗这样的儿子很尽孝道，想尽办法为生父争名分，那么古人为何要从制度设定上予以否定呢？这是因为，若要继位为君，宋英宗就已不再是濮王赵允让之子，而是宋仁宗之子；嘉靖帝也不是兴王朱祐杬之子，而是堂兄明武宗之子。这种伦理关系的设定看似别扭，实则是为了尊重历史事实，化解复杂伦理矛盾中的某些冲突，从而达到"正名"的目的。

现代社会告别了过去的诸多传统，但祭祀仍以新的形式继续存在。从个人或家庭层面来说，清明节和春节祭祖，表达了对先人的思念；从国家层面来说，纪念革命先烈、南京大屠杀遇难同胞等，则是为了铭记历史，更好地传承历史。对古人而言，祭祀既是沟通天、地、人的主要途径，也是沟通历史与现实的重要桥梁。对今人而言，前一种可能已大体消亡，而后一种依然存在，因为忘记历史就等于背叛。不过，要铭记历史，首先应尊重历史，尤其是正视历史本身的不完美，自我警醒，而不是涂脂抹粉，文过饰非。人们做事往往有两种态度，那就是历史正确与政治正确，前者是指用通观的眼光做出客观理性的评价，后者是指为当前利益所做的辩护和选择。历史并不像人们想象的那么完美，而是一直磕磕绊绊，甚至免不了血雨腥风，然而，就算它让人不舒服，也不能掩耳盗铃呀！有人说，历史是任人装扮的小女孩。其实，这是偏颇的解读，正如鲁迅先生《记念刘和珍君》中所言："真的勇士，敢于直面惨淡的人生。"若果真珍视历史，就不能随便修饰或篡改历史，因为尊重是沟通的前提。

然而，二战后日本右翼出于他们所谓的政治正确，否认南京大屠杀，这是无视历史事实的自说自话，不仅绝对错误，而且会反过来伤害他们自己，因为没有历史勇气，就不会有现实担当。反过来，我们对历史的叙述和阐释是否也存在某些问题呢？例如对农民起义一味叫好，这符合事实吗？对"文革"造成的诸种危害，有没有全面揭示和深刻反思呢？这些都是我们必须直面的，因为只有把这些问题理顺，才能真正称得上无愧于历史，对得起先贤；也只有这样，现实才是稳当地踏在坚实的历史之上，而不是基于虚幻历史观的海市蜃楼。

四　如何让幸福感与发展相伴随？

参与讨论者：

　　陈秋茜（深圳大学 2013 级中国古典文献学硕士）
　　李　霞（深圳大学 2013 级中国古典文献学硕士）
　　刘　伟（深圳大学 2014 级中国古典文献学硕士）
　　付晓蕾（深圳大学 2015 级中国现当代文学硕士）

周　萌：谈到幸福问题，总会让人觉得要么太文艺，要么太傻。为什么这么说呢？例如同学聚会，大家见面就问：房子多大？车是什么牌子？小孩上哪个幼儿园？貌似从来不会有人问：你幸福吗？要是这样发问，必定当场成为笑柄。其实，幸福对每个人而言都特别重要，我们没有任何回避的理由。那么，作为年轻人，你们是怎样理解幸福的呢？

陈秋茜：幸福感要建立在一定的物质基础之上，如果一个人吃不饱、穿不暖，每天都得与生存做斗争，幸福感注定是不高的。这时候每一丁点物质财富的增加，都会带来或多或少的幸福感。因此，在物质财富没有达到某种程度时，幸福感和物质财富是成正比的。

刘　伟：秋茜认为幸福感与物质的丰富程度相关联，不过，从心理学的角度来看，幸福感仅是一种主观感受，没有唯一的评判标准。

新闻联播中有过这样的片段，记者问一位劳动者：你幸福吗？不知是出于嘲弄还是无意，他回答：我姓李。直至今日，这段对话依然是人们的笑料。另一名工人的回答则引人深思，他说："我每个月才拿一千多块钱的工资，有什么幸福可言？"由此可见，幸福感确实要建立在物质基础之上。

付晓蕾：幸福感的确首先建立在物质基础之上，但随着社会经济的发展，人们逐渐意识到，物质生活水平的提高并没有带来幸福感的相应提升。有一个关于幸福感的社会比较理论，认为一个人感到幸福是因为他觉得自己比身边的人都幸福。也就是说，相对物质生活水平对幸福感的决定性作用高于绝对物质生活水平。还有一个享受性适应理论，例如有人买了辆车，他很开心终于有车了，可是随着时间的推移，车带来的幸福感不可避免地会慢慢消散。换句话说，物质并不能给幸福感提供持久的保障。还有一个幸福点理论，英文叫作 happiness set point，认为人与生俱来有一个幸福点，和笑点一样，有的人幸福点较低，容易达到幸福状态；有的人幸福点较高，无论物质生活水平怎样提高，都有可能感到不幸福。这就能解释为什么有的人箪食瓢饮而不改其乐，有的人获得世俗意义上的成功之后仍然觉得不幸福。

李　霞：过去评价幸福感总以收入作为绝对标准，但随着经济的发展，一些社会问题逐渐凸显出来，影响幸福感的比重也在不断增大。例如环境污染，北京就因雾霾天气导致中小学停课放假，这既影响了正常的学习生活，也危害人们的身体健康。在越来越重视生活质量的今天，环境污染等社会问题日渐上升为影响幸福感的重要因素。

刘　伟：不可否认，环境问题正严重威胁着人们的生命健康和生活品质，这一点必须严肃正视。与此同时，有必要分清幸福、快乐和快感的界线。因为美国权威心理机构通过数据分析发现，人们只有在做爱的过程中才会感受到幸福，但心理学家明确告诉人们，快感并不等于幸福。原因很简单，随着现代文明的发展，人们在物质需求得到极大满足之后，反而普遍出现了精神匮乏。例如根据新闻披露，一夜暴富人家的孩子把澳门豪赌当作家常便饭，吸毒、飙车更是小菜一碟。他们只是在寻找一时的快乐或快感，这并不是幸福。

周　萌：我赞同刘伟的观点，幸福和快乐是两个概念，与快感更是相去甚远。至少，从持续的时间来看，快乐很短暂，幸福会相对持久。有人说，不丹是世界上最幸福的国家，可是它好像相当传统，许多方面甚至可以说落后。反观国内，近几十年经济发展很快，物质水平的丰富度很高，但大家见面就问："最近忙啥？"每个人都紧张忙碌、焦躁不安，甚至有些抑郁。这种情绪越来越普遍，值得我们从个人和社会两方面同时反思。那么从个人的角度来说，你们觉得怎样的状态让人觉得特别幸福？

付晓蕾：幸福对个人来说，真的只是个传说，人人都听说过，但鬼才知道它是什么样子。我特别喜欢大冰《他们最幸福》这本书，它讲述的是作者"族人"的真实故事，这些人当中，有的是公务员，有的是立过二等功的军人，他们共同的生命轨迹是全都放弃了原来的职业和生活，来到西藏、丽江等地成为流浪歌手。其实，流浪歌手只是某种表现形式而已，并不是他们所追求的理想终极，他们所奉行的核心价值观是让自己的身体和心灵自由而舒展地活着。这种理念显然不符合当下主流社会对幸福在物质条件方面的要求，但没人可以否认他们的生命状态是幸福的。

周　萌：这是特别令人神往的状态。

陈秋茜：根据马斯洛的需求层次理论，当人们实现了低层次需求以后，就会追求更高层次的需求，而最高层次的需求是自我实现。对我而言，我的追求是成为一名优秀的教师，教书育人，实现自己的价值。当我传道、授业、解惑，看到孩子们纯真的笑脸，得到家长的认同和赞赏时，是我最开心也是最幸福的时刻。

李　霞：对我来说，每个人能按照自己喜欢的方式生活就是最大的幸福。不少人都有宏伟的人生追求，但我觉得平平淡淡才是真，有一份相对稳定的工作，家人身体健康，关系和谐，无灾无难，便是莫大的幸福。

刘　伟：即使每个人的定义不同，幸福也没有大小之分。弗洛姆《爱的艺术》强调人的社会性，认为和谐、健康的社会发展模式会让人时刻处于爱与被爱、肯定与被肯定、尊重与被尊重的环境中。照此看来，当一个人进入社会，通过拼搏，既实现了自身价值，也产生了社会价值，这时必然是幸福的。

周　萌：我再次赞同刘伟的观点，幸福的确没有大小高低之分。例如李霞想成为贤妻良母，话语之间貌似有些担心自己的道德高度不够，这完全是多余的。正如晓蕾所言，每个人的幸福点差别很大，对幸福感的体验也很不同，但只要自己心满意足就行。对我而言，自由才是幸福，不自由，毋宁死。不过，每个人都处在社会中，幸福感的体验离不开外部环境。例如自由，外部环境和内在修养同等重要。那么从社会的角度来说，怎么样才能更好地提升国民的幸福感呢？

陈秋茜：当代民众太缺乏安全感了，这包括食品安全、治安安全、环境安全等诸多方面，食品安全问题尤为普遍和突出，诸如毒奶粉、毒胶囊、农药超标等时刻危害着人们的身心健康。长此以往，人们对衣食住行不放心，对他人和社会不信任，归根结底则会让自己如临深渊、如履薄冰，终日处于担忧之中。政府应采取更多措施解决这些问题，让人民获得应有的安全感。

李　霞：环境污染的主要原因是粗放型的经济发展模式，现在应转变观念，倡议绿色发展理念，不唯 GDP 论，而是把国民的幸福感摆在突出位置。其实，联合国早已提倡绿色经济，这在我们的日常生活中也得到了充分体现，例如电动汽车、电动出租车、公共自行车租赁等，可以减少尾气排放，促进环境保护，政府应不断加强和深化这些举措。

刘　伟：解决人们的诉求，并为人民谋福祉，这是政府的基本宗旨，也是应尽的义务。不过，除了物质层面以外，现代社会的精神层面可谓问题重重，与经济发展极不对称，这就决定了提倡精神文明的必要性。为什么人们觉得不幸福？这可能是大众的攀比心理和行为促成了财富决定幸福的价值观所致。对大多数人来说，财富是获得幸福的保证，但对另一些人来说，这种幸福只是短暂或阶段性的。怎样才能获得持久的幸福？首先是不攀比，理性审视自己的人生目标，形成健康向上的幸福观。其次是从精神层面入手，政府应大力发展文艺事业，积极倡导并营造国民读书的环境氛围，让那些沉迷于网络的年轻人从虚拟世界中解脱出来，关注现实，投身各种社会关系，在实践中真实地感受到自己存在的价值，从权利与义务、个人价值与社会价值的辩证关系中找到自己的幸福。

付晓蕾：归根结底，政府应转变职能，变成服务型政府，为公众提供物质和精神两方面的服务。正如刘伟所说，除了衣食住行以外，政府还应大力发展文化事业，不仅提供资金技术支持，而且从人的需求和人的尊严出发,让每个人都活在阳光下,活得有尊严,活得有情趣。

周　萌:没错,政府确有责任为每个人提供良好的外部环境,所以每当看到北京的雾霾天气,听到各种矿难事故,心里都无比难过。不过,外部环境终究是外因,幸福的出发点和落脚点始终在于个人,这也是为什么在相同环境下,幸福感的个体差异如此巨大。甚至可以说,获取幸福是一种能力。有的人很少感到幸福,可能是他在这方面能力不足的缘故。那么,怎样提升自己获得幸福的能力呢?途径大概只有一条,那就是刘伟所说的:多读书,从各方面自我丰富、自我完善。另外,值得一提的是,一个幸福的人往往会给社会传递正能量,因为他的内心充满了爱,并会自觉不自觉地向外传导。如果爱和幸福在群体内不断流动和共鸣,必然会带动其他人,也会促使社会风气变得越来越好。

第九章
乱世正道：现实与理想

一　对赵盾于晋灵公之死的定位

世间从来没有十全十美的社会和制度，春秋更是一个乱世，许多人对此很不满意，问题在于，面对这样的现实，应当如何选择呢？是从了现实而投机取巧？还是听之任之而不闻不问？对于有理想的人而言，定然不会浑水摸鱼或消极怠工，相反，现实越糟糕，越要尽最大可能使之重回正轨，甚至是仰望星空，勾画美好未来的理想蓝图，正所谓从污泥中开出莲花来。正因如此，春秋战国诸子百家争鸣，归根结底是社会精英在给这个社会诊脉开方。那么，到底哪一种药方最有效呢？诸侯国君们也在选择，并且没有定数。从现实来看，秦国最终统一了天下，但这并不代表法家思想最为出色。作为当时的显学，儒家也开出了独家单方，核心要义之一即是对历史的重视，希望通过历史纠正现实。历史真有如此巨大的能量么？众所周知，中国是世界上史学最发达的国家，没有之一。从西周共和元年（前841）开始，中国历史都有确切纪年，有些甚至具体到了某一天。今人看历史，似乎会自觉不自觉地将其与历史书、博物馆、文物考古之类画等号，儒家的立场则完全不同，认为历史与现实有密切关联，既是现实的一面镜子，也可能对现实产生反作用。

《春秋》在这方面有明确的表述。鲁宣公二年（前607），晋灵公被杀，史臣记载："晋国执政大夫赵盾弑君。"事情的经过大致是这样的：晋灵公胡作非为，完全没有国君的样子，赵盾多次劝谏，晋灵公不仅不听，还动了杀机并付诸行动，逼得赵盾只得逃走。后来赵氏家族的赵穿杀了晋灵公，赵盾回来重新执政。史臣把弑君的责任全部算到赵盾头上，赵盾觉得很冤枉，想为自己申诉洗白，史臣的解释是，作为晋国的执政大臣，逃走时并未出境，有人弑君，但你回来之后没有缉拿凶手，而是安之若素地继续执政，怎能洗脱同谋的嫌疑？岂是尽到了臣子的本分？

《春秋》三传无一例外地赞许史臣，只是侧重点稍有不同。《左传》记载，孔子称赞董狐是良史，秉笔直书，毫不隐晦；同时称赞赵盾是出色的士大夫，可惜要为历史承受恶名，要是当时逃到了国外，就可以免受历史的裁判。《穀梁传》认为，这样反而可以见出赵盾是忠臣的典范，许世子止是孝子的典范。《公羊传》倒没有替赵盾辩护。这个事例足以说明，史臣的实录完全有可能通过历史而给现实纠偏。《孟子·滕文公下》："孔子成《春秋》而乱臣贼子惧。"乱臣贼子所惧怕的正是历史评价，即千秋万代的史书上怎样记载自己，从人的内心欲望来说，谁不希望留下美名呢？这就使历史作为价值判断的标准成为可能，也使有些人不得不有所顾忌，有所收敛。或者可以说，历史通过价值判断这种软形式而对现实产生作用力。

必须指出的是，史臣坚持实录很不容易，有时会付出巨大的代价，甚至是生命代价。赵盾的确是个有胸襟的人，史臣如此记载，他虽然觉得自己冤枉，但并未对史臣如之何。其他人恐怕未必如此幸运，例如鲁襄公二十五年（前548），崔杼弑齐庄公，史臣如实记录，崔杼便杀了此人，但史臣的两个弟弟毫不动摇，哪怕接连被杀，第三个弟弟依然故我，崔杼不可能杀光所有人，只得作罢。南史氏刚开始听说史官全部被杀，毅然拿着书写工具前往，打算继续这项未竟的事业，听说业已完成后才返回。在这个事件中，史臣坚守自己的职业道德，做到乃至超越了《孟子·滕文公下》所言"威武不能屈"，称得上是中国历史和文化的脊梁。那么，这些人为何不惜生命也要捍卫历史真实呢？这是因为里面包含了大道和基准价值观，是人类自我反思和展望未来的基本立足点。而且，只有真实的历史才有比照现实的价值，才能真正产生鞭策的力量。正因如此，秉笔直书看似是历史记录问题，实则蕴涵了士大夫的精神与气节。

实录传统不仅对王权是无形的约束，还能砥砺士大夫的名节，这本是超越世俗的理念和实践，可是除了史官的心传以外，并没有重量级对等的制度保障，反而不时面临王权的侵蚀。即使如此，史官仍始终如一地信守了千年以上，不能不说是个奇迹，直至遭到千古名君唐太宗的无情破坏。唐太宗一辈子耿耿于怀的是玄武门之变，他为了夺位杀死了自己的哥哥和弟弟，故而有着极为强烈的愿望想知道史书上到底是如何记载的。他先是用冠冕堂皇的理由向褚遂良提出，前代君主想看当朝历史，目的在于篡改历史，自己只是想了解过去的不足和错误，以便改正。褚遂良恪守史官传统，毫不退让，明确表示，君主不能看当朝历史，是为了防止权力的干扰，影响历史的客观公正，而史官独立记述，帝王无权干涉，早已是不成文的规矩。唐太宗碰了个软钉子，转而找房玄龄，还是相同的借口，可惜房玄龄没顶住压力，重新修订当朝历史后呈给唐太宗。果不其然，唐太宗最关心的只是唐高祖武德九年（626）六月初四的玄武门之变，但他在阅览之后把自己的道德调子定得很高，吩咐史臣不必隐讳，秉笔直书即可，同时宣称玄武门之变是周公诛管蔡，没什么值得讳言之处。这番话看似滴水不漏，实则糟糕无比，因为它开启了君主为当朝历史定调的先例。按照儒家的价值标准，杀亲兄弟是极其严重的道德问题，但唐太宗给自己脸上贴金，附会周公诛管蔡，因为周公辅政周成王时，他的哥哥管叔和弟弟蔡叔造谣并作乱，声称周公不打算还政于成王而想取而代之，周公被迫东征，平定了"三监之乱"，杀了管叔，流放了蔡叔。周公是戡乱，唐太宗是夺位，两者的性质并不相同，唐太宗通过比附历史典故，占据了道义的制高点。我们今天所能见到的相关记载，明显已经对本事进行了修饰和美化，这是政治干扰历史的典型案例。

由是可见，实录传统的重要性不仅在于历史本身，更在于对现实的关切，而史官的坚持与传承尤为难能可贵。孔子编订《春秋》正是出于这样的目的，即让人们树立正确的是非观念，重建衰败的价值系统。只有每个人逐渐接受这些观念，社会才可能日趋向好。

二　对楚宋两国讲和的理想记叙

当今时代，即使不是物质至上，起码也算得上相当现实，人们在怀念上个世纪八十年代理想主义的同时，又往往戏谑式地谈论理想，或者把这样的人视作天真。其实，现实越艰难，就越应心怀理想，否则生活岂不更加黯淡无光？可以说，理想是为了让人们在现实中更有勇气、智慧和力量，从而走得更远。春秋是让人不满意的乱世，但在牢骚之外，又以理想为旗帜，寻找并勾勒更为可取的道路。这是精英义不容辞的历史使命，《春秋》对此多有陈述。

鲁宣公十五年（前594），宋国与楚国讲和。事情的原委大致是这样的：楚国原先被中原诸国视作南蛮而受到鄙视，到了楚庄王时期，国力大增，具备了北上争霸的资本，当时北方强国是晋国，两国进行了长时间的争夺。这一次楚国先是打败郑国，接着打败前来救援的晋国，然后兵锋直指晋国的铁杆盟友宋国。这本来是奠定楚国霸业的军事行动，但最终两国讲和了。关于停战的原因，《春秋》三传的记载差异很大。《公羊传》所述最为详尽，楚庄王围困宋国后，随军粮草只够使用七天，在这个期限内无法取胜就只能回去，于是派司马子反登上土山观察宋国的情况，恰好宋国华元也在对面观察楚国的情况。两个人交谈起来，子反问起宋国的情况，华元说已经相当疲惫，到了交换孩子来吃、把骸骨挖出来烧的地步了。子反颇有些不解，反问为何把如此重要的军事情报告诉敌方，华元回答，听说君子看到别人困苦就心生怜悯，小人看到别人困苦就幸灾乐祸，我觉得你是君子,故而以实情相告。子反说,你们好好努力吧,我军也只剩七天的粮食了,要是不能取胜的话,就只能回去了。子反返回报告,楚庄王的第一反应是定要拿下宋国。子反表示反对,理由是我方的实情也已告知对方了。楚庄王生气地责备他,子反振振有词地说,区区一个宋国尚有不骗人的君子,堂堂楚国难道可以没有吗?楚庄王还是不死心,子反请他继续留在这儿,自己已打算回去。楚庄王无奈地说,要是这样的话,还怎么攻打宋国呢?不如一块儿回去算了。楚国就此退兵。

从《公羊传》的记述来看,两国似乎不是在打仗,甚至连谈判都算不上。就事实本身而言,可能未必符合实情。换句话说,这只是《公羊传》的理想化记叙,还是《左传》更贴近现实,那就是华元晚上潜入楚国军营,劫持子反,逼迫他答应退兵,并且两人盟誓,楚国不得已而退兵。两相对照,《公羊传》所要传达的意蕴比《左传》更丰富,也就是说,《公羊传》并非罔顾事实,而是以此表述理想,那就是儒家的反战立场,因为"兴,百姓苦;亡,百姓苦"(张养浩《山坡羊·潼关怀古》),不管哪一方,对老百姓来说,打仗都是灾难深重的事情。春秋时期若是颁发和平奖的话,华元至少可以作为候选人之一。

有些人总喜欢宣扬通过战争解决问题,这起码不是儒家的态度,因为国家不应是领袖的千秋大业,或是一将功成万骨枯;政治应把人民的福祉摆在第一位,立足于自身,优先处理好内政,让更多的人受惠。至于武力,只是防御性工具,使自己保持威慑力而已;战争更是非常规手段,不得已方能用之。有时候,历史会让人产生误会,将其等同于帝王将相的功业,事实上,历史记录并不是为了给名人树碑立传,恰恰相反,任何人的所作所为,只有以人民的福祉为旨归,才是值得称道的,否则,纵然千古留名,也不是儒家所褒扬的。从《公羊传》的记载来看,儒家从未放弃理想的旗帜,因为春秋时期战争如此频繁,这里却把它描写得温情脉脉,唯有心中的理想之光不灭,才能如是。甚至可以说,在乱世看到光明和希望,不正是这个时代最可宝贵的东西吗?就像在黑夜望见月亮和星星,不是特别令人向往的事情吗?

三 对宋共姬之死的争议性评价

一般而言,历史对理想的描述及对现实的影响,都属于宏大叙事。其实,就算具体到普通生活中,也照样可以体现理想,甚至可以说,当别人不守规矩的时候,你始终如一地守护规矩,这便是表达了理想。宋共姬正是这样的典型,她是鲁宣公的女儿、鲁成公的妹妹,故名鲁伯姬,因嫁给宋共公,冠以丈夫的谥号而被称为宋共姬。鲁国是礼仪之邦,宋共姬因毫厘不爽地执行礼法而殒身。事情的经过大致是这样的,鲁襄公三十年(前543),宋国发生了一场大火灾,在这个过程中,宋共姬身边的人再三提醒她出去避火,但宋共姬岿然不动,理由是女人若没有傅母和保姆的陪同,晚上不能随意行动,现在傅母到了而保姆没来。结果宋共姬被烧死了。

这是一个非常悲惨的故事,但《春秋》三传的态度不太一样。有人会说,宋共姬太不懂权变,太傻太天真了,人命关天,怎能因为一个小小的礼法原则,就白白断送了自己宝贵的生命呢?《左传》的立场大致如此，只是措辞相对委婉，理由是女人晚上出门，傅母和保姆必须都在身边，针对的是尚未出嫁的女孩子，至于已经出嫁的女子，可以便宜行事，不受这个规矩的约束。照此推论，宋共姬有点偏执，或者说过分地执行了某些原则，导致了这样的悲剧。《公羊传》和《穀梁传》的态度截然相反，对宋共姬给予高度赞扬，原因是她能无条件地坚守规则，这在乱世是至为可贵的。这里暗寓的意思是，一个女子尚且能以身殉道，可是放眼天下，所谓的大丈夫们却在很多时候做出没底线的事情，反躬自省，难道不应觉得羞耻吗？照此看来，《公羊传》和《穀梁传》是醉翁在意不在酒，通过礼赞宋共姬，意在批评天下的大人先生们。

　　时至今日，道德的具体内涵发生了不小的变化，我们应当如何看待这件事呢？在一般意义上，任何理想都应基于人性与人道，凡是与此相悖者都是荒谬的，而且历史上已经有过无比惨痛的教训。例如希特勒也有理想，但他的指向是灭绝犹太人，这是反人类的暴行，只要稍有良心的人就绝对无法接受。又如"文革"期间所宣扬的理念，发生火灾或水灾，为了一根木头，仅仅因为这是国家或集体的财产，就让人不惜生命去保护，这符合人道精神吗？一根烂木头，不管属于谁，能与一个宝贵的生命相提并论吗？《论语·乡党》："厩焚，子退朝，曰：'伤人乎？'不问马。"孔子所揭示的正是道德底线，不容践踏。换句话说，生命至为可贵，任何轻视他人生命的言行都是歪理邪说，而仁人志士愿为理想献身，并不是轻视生命，恰恰相反，他们真正懂得生命的意义，才会不惜自己的性命以换来他人的解放，这是对生命的最大尊重，有着非凡的意义。

　　既然道德是人性的，理想是道德的，那就必须把生命置于至高无上的位置，把人民的福祉设为优先考虑的议题，因为理想并不是空谈，更不等于领袖的千古盛名，这类理想不要也罢。而且，除了军队以外，对普通人来说，除非本人，否则无论国家、集体或者任何其他人，都无权随意剥夺别人的生命。当然，若是自己主动而理性的选择，尤其是成年人自愿为道义献身，这并不可耻，而是足以令人尊敬。例如宋共姬，连《左传》都表示不太理解，甚至觉得她过于迂腐，但至少她的勇气值得人们由衷地钦佩。自古以来，明哲保身或牟取私利的人何其多，以身殉道的人何其少，就算我们不赞同宋共姬的行为，但她仍不失为君子。《公羊传》和《穀梁传》大抵也是这个意思，在春秋这样的乱世，这不正是一面很好的镜子吗？

四　如何让公益的理念深入人心？

参与讨论者：
　　刘　伟（深圳大学 2014 级中国古典文献学硕士）
　　梁婉然（深圳大学 2014 级中国古代文学硕士）
　　钟传慧（深圳大学 2014 级中国现当代文学硕士）
　　付晓蕾（深圳大学 2015 级中国现当代文学硕士）

　　周　萌：历史地来看，儒家传统较为重视集体主义，看重从上到下的垂直关系；近些年来，受西方思潮的影响，个人主义的倾向相对突出，人们较为看重个体的独立性。不过，人际关系和社会组成看似散乱无章，实则有迹可循，除了独立的点和垂直关系以外，还有各种横向的甚至是陌生的关系。由于受传统文化的影响，当代文化在这方面的关注和建设仍相当欠缺，这就导致了国内的公益事业明显滞后于西方发达国家。对此，你们怎么看？

刘　伟：树立正确的公益观念在当代极为重要。所谓公益，是指为公众服务、非政府所办、非营利性的组织或团体。国内的公益事业有很多类型，综合性组织如红十字基金会，媒体公益事业如腾讯公益、感动中国，也有针对不同群体的专门性公益组织，如关注老人、妇女、青少年和失学儿童，甚至还有关于动植物的公益等，可以说是门类齐全，面貌"日新月异"。同时，随着公益事业的深入发展，面临的挑战也越来越多，例如信任危机等。不过，我有一个疑惑，公益和慈善是一回事吗？两者到底有什么区别？在我看来，它们可能不是同一个概念，因为慈善是富人的事情，离我这样的学生群体实在是太遥远了。

付晓蕾：刘伟所说很有典型性，因为大众经常把慈善和公益这两个概念混淆。其实，从它们的定义来看，公益是公益事业的简称；慈善则是慈爱和善良。从主体对象来说，公益的对象可以是人、动物、植物，还可以是自然环境。慈善也包括这些，但区别在于，公益一般指向群体，慈善主要针对个人或单个生命体。为了更好地发展我们的公益事业，有必要树立正确的公益理念，前提则是做好公益和慈善的区分。

钟传慧：我不太同意晓蕾的观点，我觉得不必过于严格地区分它们。因为公益和慈善本有很多重合的地方，只要是非营利性，对人类有所贡献就可以了。

刘　伟：两位同学分歧的原因可能在于，晓蕾只是从理论上界定了公益与慈善的区别，若能辅以实际的例子就更加通晓易懂了。

付晓蕾：例如资助某个贫困地区的失学儿童上学，这种针对一个孩子的捐助是慈善。如果关注这个地区的教育事业和经济发展，让他们从贫穷走向富裕，使每个孩子都不失学，这种针对特定群体的帮助就是公益。

周　萌：我之前也总是把这两个概念混为一谈，尽管两者有不少重合之处，但加以区分仍是有价值的。为什么这么说呢？因为从中国的传统来看，儒家主张等级有差别的爱，也就是以自己为中心，根据血缘关系的远近确定亲疏，血缘越近则所爱越多，反之越少。照此推理，公益理念在传统社会确实没有多少空间。但慈善就不一样了，儒家认为人性本善，治国的关键在于弘扬人性的善端，故而应当善良地对待每个人。在这个意义上，儒家的理念似乎又或多或少有慈善的因子。不过，或许是受传统观念的影响，国内的公益和慈善总体发展滞后，与经济的高速发展不匹配。你们认为，这主要有哪些深层原因呢？

梁婉然：无论区分与否，公益和慈善都已成为现代社会不可或缺的部分。不过，有一种说法是，我国的公益理念比西方滞后了一百年。原因很简单，例如有人给公益机构捐了一百万，公益机构用一半做公益事业，另一半用于机构本身的管理和运营，以及其他拓展工作等，有些人会想不通，认为捐赠的目的是想帮助更多的人，所有的钱都应用于公益，而不是被用作管理。这种想法在国内相当流行。其实，仔细想想，公益机构的运作是需要经费的，要是连自身运行都困难，哪能帮助更多的人呢？因此，公益理念的落后是国内公益事业发展缓慢的直接原因。

刘　伟：婉然从捐赠者的角度分析了国内公益事业滞后的原因，若是从管理者的角度来看，公益机构的管理体制，尤其是经费使用的透明度，是决定公益事业能否健康发展的内在原因。也就是说，谁捐赠了多少钱，每分钱用在什么地方，都应有详细的记录，而且应把相关信息准确详尽地公布到指定网站。若能做到这一点，就能取信于民，大大推动公益事业的发展。

钟传慧：除此之外，政府还需加大对公益事业的投入，这主要是因为目前公益事业的宣传手段十分有限，公益广告的数量和质量明显不够。随着新媒体的发展，很多新的技术手段可以利用，例如增加广告宣传栏和创意海报等，让更多的人了解公益，让相关理念逐渐深入人心。而且，可以建立更多的公益平台，让热心公益的人有施展自己才华的场所。例如深圳大学有很多公益社团，包括义工、支教、U站志愿者、鲜花义卖等，但社会上的类似途径可能少得多，政府应持续增加这方面的支持力度。

周　萌：是不是可以这么说，国内的公益需求很大，但实际供给还很欠缺？其实，公益的本质是传递人与人之间的温暖。当代社会，人们特别容易感到孤独，而公益能把包括志愿者和受益者在内所有参与者的心灵拉得更近，打开钢筋水泥森林里每扇紧闭的心门。在这个意义上，志愿者也是受益者，意义尤为特别。正因如此，虽然面临很多困难，但没有理由知难而退。那么，你们认为，可以从哪些方面着手去做呢？

付晓蕾：虽然从定义上看，公益机构是非政府性的，但国内的大部分公益事业都是由政府主导的，如何有效利用这些资源，避免浪费，政府应有清晰的思路。简而言之，政府要摆正自己的位置，既不能缺位，也不能越位和错位，主要是扩大资金支持和宣传力度，通过相关法规加强监管。另一方面，公益组织本身要提高工作人员的专业素质，建立合理、科学的运营方式，还要确保捐赠的钱物各尽其用，赢得大众的信任。

钟传慧：除此之外，还可以借鉴西方的一些做法，例如美国规定，使用捐赠资金时，不仅要有详细的电话会议记录，还要有全程监督机制，资金的流动必须点滴在案，任何人都可以通过网络查询得知资金的去向。英国则有专门的公益组织，负责监督其他公益组织的财物状况和资金流动。这说明即使是公益机构，也需有效的监管才能更好地保证运营，才能建立民众的信任感，从而让更多的人加入到公益的行列中来。

梁婉然：公益是一种态度，也是一种生活方式，我们可以随时随地做公益。怎么说呢？现在有不少几乎人人使用的网络平台，例如微博、微信等，腾讯有个公益活动叫"最亮的明天"，也叫"暖灯行动"，只要每天随手删除一些没用的邮件，当它们的数量达到150T时，腾讯就会给西北地区的贫困小学捐助四十万元的阶段性资金。对许多人而言，这只是举手之劳，但聚沙成塔，举手之劳照样可以发光发热。虽然我们无法直接帮助西北地区的这些小学生走出贫困，但可以给他们送去最温暖的灯光。与此类似的公益活动还有很多，只要通过日常生活的细小行为就能帮助他人，说明公益就在你我身边。

刘　伟：倘若进一步的话，如果我们能身体力行走进灾区，走到受灾者身边，除了带给他们最基本的食宿和医疗援助以外，还有利于他们的精神支撑和信心重建。若能做到这一点，公益事业岂不是更人性化？

周　萌：这的确是公益事业应有的方向，虽然我们在这方面还有很大的改进空间，但热心公益者始终大有人在，而且绝大多数一直在默默无闻地奉献。不过，也有一种有趣的现象，那就是陈光标先生的高调慈善。对此，你们怎么看？

梁婉然：无论高调还是低调，只要所作所为确实帮助了他人，有益于社会发展，都是可以理解和接受的。而且，某种程度的高调，或许还能唤醒更多的民众，使他们投身到公益事业当中去，产生"正能量"的聚合。

刘　伟：可能还是低调一点好，俗话说："恻隐之心，人皆有之。"行善是美德的自然流露，而不是为了扬名获利。

付晓蕾：我赞成刘伟的看法，不认同高调慈善的行为。因为从现代公益理念来看，作为公民，尤其是作为富豪，有回馈社会的责任和义务，高调慈善则不可避免带有把慈善作为出名手段的倾向，这就歪曲了公益的含义和价值。因此，我想说，陈光标先生，你为什么不能做一个安安静静做慈善的美男子呢？

钟传慧：我倾向于赞同婉然的观点，因为公益理念在国内并没有像西方发达国家那样深入人心，若是把公益拉升到不一般的道德高度，很多人可能觉得难以做到而退缩。高调慈善往往被人们认为是出于功利目的做公益，但最终结果是的确帮助了许多人。这属于特定阶段的特殊现象，是可以理解和接受的，毕竟，我们不能要求所有人都是活雷锋，做好事不留名。

周　萌：从大家的争论来看，高调或低调可能是不同的人生境界吧。儒家主张既要目的正义，也要手段正义，倘若鱼和熊掌不能兼得，那就先保证目的正义，真正帮助他人。在这一点上，高调慈善至少比那些一毛不拔的富豪强多了。若是进一步的话，则是低调胜过高调。当然，也不能用圣人的标准要求常人，否则毫不利己专门利人，反而过犹不及了。我特别欣赏崔永元先生的一个观点，即并不是要等到有钱才能做慈善，并不是捐钱才是做慈善，相反，你的微笑就是慈善。这个理念特别好，对别人微笑是慈善，给别人掌声也是慈善，这是每个人力所能及的。正如刘伟所言，只要每个人每天做一点，社会就会朝着美好的方向前进。当然，也有人说，个人的力量实在太过微弱，然而，即使是萤烛之光，只要汇集起来，也足以与日月争辉了。

第十章
乱世忠良：利益与公义

一 孔父嘉忠君行为的典范意义

人类在本能之外，毕竟有更高的道德追求，故而道德表率，尤其是风雨过后仍然岿然屹立的人，总是受到人们的景仰，所谓"板荡识诚臣"（唐太宗《赠萧瑀》）、"时穷节乃见"（文天祥《正气歌》），越是在乱世，越是经历动荡的考验，越能看出一个人的品性和气节。其实，无论是特殊情况还是通常情况，利益与公义总是在人们心中不断地交错斗争，我们当然不能要求所有人毫不利己、专门利人，因为这是用圣人的标准要求常人，很不现实。那么，既要照顾自身利益，又能出于公义行事，甚至当两者发生冲突的时候，怎样获得相对平衡？许多人会出于本能自动选择前者，这是沉默的大多数；另有一些人会本着高阶的道德自觉选择后者，乃至为了公义而自我牺牲。这里所说的公义，有时是切实利益，有时只是理念或道德原则，这样的人虽是少数，但更值得我们敬仰。在这方面，《春秋》树立了忠臣的三个典范。

第一个典范是孔父嘉，他是孔子的六世祖。鲁桓公二年（前710），宋国华督杀了孔父嘉和宋殇公。关于这件事情的始末，《春秋》三传的记述不太一样，《公羊传》给予孔父嘉极高的评价，认为他是忠臣的表率，原因在于义形于色，意思是他的一腔忠义都写在脸上，只要他站在那里，就没有人敢对国君怎么样。华督想要弑君，但他知道，只要孔父嘉在，自己就不可能得逞，因而先杀了孔父嘉。宋殇公知道，若是孔父嘉死了，自己也会被杀，因而赶去救他，最终两个人都死了。

因为《公羊传》和《穀梁传》是子夏所传，而孔父嘉是孔子的先祖，两书对此事必然有所修饰，可能还是《左传》的记载更贴近历史事实，那就是华督看上了孔父嘉的妻子，想要夺人之妻，故而先杀孔父嘉，宋殇公非常愤怒，华督感到害怕，连带弑君。相对于《公羊传》的旨在弑君，华督的罪行在《左传》中更轻，即使如此，仍可推论出孔父嘉忠于宋殇公的事实，否则不会有相应的后续行动。而且，无论是《公羊传》所言因忠君而被杀，还是《左传》所言国君为救忠臣而被杀，都可见出孔父嘉是当之无愧的忠臣。哪怕《左传》毫不隐晦地道出了事件的真实起因，也丝毫不影响孔父嘉的正面形象。

孔父嘉无疑是忠臣，但在一般情况下，怎么判定一个人是忠是奸呢？这的确难以轻易下结论，因为自古至今，沉默的大多数是常态，不管是治世还是乱世，他们遇事先为自己谋划，趋利避害。这样的人自然地呈现了人性，既不是忠臣，又算不上奸臣。当然，也有忠奸立判的情况，值得高度警惕和严厉批判，那就是唯君唯上，把毫无原则地讨君主欢心当作忠诚。从儒家的立场来说，正常的君臣关系是补衮，即君主有错，臣子应当及时指出，帮助君主改正错误。可是从人性的通病来说，君主并不想听批评，尤其是尖锐的批评，而更愿意听阿谀奉承的话。正因如此，有时吹捧逢迎会被视为忠臣，敢于提不同意见则会被视为悖逆。作为领导者，要克服人性固有的弱点谈何容易。

由于领导者有充足的条件放大上述弊病，故而我们应当摒弃领导者个人好恶的角度，换成利益与公义平衡的视角。换句话说，人们固然可以为自己的利益博弈，但若最终公义大于私利的话，那就可以算是忠臣了；若是完全不顾事实地溜须拍马，意在取悦上司，通过非正常途径谋求诸如升迁等私利，不仅不是忠臣，情节严重者甚至可以归入奸臣之列。

当然，必须承认，沉默的大多数是常态，不能苛求。关键在于，即使没有能力做忠臣，也不能助纣为虐做奸臣。或者说，你可以不愿为正义挺身而出，但不能没有底线，至少应选择保持沉默。那些落井下石、用别人的鲜血染红自己顶戴的人和事，实在是让人不寒而栗。而且，儒家主张知行合一，光说不练的时候，谁都会把自己打扮成一副忠臣的面孔，只有落实到具体行动中，才能真正做出判别。

现代社会虽然早已不是君臣的时代，但只要等级关系继续存在，类似的情况就依旧会出现。儒家君子理想的意义在于引导每个人成为有底线的人，而不是为虎作伥的人。直到今天，这一点仍有积极意义，即使不能像孟子所说的那样舍生取义，也应在内心之中保持那根底线，若还有浩然正气长存，则更是善莫大焉。

二 仇牧以身殉大节的力量源泉

《春秋》树立的第二个典范是仇牧。鲁庄公十二年（前682），宋国南宫长万（亦作南宫万）杀了宋闵公和仇牧。事情的经过大致是这样的，南宫长万是宋国将领，在乘丘（山东兖州）之战中被鲁庄公俘虏，后被释放回国，仍为大夫。有一次，南宫长万与宋闵公博戏，很多妇女站在旁边，南宫长万感慨道，鲁侯的善良真是够可以了，天下适合做诸侯国君的也只有鲁侯了。宋闵公想在这些妇女面前表现自己，听了这番话很是嫉妒，回过头对她们说：你们看，这个人是俘虏，他只不过是个俘虏而已，鲁侯的善良到什么地步，他怎么会知道呢？南宫长万顿时发怒，搏击宋闵公，一下子把他的脖子扭断了。从这里可以看出，南宫长万的孔武有力在宋国是出了名的，仇牧不可能不知道，可是当他听说国君被杀，不是关起门来躲避，而是立马赶了过来，手里拿着剑呵斥南宫长万，只可惜他根本不是对手，南宫长万毫不费力地把他的脑袋打碎了，牙齿掉到了门上。

初看起来，仇牧似乎是自不量力，螳臂当车，事实果真如此吗？有人批评儒家只会高谈仁义道德，其实这是误解，儒家主张知行合一，双轮并进，行动是不可或缺的半壁江山。正是仇牧这样的人，用自己宝贵的生命诠释了儒家的主张，这是对误解最好的回应。因为常人碰到这种事情，通常会事不关己高高挂起，赶紧关门闭户，全身远祸要紧，而仇牧明知是去送死，也毫不犹豫，义无反顾。这实际上是告诉人们，忠臣除了不能做沉默的大多数以外，更应付诸行动。很多时候，知固然不易，行可能更难。大家从小受到的教育就是要做君子和忠臣，谁不懂这个道理？只是事到临头，真正要做出抉择的时候，大多数人还是私念占了上风，不会为道义和公义而有所牺牲。

仇牧的精神，对现代社会依然有积极意义。美国波士顿大屠杀犹太人遇难纪念碑上有一段著名的话："当初纳粹追杀共产主义者，我没有说话，因为我不是共产主义者。接着他们追杀犹太人，我没有说话，因为我不是犹太人。然后他们又追杀工会会员，我没有说话，因为我不是工会会员。后来他们又追杀天主教徒，我没有说话，因为我是新教徒。最后，当他们把屠刀伸向我的时候，再也没有人为我说话了。"由是可见，有时行动比懂得更重要。仇牧的行为看似不可取，实则是用行动昭示世人：道义的底线与公义的原则不容践踏，这是每个人应尽的义务。可惜的是，真正担当得起的人太少，他们的价值也愈加凸显。

《国际歌》的歌词说："从来就没有什么救世主，也不靠神仙皇帝。"这话十分在理，所谓理想和自由，从来就不是圣君贤相的恩赐，而是要靠自己争取，甚至可以说，你是怎样的人，便有怎样的社会。你不争取自由，谁会给你宽松的社会氛围？你不维护基准价值观，谁会给你良好的社会环境？在这个意义上，真正的儒家学人不仅能坐在书斋里谈天说理，也能投身社会经世致用，引导舆论和社会风俗不断向上。而且，儒家对精英的要求很高，在需要为理想和正义献身的关键时刻，精英会毫不犹豫地主动肩负起义不容辞的道义责任，这也是力量的源泉所在。

三 对荀息信守诺言的不同态度

《春秋》树立的第三个典范是荀息。对于孔父嘉和仇牧的评价，人们几乎没有任何异议，但对荀息则存在不同看法。事情的来龙去脉大致是这样的：晋献公宠幸骊姬，使得她生出非分之想，想立自己的儿子奚齐为继承人，故而多次进谗言和使诡计，逼得世子申生自杀，迫使申生的两个兄弟夷吾（晋惠公）和重耳（晋文公）流亡国外。晋文公是春秋五霸之一，中兴晋国，可是按照时人的说法，申生比重耳更有国君的风范，若是由他继位，将是晋国之幸，可见晋献公昏聩到了何等地步。

或许，晋献公也知道自己的这些举动不得人心，因而病重的时候，忧心忡忡地询问奚齐的老师荀息，怎样才称得上是有信义的人。荀息回答，即使死去的人重新活过来，活着的人也问心无愧，这便是有信义的人。晋献公这才放心。晋献公去世后，奚齐被立为国君，申生、夷吾和重耳在国内的势力不干了，申生的老师里克想废掉奚齐而立重耳，他先是向荀息提出，先君杀长立幼，不符合礼法原则，怎么办呢？这是试探荀息的态度，言下之意很明白，先君做错了，理当予以纠正，而荀息复述了自己与晋献公的对话作为回答，里克知道他不会合作，故而直接杀了奚齐。荀息重立骊姬妹妹的儿子卓子，里克又杀之，荀息为此而死。

《春秋》三传的态度大体一致，都肯定荀息不食其言，忠于国君所托，是一个视信义重于生命的君子。不过，有人会说，晋献公明明做错了，荀息不仅许诺延续错误，而且再三坚持，这不是愚忠吗？这话有一定道理，但要分层次来看，晋献公杀长立幼的时候，荀息没有劝谏，这是不对的。当然，现实地来说，荀息是奚齐的老师，似乎不太可能会去劝谏，但这说明此时荀息并未站上公义的高度。不过，等到晋献公临终托孤的时候，他答应并做到了，还因没有很好地完成任务而死，从这一点来说，荀息不是小人，更不是墙头草两边倒。

世间有太多的人总在为自己寻找貌似合理的借口，甚至是用冠冕堂皇的理由作为谋取私利的遮羞布。历史上不乏这样的例子，为了一己之私，转变立场比变脸还快，并且不以为耻，反以为荣。然而，从荀息的事例来看，不管有多么充足的理由，只要是因利己而转变，那就是不折不扣的两面派。其实，一个人最重要的是有信仰，即使我们不赞同他的观点，也会对这样的人发自内心地尊敬，因为在这个世界上，恬不知耻的势利小人实在是太常见了。

因此，应当一分为二地评价荀息，对前半部分持批评态度，对后半部分，虽然坚持的是错误，但坚持本身依然是有意义的，因为很多人根本做不到这样，甚至以目的错误为自己开脱。所谓"礼义廉耻，国之四维"（《管子·牧民》），作为一个健全的社会，需要很多人坚守道义和原则，否则何以立足呢？何况，理念和信仰根植于人们内心，只有坚守在先，才有力量使之变成实际行动。荀息固然有值得商榷之处，但《春秋》三传无一例外把他树为典范，或许正在于他所显示的警示意义吧。

四　如何让反腐成为真正的利剑？

参与讨论者：
　　刘　　伟（深圳大学2014级中国古典文献学硕士）
　　钟传慧（深圳大学2014级中国现当代文学硕士）
　　付晓蕾（深圳大学2015级中国现当代文学硕士）
　　朱清婷（深圳大学2015级新闻传播学硕士）

周　萌：反腐倡廉可谓老生常谈，也是个世界性难题。为什么这么说呢？因为古今中外所有的政府都遇到了这个问题，有作为的政府无不想方设法解决它，因为腐败对政权的合法性及政府本身的腐蚀，实在是触目惊心。然而，令人遗憾的是，现代社会虽在制度方面有所进展，但始终没有找到特效药，更不用说根治了。对此，你们怎么看？

刘　伟：随着智能手机的广泛使用，加上媒体与互联网密切合作，人们获得信息变得愈发地快捷起来。除了关注食品、股票、环境、军事等信息外，人们对反腐也格外重视。因为在某种意义上，腐败是民主政治的最大敌人，甚至可以说，腐败是阻碍人类政治文明前进的一道鸿沟。不过，有人说，既然腐败历朝历代都有，只是猖獗与否的问题，那么只要控制在合理范围之内就行。这类认识误区是滋生腐败的温床。

朱清婷：反腐虽是世界性难题，但在中国更有特殊性。媒体通常曝光的权钱交易尚且是浅层次腐败，更多的是背后发展成私密而长期的关系，这就是所谓中国式人情。而且，这种关系呈链条式发展，甚至有父子相传的连续性。有人当了官，要是不惠及自己人，就会被周围的人说成是"白眼狼"。正因人情作祟，即使借助制度，也很难遏制。

付晓蕾：除了人情因素以外，还要考虑深层的人性因素。不管是性本善还是性本恶，都无法否认人性有求利动机。任何事情，人们都会权衡成本和收益，若是成本高于效益，愿做的人寥寥无几；若是效益高于成本，自然是另一番景象了。毫无疑问，当下的腐败成本远远低于腐败收益。对官员而言，这是极大的诱惑。既然求利动机是人性的内在冲动，官员首先是人，然后才是官，不可避免受到人性固有弱点的制约。

钟传慧：从人情和人性来看，个人的自我约束相当有限，所以不能忽视制度的刚性作用。政府机构之间的监督与被监督，在分工上虽然明确，但执行时常常混杂，甚至是官官相护，腐败就会成为公开的秘密。

周　萌：众所周知，绝对的权力产生绝对的腐败。前些年，有些贪官喜欢写日记，而且是情色日记。有意思的是，不仅有权的男人容易变坏，有权的女人也照样会变坏，由是可见绝对权力的惊人腐蚀力。既然人情和人性在所难免，那么从个人层面来说，哪些措施较有针对性？

钟传慧：主要是提高公民意识和法律素养，增强主人翁精神，尤其是让每个人充分感受到揭发腐败的权利和义务。另外，还要多了解监督举报的途径，切实维护自身权益。

刘　伟：外因并不起主导作用，廉洁与否最终取决于自身。行贿者固然有一定责任，但若官员能洁身自好，一心为民，任何名利都如同废纸一般无用。

付晓蕾：就官员个体而言，还是要回到人性和信仰层面。按照弗洛伊德的理论，求利动机是本我对欲望的追求和满足，但人是群体性动物，作为社会的人必须遵守社会规则，接受社会监督，而不能无限放大本我的欲望。即使达不到超我的境界，至少可以坚持自我。只有自觉地自我约束，才能有效遏制腐败。

周　萌：古人主张"慎独"，这是至高的道德境界，只有圣贤才能做到。对普通人而言，外在约束可能比道德口号更切实有效。那么，从社会和政府层面来说，又有哪些措施值得推行呢？

朱清婷：近几年网络反腐很热，通过"鉴别"官员传到网上的图片，诸如名表和名车之类，挖出了不少贪官。不过，不能过分夸大网络反腐的力度，因为官员的网络素养在不断提升，他们已会使用"障眼法"技巧，从而导致网络反腐的难度加大。群众通过写公开信等所进行的举报，又很容易使自己的人身安全受到威胁。因此，网络反腐的作用在于倡导反腐意识，有威慑力的反腐仍有赖于线上线下的全民监督。

付晓蕾：还有一个不能忽视的现实问题：随着反腐力度的加大，越来越多的贪官选择携带资金逃到国外。政府应建立更严密的监督机制堵死贪官的退路，不放过任何漏网之鱼。

钟传慧：除了贪官个体以外，官员的群体氛围同样值得关注。不知大家是否想过，那些正直的官员受到贪官的挤压，生存空间相当有限。年轻人刚进机关，起初并不想腐败，但在大染缸待久了，又面临升迁的焦虑，慢慢就腐败了。那么是不是应该改革人事制度，例如所有官员都要公示财产，否则就会被罢免，这样会对贪官产生一定的约束力。

朱清婷：其实，我们身边就有生动的反腐实践，近期深圳大学开展了"守纪律、讲规矩、做表率"为主题的纪律教育学习活动，内容之一是廉政公益广告和漫画的设计与展览，大学生的创作，有些浅显易懂，有些暗含讽刺，风格多样地展示了腐败的危害。这些作品被展示到社区街道的廉政墙上，不仅有助于老百姓提升反腐意识，还让他们掌握了反腐的相关知识，对官员也能起到"警惕"或"劝服"作用。深圳市纪委将反腐宣传平台面向深圳大学开放，探索如何整合社会资源，调动全社会反腐的积极性，这是新时代利用新技术手段的有益尝试。

刘　伟：古人云："兰槐之根是为芷，其渐之滫。"（《荀子·劝学》）正如传慧所言，水源不清，妄想河清。若不能从源头上清除腐败赖以存在的土壤，那么反腐只能是奢望。当然，反腐任重而道远，不是一朝一夕可以完成，也不是一代人就能彻底实现的，但我们有必要不断积极探索并积累经验。政府和高校的合作为反腐开辟了一条新道路，虽然漫画展只是预防针式的宣传，但仍不失为向贪官施压的方式之一。当然，反腐应当多管齐下，例如把现任官员及其家属带到关押贪官的监狱，让他们亲眼目睹贪官的下场，以此起到警示和震慑作用，达到防微杜渐的目的。

周　萌：谈到政府层面的反腐，有一种代表性主张：高薪养廉。你们怎么评价这个思路？

付晓蕾：高薪养廉的典型国家是新加坡，但这种做法并不适合中国,可操作性不强,因为中国官员的总数大大超过新加坡,需要支付给他们的工资会是一个天文数字,对财政造成巨大压力。

刘　伟:我赞成晓蕾的观点,公务员是人民的公仆,主要宗旨是为人民服务,而不是对人民作威作福,高薪养廉缺少法理和道德依据。在美国,公务员并不是热门职业,中国的情况恰恰相反。另外,是否高薪养廉,要视时代需要和国家情况而定。中国公务员基数庞大,各地的生活水平差异很大,高薪养廉的标准难以统一,执行起来更是困难重重。

钟传慧:有些贪官的贪污数额多得让人难以置信,可见他们并不是因为贫穷而需要更多钱财,高薪养廉照样无法遏制他们内心的贪欲。香港廉政公署是高薪养廉,但它的背后有相匹配的反腐机构,处罚力度很大。因此,即使推行高薪养廉,也要有强大的监督机制作为支撑才行。

周　萌:英国约翰·洛克《政府论》指出:"权力不能私有,财产不能公有,否则人类就进入灾难之门。"这话有一定道理,要让权力在阳光下运行,就必须让所有东西透明化,杜绝一切暗箱操作和幕后交易。只有紧紧扼住过程中的每个关节,才有可能真正遏制腐败。当然,从人性的角度而言,腐败可以说是个人内心善与恶两种力量较量的不良结果,我们希望善的力量日渐壮大,恶的力量才能不断消退。这注定是一个漫长的过程,但无论对提升个人素养,还是强化政府的合法性,都有难以估量的意义。

第十一章
爱与信仰：为人与治国

一　公子鱄的为人及其政治选择

两千多年来，关于性本善还是性本恶，东西方聚讼纷纭，诸种阐释精彩纷呈。不过，若不是从形而上的哲学层面，而是从形而下的现实层面来看，弘扬人性的光辉甚为不易，人性的固有弱点却总是让人防不胜防，这是摆在精英面前，尤其是身居高位者必须直面的严肃问题。那么，怎样才能成为谦谦君子或合格的领导者呢？前提条件虽不止一个，但信仰是重要的基石。说到信仰，人们最容易想到的是宗教信仰，但这只是其中一部分，信仰本身的范围宽泛得多，信仰某种思想、理念、精神、原则均可归入此列。许多中国人或许没有宗教信仰，但并非没有信仰。对治国者而言，只有出于信仰，才能高屋建瓴,也才能在现实中尽量抑制私利而更近于公义。

问题在于,信仰来源于什么?答案可能是爱。爱又从何而来呢?这固然是天性使然,但离不开教育。然而,关于爱的教育,我们似乎把途径弄反了。直白地说,大家从幼儿园开始就接受爱国主义教育,目的无比正确,只是方式有待商榷。因为凡事始于宏大则易落于空疏,调子过高则易流于形式。空谈爱国既不符合小朋友的认知心理,也难以达到预期目的。相反,从儒家的立场来看,爱应当由小入大,而不是从大到小。也就是说,一个人应当先爱自己,爱父母,爱亲人,爱朋友,爱家乡,爱小花小草,爱小猫小狗,爱蓝天白云等,只有把这些落到实处,才会真正懂得爱国。甚至可以说,爱是基于深刻认识自我和社会后所生发的深切情感,故而理应以自我为先。当然,爱自己与自私自利是两个完全不同的概念,后者是指总把个人利益凌驾于他人之上,前者是指不断完善自己,每天过得开心快乐,并找到实现自己生命独一无二性的最佳方式。而且,只有从爱自己开始,才能更深刻地体察社会,洞悉事物的本质,从而高瞻远瞩,这也是精英区别于芸芸众生的标志之一。

正因如此,精英有更高的自我期许,也有百倍于常人的勇气自我解剖,卫国公子鱄的自我流放即是这样的例子。鲁襄公二十七年(前546),卫献公杀宁喜,卫献公的弟弟公子鱄出奔晋国。事情的原始本末大致是这样的:卫献公在位时,得罪了孙林父,于是孙林父联合宁殖将其赶走,改立卫殇公。后来宁殖与孙林父争权,没有占到上风,转而改变立场,临死前叮嘱儿子宁喜,赶跑卫献公是孙林父的主意,希望他能继承自己的遗志把卫献公重新迎回来。卫献公得到消息后,许诺只要能复位,将来"政由宁氏,祭则寡人",意思是国家行政权力全归宁喜，自己只主持诸如祭祀等只能由国君出面的事情。宁喜答应了，卫献公提出盟誓，以确保约定的有效性。宁喜回复，无需盟誓，只要派公子鱄前来商谈即可。从这里不难看出，公子鱄必定是位守信用的君子，要不然宁喜怎会如此相信他，乃至胜过盟誓呢？可是公子鱄刚开始并不愿出面，原因是结盟缔约之类的大事是国君分内之事，臣子若在这些方面替代国君，有僭越身份和权力的嫌疑。卫献公很生气，因为宁喜已点名，公子鱄若不去，事情恐怕难以办成。无奈之下，公子鱄只得从命，前去把事情谈妥。宁喜杀卫殇公，迎卫献公回国。由于宁喜专权，卫献公背弃先前的盟约而杀之。公子鱄带着妻子和儿子出走晋国，终身再未回国，也未出来做官。

关于这件事情，《春秋》三传的态度不太一样，《左传》和《公羊传》把公子鱄视为贤明之人，而《穀梁传》分两个层面区别对待：在前半部分，公子鱄与宁喜是同伙，正因他们合谋，导致卫殇公被杀，即使这是出于拥护卫献公的政治立场，也应归入弑君的共犯之列。在后半部分，卫献公背信弃义杀宁喜，责任只在国君本人，但公子鱄认为，当初是由他具体操办此事，等于同时押上了自己的信誉，言犹在耳，却已刀斧相见，不仅是自己失信，而且辜负了他人，故而愿意主动承担责任。这可以再次反证，公子鱄确实是有信义的人，他的自我流放，也被《穀梁传》认定为符合《春秋》大义。

那么，对于公子鱄与宁喜的合谋，应当如何看待呢？必须承认，事情的基本走向并非公子鱄所能决定，而是取决于宁喜与卫献公，公子鱄只不过是办事人员而已。换句话说，即使公子鱄坚决拒绝前往缔约，只要宁喜有心，此事终会谈成，只是多些波折而已。当然，公子鱄也起了重要作用，最终促成了此事。据此，公子鱄是否应负主要责任呢？例如晚清签订了很多丧权辱国的条约，人们往往把责任全部算到李鸿章头上，但若仔细想一想，他是最高决策者吗？他固然有责任，但只负有执行者的责任，背后的决策者才是第一责任人。相应地，公子鱄在整个事件中确实有错，但似乎不应承担主要责任，何况作为卫献公的弟弟，他没有更多的选择。何况，当时国内卫殇公的所作所为与卫献公不相上下，都是糟糕的君主。国人的传统是反贪官不反皇帝，总把责任归咎于执行者，而有意无意地忽略背后起决定作用的决策者。其实，《公羊传》主张"为尊者讳，为亲者讳，为贤者讳"，只是说要隐讳地表达，不彰显他们的过错，但不等于掩盖、修饰、曲解，甚至反过来歌颂，这是奴才之举，非君子所为。

相反，公子鱄坚守信义，这在春秋这样的乱世显得尤为难能可贵。即使他不自我流放，人们也能谅解，但他勇敢地做出这样的选择，是需要极大的道德勇气的。换句话说，自我放逐是一种高贵的精神，不是常人所能做到的。例如俄国十二月党人受到沙皇的迫害，被流放到遥远的西伯利亚，许多人的妻子自愿跟随。这些人原本是贵族，养尊处优，可是为了心中的理想，男人不惜生命，女人紧紧相随，这是信仰的力量，而信仰根源于爱，是对自我的超越。当然，信仰与爱不是空谈，而是基于自身，因为爱自己，所以希望社会变得更美好；反过来，因为社会不美好，所以心中怀着更博大的爱，希望按照美好的理想改造社会，使之变得更好。又如电视剧里所表现的建国前的共产党员，面对敌人的严刑拷打，宁死不屈，如此严酷的刑罚完全超过了肉体或理性所能承受的范围，他们能挺过来，只能是信仰的支撑，同时也有不少变节者，正是信仰不坚定的缘故。因此，只有信仰才有力量，只有心中有爱，尤其是大爱，才能滋润世间。大凡精神领袖，例如老子、孔子、佛陀、耶稣等，无不心怀大爱，以拯救世界为己任，才会产生如此强大的辐射力。公子鱄当然没有达到那样的高度，但在春秋乱世，人们更趋于自我保护的时代，他拿出了自我放逐的道德勇气，值得人们尊敬和反思。甚至可以说，他树立了一面旗帜，作为社会精英或领导者，理应好好照照这面镜子。

二 季札的为人及对让国的判定

相对于公子鱄，吴国季札的名气更大。不过，与其他诸侯相比，吴国的情况较为特殊。吴国的开国之君是泰伯，他是古公亶父的长子，而古公亶父是周文王的爷爷，按辈分，泰伯是周文王的伯伯。古公亶父有三个儿子：泰伯、仲雍和季历。季历的儿子周文王有圣人之相，古公亶父有意传位给季历，以便将来能传给周文王。只是周人的传统是嫡长子继承制，泰伯和仲雍不愿父亲为难，故而逃到江浙一带，建立了吴国。今天的江浙一带是经济文化发达地区，但在商朝末年西周初年仍是蛮夷。本来，吴国与周王室的血缘关系十分亲近，只因江浙一带当时是边远地区，吴国一直被当作蛮夷对待。

从泰伯算起，大约经历了十九代，吴国才逐渐兴盛起来。此时是寿梦在位，他有四个儿子：诸樊、余祭、夷昧和季札。与先祖的情况颇为类似，四兄弟之中，数季札最为贤明，父亲和三个哥哥都很喜欢他，并一直想传位给他。可是他们深知季札是贤明之人，不会破坏嫡长子继承制的礼法原则，要是骤然传位，他肯定不会接受，故而三个哥哥约定采用兄终弟及的办法，亦即哥哥死后不传位给儿子，而是给弟弟,这样的话,终会传到季札手里。正因如此,三个哥哥在位时,每次打仗都是身先士卒,英勇异常,从不把自己的性命挂在心上。每次吃饭必定祷告说,上天要是保佑吴国的话,就让我快点儿死吧。因为只有这样,才能更快地传位给季札,所以诸樊死后传位给余祭,余祭死后传位给夷昧。

然而,事情并未按既定剧情发展下去,上一辈人能出于公义,不把国君之位放在心上,并不代表下一辈人也会这么想。夷昧去世时,季札刚好在国外访问,僚趁机继位。关于僚的身份,有不同的说法,《公羊传》说是季札庶出的哥哥,《史记》说是夷昧的儿子。季札回来后,什么也没说,照常把僚当作国君对待。这时,诸樊的儿子公子光(即阖闾)不干了,他认为先君之所以传弟不传子,是为了季札的缘故,若是季札继位,大家无话可说;若是季札辞让,理当轮到嫡长孙,僚算哪根葱,哪有资格继位呢?公子光的这番话也有道理,因而他蓄意夺位,伍子胥向他推荐了四大刺客之一的专诸,趁着吴国军队被楚国围困而回不来的时机,刺杀了吴王僚。公子光让位给季札,但遭到拒绝,理由是你杀了国君,我若接受你的让位,岂不是弑君者的同谋?你杀了国君,我若再杀你,父子兄弟之间自相残杀,没完没了。最后季札离开吴国都城(江苏苏州),回到自己的封地延陵(江苏常州),终身没有再回来。

关于这件事情,《春秋》三传的态度大体一致,都是高度赞扬季札让国的行为。原因其实很简单,《春秋》开篇即是兄弟阋墙,这个时代宗族内部的自相残杀屡见不鲜,像季札那样,得位不正则坚决拒绝,实在是难能可贵。然而,今人似乎流行阴谋论,对任何事情,总会揣摩背后是否有不可告人的黑幕。大概正因如此,有人说,季札只是迫不得已，因为公子光已羽翼丰满，季札无法掌控局面了。又有人说，季札只是想成就自己的一世美名。当然，历史上确有小人自我装扮成君子，白居易《放言五首》其三："周公恐惧流言日，王莽谦恭未篡时。向使当初身便死，一生真伪复谁知。"王莽便是这样的反面典型。可是我们仍不能一概而论，而应有具体的判断方法，那就是对国家是否有利？当事人是否受益？其他人是否受损？按照这三条原则，无论季札出于何种动机，都要超越国君所带来的权力诱惑。不要说最高权力的诱惑，哪怕只是很小的诱惑，又有多少人抵挡得住呢？否则就不会有那么多争权夺利乃至人头落地的故事了。除了青史留名，季札并无非分之获，即使他对此有所期待，那也再正常不过了。

今人流行阴谋论，可能与过于看重积极进取而不太看重急流勇退有很大关系。其实，儒家的为人处世有两面性，《论语·泰伯》："天下有道则见，无道则隐。"这是就外部环境的好坏而言。《孟子·滕文公下》："得志与民由之，不得志独行其道。"这是就个人得志与否而言。然而，在人们的通常印象中，儒家入世，道家才是出世，只有积极进取才合乎儒家正道。事实上，孔孟是区别对待的，世道太平就该出来做官，引导百姓遵行大道；若是世道衰微，自己又无力改变，那就该断然退隐，独善其身。很多时候，人并不需要总是前进，退一步海阔天空，尤其是退而修身，同样是立身处世不可或缺的部分。从季札身上可以清楚地看到，儒家对两条道路都很看重，因而不能单方面强调进取，忽视隐退的价值与力量。在这一点上，儒家与道家有相通之处，说明儒家并不是一根筋或一条道走到黑，这有助于我们重新认识儒家的入世态度。

三　子产的政治改革理念及影响

从前面两个事例来看，儒家似乎只懂得固守原则，而在回应当代现实问题方面不够灵活，其实也不尽然，郑国子产算得上是深知变通之道的典型。子产执政时，推行了不少新政，有些甚至颇有争议，最具代表性者有三：第一，不毁乡校。乡校，即地方学校。郑国人经常在此议论国家政策的好坏，有人建议将其毁掉，意思是禁止人们随便议论国政，但遭到子产的否决，理由是大家议政正是检验政策可行与否的大好机会，他们觉得好的就继续推行，否则就改进，这可谓自己施政的指导老师，怎能毁掉呢？据此可知，子产是位开明的政治家。

相反的事例则是《国语·周语·召公谏厉王弭谤》，说的是周厉王不允许人们议论国事，以至于大家在路上见面，只能用眼睛示意而不敢交谈，最后人民忍无可忍，流放了周厉王。这个事例说明，对于老百姓的想法乃至不满，只能像大禹治水一样地疏导而不能拦截，否则拦得了一时，拦不了一世，终有一天会爆发出来。子产懂得并实践了这个道理。另外，春秋战国时期的新动向是士大夫阶层的兴起，以前受教育是贵族的特权，权力掌握在极少数人手里，孔子开了办私学的风气以后，更多的人有机会受教育，并成长为社会精英，这也是乡校议政的背景和基础，子产可谓顺应了时代潮流。

相形之下，秦朝焚书坑儒，钳制思想言论，那是逆历史潮流而动，最终二世而亡。子产若要毁掉乡校，控制舆论，是完全可能的，但他把貌似对自己的不利转换成有利，反而收到了积极的效果，这与秦朝形成了鲜明对比。孔子听闻此事后的评论是，有人说子产不仁，我是不相信的。反过来则是，子产是仁义之人。所谓仁者，爱人。正因胸怀大爱，超越本我，才能高瞻远瞩；正因将心比心，推己及人，才能与时俱进；正因酷爱自由，与人乐乐，才能彼此共鸣。

第二，作丘赋。民众的认识不可能与精英同步，因而并不是子产推行的每项政策都会受到大家的拥戴，鲁昭公四年（前538）作丘赋即是如此。在井田制之下，九家为一井，四井为一邑，四邑为一丘，四丘为一甸。原先征收赋税的单位是"甸"，子产将其扩大到"丘"，增加了四倍。当然，在此之前已有先例，鲁成公元年（前590），鲁国推行了类似的政策，目的在于增加财政收入，增强国家掌控资源的能力。郑国人很不满，纷纷提出批评意见，子产的回应有两点：一是"苟利社稷，死生以之"，意思是只要对国家有利，无论如何都会坚持。二是"民不可逞，度不可改"，意思是人民不能随便放纵，法令不能任意更改。这项国策为何如此重要呢？这是地缘政治博弈的结果。从地理位置来看，郑国一直夹在大国的缝隙之间，不仅选择盟友十分艰难，而且往往是大国争霸的牺牲品，实力不断地遭到削弱。子产意在提振国力，但老百姓的负担也增重了，怨言在所难免。不过，子产仍是精英治国的思路，故而有人批评郑国的政策不遵循法度，而由个人意志决定，必然带来混乱，也有一定道理。

从这件事情来看，政治人物做决策当然要顺应人情，但不能完全受制于老百姓一时的利益诉求，而应站得更高，从国内和国际的双重大格局来判断。不过，这里仍有适度的问题，精英固然有更广阔的胸襟和视野，他们的个人意志也并不在谋取私利，但有时很容易以国家的名义而忽视老百姓的感受。换句话说，国家利益当然重要，老百姓的个人利益也同样重要，如何保持两者的平衡，是实现长治久安的核心课题之一。既不能不顾国家利益，也不能像"文革"时期那样唯有国家和集体利益，而把所有个人利益的诉求通通消灭，这是开历史的倒车，因为只有个人利益得到充分发展，国家才能真正强大。所谓国富民强，两者相辅相成，只有人民富裕了，国家才能真正强大，不会出现民富国弱的局面。

第三，铸刑书。这是把法律条文铸在鼎上，既明确法度细则，也让大家有法可依。晋国名臣叔向不赞成这种做法，写信批评子产，他的主要依据是，治国的正道是用礼义引导人民，现在把法律固定下来，大家就会针对法律的细枝末节争论不休，并且努力钻空子，不能起到引导人民向善的作用。子产回信，明确表示这是为了救世，亦即回应现实的社会问题。春秋时期礼崩乐坏，原先维系社会的理念已被动摇，法的意识逐渐兴起，叔向站在礼乐的角度，自然会觉得有了法律之后，人民会因纠缠于细枝末节而引发更多争端，这是乱世或末世的表现。可是在子产看来，社会已然如此，无法倒退，倒不如确定法律，使大家有法可依，规矩或许能慢慢复兴，这才是真正行之有效的做法。法的理念，尤其是法律面前人人平等的观念被接受以后，单纯用礼义治国已慢慢变成了遥不可及的理想。后世往往是在礼义与法律之间寻求平衡，使两者配合良好。叔向的批评不无道理，而子产在实践层面把握了历史潮流的新动向。

从以上三项政策来看，儒家并非死守旧原则而不知道变通，例如子产不仅懂得，而且深深懂得怎样因时制宜，改革当世弊端。当然，子产是特别优秀的政治家，因此才能做出有利于郑国长远发展的决策。那么，什么样的人能顺应甚至推动时代发展呢？大致离不开以下三点：一是胸怀大爱，深刻洞察人性的复杂幽微；二是信仰坚定，有超越个人与世俗的深沉力量；三是见微知著，洞悉乃至预判政治形势的主流走向。事实上，爱与信仰是人的本质性存在，它们的具体表现既可以是坚守原则，也可以是改革弊政，也只有这样的纯粹与坚定，才能高瞻远瞩而不是鼠目寸光，更不是贪图一时的私利。

四　如何让教育成为社会稳定器？

参与讨论者：

吴映丹（深圳大学2010级文学学士）

廖丽清（深圳大学2010级文学学士）

邱梓佳（华南师范大学2014级中国现当代文学硕士）

梁婉然（深圳大学2014级中国古代文学硕士）

周　萌：所谓十年树木，百年树人，毫不夸张地说，教育几乎与每个人的命运息息相关。不过，教育的重要性虽可谓人人尽知，但教育现状让人很不满意，批评和改革的呼声一浪高过一浪，说明现有教育模式确有很多值得反思的地方。你们是受过高等教育的人，算得上全面深刻地浸染过现有教育体制，对这个问题必有更多的切身体会和理解，不妨先来谈谈你们的感想吧。

梁婉然：我倒想先谈谈别的例子，2015年12月28日，甘肃永昌一个十三岁的小女孩在超市偷东西，保安发现后没有报警，而是直接搜查了小女孩的外套，发现确有偷窃行为，就通知了她的父母。父母过来后打了小女孩一顿,并对超市做了补偿。然而,出人意料的是,小女孩竟然跳楼身亡!于是她的父母联合某些媒体大肆炒作,围攻超市,引发了严重的群体性事件。事情最终得以平息,超市本来没什么责任,但迫于舆论压力,仍然赔偿了小女孩的父母。由此可见,一旦教育不当或存在漏洞,就会产生很多不稳定因素。

邱梓佳: 这个例子足以说明现有教育的种种缺位:第一,从小女孩来看,她有父母,为什么要偷东西呢?这是家庭教育不到位乃至缺失的表现。第二,从学校来看,虽然不是当事方,但若学校重视心理健康,引导孩子学会正视并改正错误,小女孩自杀的悲剧或许可以避免。第三,从超市来看,保安为什么对小女孩搜身而不报警呢?显然是法律意识淡漠。而且,小女孩之死明明主要是父母的过错,但被赖上之后,超市依旧不懂运用法律武器保护自己的利益,而是赔钱了事,说明普及法律的社会教育远远不够。

周　萌: 的确,若从深层挖掘,许多社会事件的背后都有教育问题的影子。有人说,世界上有两个民族最聪明,一个是犹太民族,另一个是中华民族,两者的共同点是特别重视教育。那么,如何继承发扬优良传统,把现代教育提升到新的高度,成为摆在我们面前刻不容缓的重要任务,也是避免类似悲剧重演的必备良药。当然,教育工作可谓千头万绪,你们觉得目前哪些措施最为切实有效呢?

梁婉然: 教育改革任重道远,核心问题在于教育资源分配不公。无论是推进免费义务教育,还是解决异地高考问题,都只是小打小闹,没有触及根本。不过,现代教育技术的发展,或许给我们提供了可行的方案,那就是在线教育,例如当前非常流行的慕课。因为网络能打破时间和空间的界限,把优质教育资源投放到偏远贫困地区,让那里的孩子受惠,从而逐步缩小地区间的差异,尽量使他们能站在相同的竞争起点上。

廖丽清:教育资源,尤其是师资的均匀分配,直接影响教育的发展。我有一个朋友到新疆支教,发现那里的中小学双语教育差异很大,很多地区依旧使用少数民族语言教学,汉语只是作为其中一门课而已,原因在于懂汉语的双语教师实在太少了。而且,新疆教师的流动性大,支教老师所待的时间又很短,真正留下来长久支教的并不多,这是东西部教育资源不均的典型缩影。

吴映丹:虽然我国在本世纪初就已宣布全面普及九年义务教育,但区域间、城乡间、学校间的办学水平与教育质量悬殊,不平衡的矛盾相当突出。因此,当务之急或许是让每一个适龄儿童和青少年得到真正平等的教育,政府应均衡发展义务教育,在政策、资金、人才等方面向落后地区倾斜。

廖丽清:即使是教育相对发达的地区,也应从内容和形式方面增加多样性,这主要是基于中西教育的差异而言。许多西方国家下午三点放学,学生参加各种社团活动或社会活动,例如游泳、棒球,甚至是给邻居割草赚取零花钱。反观国内的孩子,六岁开始埋头苦学的生涯,而且持续近二十年,除了得到书本知识以外,对其他生活技能茫然无知。因此,应使教育多样化,在学习书本知识的同时,多学一些生活技能。

周　萌:大家的建议让我想到,1993年制定的《中国教育改革和发展纲要》规定"国家财政性教育经费支出占国民生产总值的比重应达到4%",但这个目标直到2012年才真正得以实现。即便如此,与西方发达国家相比,中国的教育投入和教育水平仍然差距明显。随着中国经济的不断增长,为什么不能在教育方面投入更多呢?另一个相关问题则是,政府增加投入以后,怎么花这些钱呢?有人说,中国在非洲援建了很多希望小学,可是国内老少边穷地区仍有不少危房,那里的孩子仍吃不上营养午餐。虽然比例不高,但这类问题的确值得重视。更为严重的是,随着农民工大量进城,农村留守儿童的教育问题日益凸显,若是处理不当的话,将来可能会演化成严峻的社会问题,影响社会稳定。对此,你们怎么看?

邱梓佳:我前几年去过贵州的一个山村,需要坐二十四小时火车之后,再转五小时汽车才能绕山路到达,可见交通多么不便。不过,我发现学校并没有想象的那么破,也就是说政府已有修缮和兴建,问题在于,教师都是本地人,多数只有高中水平。为什么招不到外面的教师呢?根本原因是工资很低,据说只有两千元左右。因此,政府在扶持山区教育,尤其是处理留守儿童问题时,不仅应在硬件方面加足马力,还应大幅度提升教师工资,这样才能吸引更多人才前往山区,那里的教育也才能真正立起来。

梁婉然:我是农村来的,我父亲是一名小学老师,据我观察,父亲所在学校的留守儿童已经很少,一个班只有十来个学生,这对教师资源的分配和教育质量都是严峻的考验,所以教育局想把这十里八村的小学全部合并到镇上统一管理,可是家长们很不乐意,因为这会额外增加他们的负担,例如食宿费等,由是成了两难的局面。面对这种情况,政府应结合当地实际,增加投入,解决家长的后顾之忧,使他们积极主动地配合政府的行为,让孩子们接受更好的教育。

周　萌:与教育相关的另一个社会热点是高考改革,每年六月,高考总是牵动着千万人的心。你们都是过来人,关于高考改革,有什么体会和建议呢?

邱梓佳：我个人对高考倒没有任何负面看法。首先，中国人口众多，挑选人才要有公正的方式，放眼望去，如果采取美国式的推荐制，在国内这样的人情社会，很难保障公平，而高考是相对公平的制度。其次，没必要过分强调高考的作用，似乎接受义务教育之后，就只有通过高考上大学这一座独木桥。其实，随着社会的发展，机会越来越多，可供选择的道路也越来越多。例如不少美国年轻人高中毕业之后从事其他行业，照样可以过得很好。因此，问题的根本不在高考本身，而在社会是否有足够丰富的途径，年轻人是否有不同选择的可能。

廖丽清：梓佳的想法非常好，遥想当年，我的高考之路无比痛苦，每天都是重复同样的事情：教室、宿舍、食堂三点一线，每天的目标都是尽最大努力做完一摞摞练习题。我的同桌除了数学以外，各方面都很优秀，但纵然用尽了九牛二虎之力，数学也始终没有起色，最终在高考中败下阵来。能否有这样的选拔机制，即不一定非得关注短板，只要在某方面有天赋，就能公平得到更好的教育机会呢？

周　萌：凡是经历过的人，高考留下的都是永生难忘的记忆。从国家层面来说，高考既是中国教育的风向标，也是观察教育改革走向的主要窗口，重要性不言而喻。甚至可以说，高考所维护的教育公平是社会公平的基础，在没有更好的替代方案之前，不能轻言废弃。当然，必要不等于原地踏步，高考必须顺应时代发展，与时俱进，循着两个要点不断改革：一是让教育回归教育本身，高考改革的终极目的是为了促进人的全面发展，分数只是手段而已，不能本末倒置。二是教育公平是实现社会公平的前提和保障，正因如此，政府更应关注底层群众、边远地区、弱势群体的教育问题,这是衡量教育公平的最大天平。只有让这些人都能受到良好的教育,才能说教育这项立体工程取得了初步成功,也才能让社会更加健康地向前发展。

第十二章
走向战国：道德的分合

一　对许世子止弑君的案例判定

孟子认为，人性有四端，包括恻隐之心、羞恶之心、辞让之心和是非之心，四者人人自足，君主也不例外。《孟子·公孙丑上》："恻隐之心，仁之端也；羞恶之心，义之端也；辞让之心，礼之端也；是非之心，智之端也。人之有是四端也，犹其有四体也。有是四端而自谓不能者，自贼者也；谓其君不能者，贼其君者也。"以此推论，道德是人性善端的自然呈现，而政治的要义在于弘扬人性与道德的光辉，故而它们在本质上都是基于人性的。然而，古往今来，道德虽有某些一致的地方，但每个时代似乎有不完全一样的道德标准，可见在人性的基石之外，道德被加入了不少政治元素。当然，理想状态是道德最大限度地反映人性，较少受政治的干预。从春秋走向战国的时代大变局中，道德观念也在不断发生变化。

相应的典型事例有，鲁昭公十九年（前523），许国世子姜止弑君父许悼公。许国是姜姓男爵，始封国君是许文叔，太岳伯夷之嗣，进入春秋时期，是许庄公在位，六传至许悼公。其实，这件事情的前因后果相当简单，那就是许悼公生病，按《左传》的说法是得了疟疾，世子姜止进献汤药，许悼公喝下后就死了。初看起来，这似乎没有什么特别之处，但此事在后代常被引为判案的依据，《春秋》三传的评述也很不一样。

《左传》记载，姜止进献了汤药，按照经学家的说法，他事先尝过，而许悼公喝下后就死了，姜止也出奔晋国。这个版本不免让人浮想联翩，引人猜测事件背后是否另有隐情或黑幕，有人甚至据此认定姜止有蓄意谋杀的嫌疑。《公羊传》的记载恰好相反，姜止进献汤药，但并未亲自尝过。《公羊传》的批评正着眼于此，那就是姜止的孝道不够完善，因为真正的孝子侍奉生病的父母，必然亲尝汤药。姜止不懂这个道理，致使父亲死亡，有亏于孝子之道。不过，《公羊传》明确指出，姜止的错误也就仅此而已，亦即与古代著名的孝子乐正子春等人比起来差远了，但不是弑君之徒。《穀梁传》的记载更进一步，认为姜止刚开始并不知道，给生病的父母侍奉汤药，必须亲尝之后才能献上，直到经历变故之后才懂得，因而对父亲的去世非常伤痛，不仅不再继承国君之位，而且哀伤过分，没过多久也死了。《穀梁传》认为，姜止的过分哀痛才是应该受到批评的，守孝有度，过犹不及，姜止的行为并不为孝道所许。不过，姜止能如此自责，说明是个孝子，至于不懂得先尝后献的道理，责任不在姜止本人，而在许悼公,所谓子不教,父之过,父亲没有亲自教或请人教,以致儿子不懂。照此看来,姜止不仅没有任何过错,而且堪称纯孝之人。

从《春秋》三传的记载和评价来看,这个事件简直是罗生门。那么,真相到底是什么?也许,我们已永远无法确切地回到历史现场,但更值得关注的是《春秋》三传不同的价值观与道德准则。《左传》的记述大概反映了从春秋走向战国的历史事实,因为在这个时代,儿子弑父、臣子弑君的情况越来越常见,只要碰到类似的事情,就不免让人轻易地朝这个方向联想。《公羊传》和《穀梁传》所秉持的不是现实立场,而是人性立场,那就是相信人性本善,弑父弑君之心并不常有,即使现实案例再多,也宁可信其无而不信其有。若是原心定罪,姜止的行为足以让人谅解。

从这个案例可以看到,在道德之中,人性与政治是两大支柱,往往左右着道德的具体内涵与评价标准。不过,两者并非势均力敌,而是不同时代各有偏重。相对而言,春秋时期较为偏向人性的维度,到了集权专制时代,政治的影响力越来越大,甚至发展到道德可以杀人的地步,新文化运动将此总结为"吃人的礼教"。道德若是本于人性,又怎么会杀人呢?这种局面正是政治主导,乃至扭曲性利用的结果,使得道德成了杀人利器,这恰恰是应当被彻底否定的。而且,法律是社会底线,道德只是个人自觉,触犯法律必然会被追责,道德谴责只能施于自己而非他人,作用仅仅在于《论语·学而》所言"吾日三省吾身"而已。

现代道德更应剔除政治的影响而基于人性的视角,所谓政治的归政治,人性的归人性,而道德从属于后者。即使从治国的层面而言,道德也只能是引导,使精英阶层自我约束,以身作则,从而影响全社会,这便是教化。由是可见,道德固然是约束,但实施者在精英本人,而非政治驱动力,倘若变成强制性,或不用于自我而用于他人,就背离了道德的基础,难免出现道德杀人的恶果。有时在微信上看到这样的帖子,有人声称自己家乡的离婚率居全国末尾,感到无比自豪。这不由得让人感叹,有些人身体在当代,思想仍在古代,基于人性的现代道德观念始终缺位,因为婚姻本就是统治者出于维护社会稳定的需要而强加给个人的,而离婚自由恰恰是从爱情进入婚姻的必然选项之一,也是社会进步的表现。夸耀自己家乡的离婚率低,这是传统道德的糟粕再次泛起,不利于现代价值观与道德观的建构。

如今是法治时代,尤应警惕道德杀人的悲剧。有人调侃说,法院办案的潜规则是大案看政治,中案看舆论,小案看关系。若真如此,法治从何谈起?事实上,社会舆论,尤其是网络舆论干扰判案的情况已不止一次,这不是推动,而是阻碍法治独立。只有让道德回归人性,是非判断才能真正以人为本,而不是政治挂帅,人们才能更好地理解和实践司法独立的理念。也唯有如此,人民的福祉才能真正得到保障。政治挂帅,必然会使道德与司法沦为它的附庸,难道"文革"的教训还不够深刻吗?前事不忘,后事之师,今天是舆论环境相对宽松的时代,对个人而言,在网络上发言时,是否应该更理性?若是只要见到不同意见,就挥舞道德大棒,动不动就要把人打翻在地,这既不地道,也不人道,因为"我不同意你的观点,但我誓死捍卫你说话的权利",这应是现代公民社会的底线。

二　对伍员助吴灭楚的道义评判

不同时代有不同的道德标准,具体到春秋战国时期,甚至不同地方也有不同的道德标准。中原各国自认为是礼仪之邦,看不起四周文化相对落后的蛮夷,但在乱世纷争的过程中,这种情况变得越来越复杂,或者说,原先中国与蛮夷在礼乐方面泾渭分明,现在大家的面目日渐趋同。什么意思?那就是中原各国不讲礼义的情况越来越多,而蛮夷受到礼乐文化的影响,接受并实践的例子也越来越多。这种不同地域间道德的分分合合,反映了乱世的趋向。

鲁定公四年(前506),吴国与楚国发生柏莒(湖北麻城)之战,楚国战败。在这场战争中,有一个大名鼎鼎的人物出场,那就是京剧《文昭关》的主角伍子胥。伍子胥的父亲伍奢原是太子建的老师,由于楚平王霸占儿媳,迫使太子建出逃,伍奢及长子伍尚被杀,伍子胥逃到吴国。吴王阖闾很欣赏他,打算为他起兵复仇。伍子胥拒绝了,理由是国君不能为普通人兴兵,而且侍奉国君与侍奉父亲一样,国君起兵为他人报杀父之仇,这会使国君在道义上有亏,君子不为。伍子胥在这里表明,自己是个道德感很强的人,就算再想复仇,也不能使国君陷于不合法的名义。但机会终于还是来了,蔡昭公到楚国朝见,他有一件美裘,楚国令尹(即国相)囊瓦无比贪婪,向他索要,遭到拒绝后,囊瓦竟然把蔡昭公关押起来,几年后才放他回去。蔡昭公在回国路上祭祀汉水时表示,天下诸侯若有人想讨伐楚国,自己愿做先锋。楚国人听说后很生气,攻打蔡国,蔡国向吴国求救。

这时，伍子胥指出，蔡国并非有罪，而是楚国无道在先，现在又以大欺小，我们可以打出旗号，那就是担忧中原诸国受到楚国欺凌，为天下主持正义，这样便是师出有名。阖闾问他，你说过侍奉国君与侍奉父亲一样，而你曾经是楚国的臣子，为什么可以向楚国复仇呢？伍子胥回答，应区分两种不同的情况。第一种是父亲确实有罪，那么儿子不能复仇，否则就会没完没了。第二种是父亲无罪被杀，那么儿子可以复仇，但在此之中也要适度，那就是复仇不能斩草除根，只能针对复仇对象本人，即使他儿子存在，将来会对自己形成威胁，也不能把他杀了。而且，朋友之间理应帮忙复仇，但在这个过程中，朋友不应先出剑，以便儿子能手刃仇人，为父亲报仇。这是古代传下来的道义。

后来吴国打败楚国，攻占了楚国都城郢都（湖北江陵），这时楚平王已去世十年，楚昭王在位。先前伍子胥与阖闾讨论时，确有古代君子的风范，但当他攻入郢都后，似乎又变得很不厚道了，他把楚平王的尸体挖出来，鞭打了三百下为父亲报仇。伍子胥以前在楚国的朋友申包胥到秦国求援，这就是著名的"申包胥哭秦廷"的故事，后来秦国出兵，帮助楚国复国。

在当时的历史背景下，吴楚两国都是蛮夷，在礼乐方面比不上中原诸国，但从伍子胥前面的言行来看，显然完全符合传统礼义的规范。当然，他在后面又表现出了另一面。由是可见，这的确是一个混乱的时代，各种价值观交织在一起。然而，世界如此复杂，对有理想的人来说，更有理由和责任站出来，为时代指明方向，因为精英自带道义和历史的责任，有义务促使混乱的时代或者价值观混乱的时代重新走向正义。经历"文革"的断层后，今天也是一个需要重建价值观的时代，至于具体的方向和道路，各种思想纷纷交锋，便是极其良好的开端。

三 对卫国父子争国的礼法分析

上述事例说明，从春秋走向战国的过程中，政治局势与文化理念变得愈加错综复杂，卫国父子争国更是典型，因为此前大多是兄弟阋墙，而此时上演的是父子争国，已冲击人伦的底线，由此也可反观社会风俗败坏到了何种程度。事情的经过大致是这样的：卫灵公晚年宠爱夫人南子，而南子与宋朝私通，世子蒯聩想杀南子，事情败露后逃往国外。卫灵公有意立公子郢为继承人，但被婉拒了。卫灵公去世后，蒯聩的儿子辄继位，也就是说，辄在卫国做国君，而他的父亲蒯聩流亡国外。不过，蒯聩一直不死心，想重新回来做国君，这就意味着要与儿子争夺君位。辄也丝毫没有让位的意思，而是尽力阻止父亲回国。

那么，谁更有道理呢？站在蒯聩的角度，自己是父亲，儿子应当听从父亲，那么辄理当让位才是。然而，站在辄的角度，自己做国君可以说是爷爷的命令，虽然卫灵公没有留下这样的遗命，但按照礼法制度，世子缺位，嫡长孙有优先继承权，故而君位是从爷爷那儿得来的，蒯聩作为父亲，已被爷爷赶走，说明他在爷爷面前已然失去了做儿子的资格，那么接受爷爷的命令，当然是正当而优先的。

正因公说公有理，婆说婆有理，对于这件事情，的确有些难下论断。不过，《春秋》三传的态度大体一致，对父子双方都给予严厉批评。《公羊传》和《榖梁传》主要讲了两层意思：一是子不有父，父可有子，意思是儿子不可以拥有父亲的东西，而父亲可以拥有儿子的东西。什么意思？蒯聩是父亲，可以拥有辄的东西，而辄继承的是爷爷的命令，在这个意义上，蒯聩又不可以拥有他的东西。二是遇到这种矛盾的时候怎么办呢？《公羊传》的态度很明确：可以用爷爷的命令来抗拒父亲的命令，不能用父亲的命令来违抗爷爷的命令；可以让国事优先于家事，不能让家事优先于国事。这样才能从上到下，尊卑有序。

这样说到底有没有道理呢？我们仍然颇为疑惑，恰好孔子与他的学生讨论过这个问题，因为他们正是这个时代的人物。根据《论语·述而》的记载，冉有问子贡，老师会帮助卫国国君辄吗？子贡说，问问老师就知道了。有意思的是，子贡并没有直接问这个问题，而是问了另外一个问题，怎么看待伯夷和叔齐呢？众所周知，他俩是让国的贤人。孔子回答，他们是贤明仁义的人。子贡又问，他们会因让国而有所怨恨吗？孔子回答：求仁得仁，哪里会有怨恨呢？子贡出来告诉冉有，老师是不赞成辄的。这段话似乎有点绕，直白地说则是，卫国人让辄做国君，这是法律问题；辄没有像伯夷和叔齐那样，让位给父亲，则是道德问题。

另外，根据《论语·子路》的记载，卫国父子争国的时候，其他诸侯多次谴责辄。孔子说过，鲁卫两国是兄弟之邦。孔子有很多学生在卫国做官，辄希望他出山当政。子路问，若果真如此，应当先做什么呢？孔子的答案是：正名分。子路直率地说，哪能这样，这也太迂腐了。孔子批评他是个野蛮人，而且名分的重要性不言而喻，因为"名不正则言不顺，言不顺则事不成，事不成则礼乐不兴，礼乐不兴则刑罚不中,刑罚不中则民无所措手足矣"。故而正名是治国的优先事项。这里暗喻的意思是,父子争国正是"君不君、臣不臣、父不父、子不子"的典型表现,要给这样的乱世纠偏,就必须使君臣父子各正其位,各司其责,才有希望使礼崩乐坏的世道重回正轨。

  从法律上来说,辄继位为君符合制度规定,可是时人为何大都持批评态度?这还涉及权力的合法性问题,一个人若没有德行,并非贤明仁义,哪怕在法律上再正当,也仍然不足以居于这个位置。当然,这是西周初年以来的观念,甚至在某种意义上是旧有的观念,而从春秋走向战国的时代,这类人照样堂而皇之地身居高位,而且数不胜数。从人们的批评来看,大家依然希望回归西周初年的理想,那就是君位应是有德者居之,只是现实往往是许多人凭着阴谋诡计,或者各种各样的算计图谋大位,这个时代的风气也就可想而知了。

  这个事例再次说明,精英有救助所处时代的责任义务,也有相应的方式方法,虽然他们无法把那些不合法的国君赶下台,但通过历史记录和评述,表达对理想社会的向往、对理想国君和理想人格的期待,则会在人们心中播下一颗富有生命力的种子。

四 如何看待娱乐至上的新文化?

参与讨论者:

  吴映丹(深圳大学 2010 级文学学士)

  廖丽清(深圳大学 2010 级文学学士)

  邱梓佳(华南师范大学 2014 级中国现当代文学硕士)

付晓蕾（深圳大学2015级中国现当代文学硕士）

周　萌：说到娱乐，这可能是人类内在而本质的需求，因为原始人就已在这方面很费心思了。近几十年来，娱乐的内容、方式，以及观念都发生了深刻变化。有人说，当今时代可以用八个字简单概括，就那就是"物质至上，娱乐至死"。作为年轻人，你们对新时代的娱乐氛围更加敏感，不妨先来谈谈你们的感受吧。

廖丽清：导演冯小刚在回答主持人汪涵的提问时说："别人都在拍文艺片时，我拍商业片；现在别人都跑去拍商业片了，我拍文艺片。"从这段话不难看出，现在的影视基本上都已商业化。甚至可以说，极度商业化的文化氛围，正是娱乐至上这种新文化的原动力和助推手。人们常说，狗咬人不是新闻，人咬狗才是新闻。航班失事、火灾死伤成为报道重点，而平安返航、消防工作到位则鲜有报道。在某种意义上，娱乐在娱乐人们的味蕾，新闻也在娱乐人们的味蕾。

付晓蕾：我比较关注当下网络的青年亚文化，它以网络为载体，尤其是以弹幕视频网站B站为场域，特点是宅、腐、萌、黑。举例来说，前段时间大火的《琅琊榜》和《太子妃升职记》两部剧，称得上是现象级的剧作，《琅琊榜》衍生出很多CP，男女CP或男男CP；《太子妃》更是包含了bl、gl、bg三条线。人们对各种CP线的钟爱，反映出当下青年亚文化中粉红文化和宅腐文化的流行。至于"黑"，既包括"黑人"，又包括"自黑"。"黑人"是指大家早已熟知的吐槽文化，"自黑"是指自我调侃，例如人们会说自己既宅又腐，前途未卜。这是新文化的有趣表现方式。

周　萌：两位同学谈到了新文化的动态和趋向，我经常感慨，这是一个新时代,而我只是一个旧人,被时代远远地甩在了后面。尽管如此,处身其中,我们只能顺应时代潮流,不能逆水行舟。对于当代文化的新趋势和新动向,你们怎么看?

邱梓佳:刚才大家谈到了两个词,一个是娱乐至上,另一个是娱乐至死,我觉得这两个词大致是异曲同工。娱乐至上是指把娱乐摆在第一位,娱乐至死是指死都要娱乐,它们代表了现代潮流的必然趋势,无可厚非。为什么这么说?例如《快乐大本营》《天天向上》等以娱乐为导向的电视节目,必然要把娱乐大众放在首要位置才能存活。又如著名相声演员马三立说《逗你玩》这个相声的时候,全剧只有一个包袱,这在当时很受欢迎,可是再看当前红得发紫的"开心麻花"或宋小宝,他们所演小品的包袱,少说也有十几个,这反映出当代人更追求娱乐的密集和笑点的密集。既然大众的口味发生了变化,娱乐节目注定只能跟风,所谓娱乐至上或娱乐至死,只是迎合大众的需求而已。

吴映丹:我对娱乐至死的理解可能与梓佳有些不同,所谓娱乐至死,是指当娱乐发挥到极致的时候,会使人们思考的力量走向死亡。尼尔·波兹曼《娱乐至死》谈到上世纪电报、电视等新技术的发明,把娱乐文化带入了整个美国,冲击了人们原有的话语模式和思维模式,打破了美国在十八、十九世纪所形成的阅读文化,甚至使之走向了消亡的境地。今天,电视、电报的时代正逐渐离我们远去,科技的发展又把我们带入了互联网+的时代。在新时代,娱乐还在继续,信息更加泛滥,海量化的信息建构了人们的认知结构,但其中的逻辑非常薄弱——大家已渐渐习惯于知道"是什么"而不问"为什么",知道对某个事件做出反应而不会详加分析。所有事情都以娱乐的方式被呈现，所有文化都慢慢变成娱乐的附庸。在这样的娱乐世界里，人们的思考力在不断地走下坡路，直至走向死亡。

付晓蕾：所谓存在即是合理，为什么人们会选择娱乐至上呢？正是因为生活在信息技术爆炸发展的时代，每个人都遭受着异化的过程，心灵受到压抑，需要宣泄的渠道，娱乐至上恰恰提供了这样的途径。

廖丽清：在我看来，娱乐至上和娱乐至死是不健康的状态，娱乐只是"愚"乐而已，因为它让很多人变成了手机、电视遥控下的奴隶，不再经过大脑思考而只为追求第一时间的视觉冲击及其所带来的新鲜愉悦感。人活着可以娱乐，但人活着不只是为了娱乐。

付晓蕾：这个问题是有争议的，从福柯的"话语权力"理论来看，娱乐反而可能是对原有话语体系的解构，也就是说，娱乐可以让人从原来的庄严感、神圣感的压抑中得到解放，进而使自我走向更自由的状态。

廖丽清：在某种意义上，这种状态是不是人们在高速发展的社会环境中逃避现实的行为？这样的心理宣泄方式很像鲁迅笔下的阿Q精神，阿Q是个懂得自娱自乐的人，要是都像阿Q那样总是抱着娱乐至上或娱乐至死的态度，人类还会发展吗？

周萌：虽然两种观点争论得异常激烈，但仍有不少共同点，例如都承认娱乐的必要性，只是对"度"的理解有所差别。所谓过犹不及，过度必然导致相反的结果，任何事情都是如此。同时，双方都希望娱乐环境向着健康积极的方向发展，只是对道路和方式的理解有所不同。那么，具体而言，你们觉得哪些措施会有助于现有娱乐环境的净化？

邱梓佳：从观众的角度来说，娱乐要尽量与文化结合起来。为什么电视剧《甄嬛传》和《琅琊榜》如此受欢迎呢？《甄嬛传》的语言魅力、《琅琊榜》的服饰文化是不可或缺的因素。因此，娱乐必定是带着文化的娱乐。相声界有句名言："相声演员拼到最后是文化。"如果没有文化作为根基，这样的娱乐注定要落幕。毕竟，对于个人而言，文化滋养是生命必不可少的组成部分。

吴映丹：我赞同梓佳的观点，无论技术如何延展，信息如何泛滥，它们都没办法从本质上决定我们的生活。毕竟人才是万物的尺度，是生活的参与者，是文化的创造者，只有人才能最终决定自己如何生活。因此，在一个娱乐的世界里，我们更应保持清醒的态度，学会筛选，学会思考。

廖丽清："我从小就有一个梦想，一个音乐梦想，只因爸爸卧病在床，我没办法实现自己的梦想，这就是我今天来到这个舞台的意义。"上面一段话，大家实在太过熟悉。诸如此类的开场白在各类综艺节目频繁出现，甚至被选秀者当成闯关的筹码，几乎可以与韩剧的车祸、癌症和失忆相媲美。千篇一律的形式，无论是谁，都会产生视觉疲劳。如果我是导演或栏目策划人，我会把关此类演员和选秀者，审视这个节目是否符合当下的娱乐文化，娱乐的形式中是否存在应有的意义。我更倾向于把人们的娱乐生活推向更高的维度。

付晓蕾：说到如何净化现有娱乐环境，我想起一件与自己密切相关的事情。2015 年，国家广电总局发布了一份日本动漫的禁播名单，其中有一部是我特别喜欢的，叫《东京喰种》，又名《东京食尸鬼》。从这个名字就知道，它的风格偏血腥，的确不适合未成年人观看，可是只有小孩子才有观看动漫的需要吗？成年人同样是动漫的忠实受众，为什么要简单粗暴地"一刀切"呢？何况，被禁的动漫作品里，也不乏适合未成年人观看的优秀之作。当市场上优秀作品众多时，从业者才会更有竞争意识，作品才会朝着更好的方向发展，否则，未成年人只剩下《喜羊羊》和《熊出没》可以观看，不能不说是一种让人背脊发凉的悲哀。

周　萌：如果让你们回归普通观众的身份，用一句话表达对电视台和娱乐节目的期待，你们最想说什么？

邱梓佳：不要再拍抗日神剧了。

付晓蕾：娱乐有千千种，但不要侮辱我的智商。

吴映丹：不要再以"我有一个梦想"作为开场白了。

廖丽清：少看电视节目，多读经典名著。

周　萌：你们的心里话至少代表了部分人对娱乐节目的看法，因为这让我想起2014年10月，我从哈尔滨去漠河，令人惊诧的是，在零下二十多度的哈尔滨火车站广场，上千人穿着相同的衣服在跳广场舞。这个场面给我留下了无比深刻的印象，也让我不断反思：对个体而言，娱乐既是发自内心的需要，还是表达自由的方式之一，但若被体制化，变成群众运动式的娱乐，是不是值得警惕呢？至于未来的娱乐，没有人知道它会走向何方，但我们仍有基本共识，那就是让娱乐回归娱乐本身，从内心出发，自由表达，这才是对他人和社会都有益的事情。

第十三章
春秋笔法：历史的力量

一 三桓当国与旧有制度的溃败

站在儒家的立场，从春秋走向战国的时代趋势，本质上是原有的思想文化体系不断遭到破坏，乃至走向崩溃的边缘，但新的时代标准又尚未完全建立起来，因而在思想、文化、制度等方面存在不少真空地带，尤其是作为共同的道德准则来说，更是如此。当然，这只是就现实层面而言，人们在现实世界里可以各行其是，按照个人的愿望谋求自己想要的东西，可是在理想层面，精英依然可以对这个时代做出独特的描述和评价，这正是孔子编订《春秋》的原因，也是此书产生影响力的可能性所在。换句话说，精英通过叙述历史以表达对时代的看法，并在此之中建立起一套有关理想和信念的准则，这就是历史的力量。

那么，这个时代到底混乱到了什么地步呢？简而言之，先是周天子的权势日渐衰落，诸侯的势力兴起，后来诸侯国君的权势也日渐衰落，卿大夫的势力不断上升。最具代表性的有晋国六卿，即赵氏、魏氏、韩氏、范氏、智氏、中行氏六大家族控制了晋国，最终演变成"三家分晋"；郑国七穆，即郑穆公七个儿子驷氏、罕氏、国氏、良氏、印氏、游氏、丰氏的后代控制了郑国；鲁国三桓，即孟孙氏、叔孙氏和季孙氏控制了鲁国，他们都是鲁桓公的后代，故而合称三桓。其中，季氏的权力尤大。季氏始于季友，他是一个非常贤明的人，对稳定鲁国政局起了重要的作用。经过季文子、季武子、季平子、季桓子、季康子等人数代主政，季氏的权力实际上已超越国君，到了春秋后期，甚至国君的废立都取决于季氏，鲁昭公的经历即是明证。

鲁昭公虽不是一位有为的君主，但他对长期充当傀儡终于忍无可忍，因而想纠合反对三桓的力量，从季氏手里夺回权力。在付诸行动之前，他征询了近臣子家驹的意见，不过，他是这么说的："季氏为无道，僭于公室久矣，吾欲弑之，何如？"意思是季氏僭越国君的权力很久了，我想杀了他，怎么样？值得注意的是，鲁昭公使用的不是"杀"而是"弑"这个字，这是臣子对君主所用之词，由是可以窥见鲁昭公的心理定位，早已没有君主的威严而下意识地处于臣服地位了。子家驹对国内形势洞若观火，完全不赞成鲁昭公的做法，理由是诸侯僭越天子、大夫僭越诸侯已经很久了。鲁昭公反问，我哪有什么僭越？子家驹指出，在宫门前设立两座望楼，乘坐大路（即玉辂车），用红色的盾和玉斧表演《大夏》舞，用八行八列六十四人表演《大武》舞，这些都是天子的礼仪规格，您作为诸侯国君不是一直在用么？而且，老百姓就像牛马一样，被谁喂养就对谁柔顺，季氏得民心已经很久了，您就不要自取其辱了吧。可惜鲁昭公完全听不进去，只是一心想杀掉季氏，结果必然是失败，先后流亡齐国和晋国，直到去世都未能回国。在鲁昭公晚年流亡国外的七年多时间里，等于是季氏代行了国君之位。

鲁昭公去世后，到底立谁为国君呢？当然是季氏说了算。因此，鲁定公元年（前509），经文只记载了四个字：元年春王。连正月都没有了，为什么呢？《公羊传》的解释是，鲁昭公的灵柩仍在国外，能否回国尚未可知，一切全凭季氏做主。接着，《公羊传》讲了一段很重要的话，那就是在鲁定公和鲁哀公时期，即春秋时期鲁国最后两任国君任内，《春秋》记载了很多含义十分隐晦的贬义之辞，这样做的原因在于，《春秋》成书时，许多当事人可能仍在世，而采用隐晦的表达方式，即使当事人读了经文，并问了别人是什么意思，也未必知道这是对他本人的贬斥。由是可知，政治经常表现出权力的强势，而历史在政治面前，尤其是在当世之时，往往很难与之抗衡，但历史的特殊之处在于，它有一种持续乃至经久不衰的力量。有些人秉持政治正确的原则，虽然一时之间可能有充足的理由，或者能在表面上获得大家的赞成，但长远地来看，历史正确才是更站得住脚的。

若是从人性的角度而言，从春秋走向战国，要紧之处在于开启了人的欲望。也就是说，在礼乐制度之下，人们的言行均有一定的规范，旧制度坍塌后，新制度又尚未建立起来，在这个新旧交替的过程中，人的欲望就有了可以尽情发挥的空间。当然，欲望本身是有合理性的，毕竟它是推动社会发展的原始驱动力，我们大可不必像宋代理学家那样主张"存天理，灭人欲"，但欲望终归应当有所节制。在春秋战国的时代走向中，人的欲望被无限放大，这固然有促进经济发展等有利的一面，但若不加节制的话，欲望的泛滥也会给社会带来颠覆性的恶果。正因如此，当时的精英对这个时代有太多的忧虑，几乎都提出了自己的药方想要解决所面对的社会问题。从人性的根本层面来说，那就是如何有效节制人的欲望，使社会既能最大限度地保持自由度和创造力，又能以松弛有度的秩序来维护社会的稳定发展。

当今之世，在价值观的重建方面，也有类似的情况。因为随着科学技术呈几何级爆发式发展，旧价值观面临着不断被更新的局面，新价值观的建立又尚需时日，在这样的节点上，参照历史经验并顺应时代潮流而有所建构，是精英义不容辞的道义责任。换句话说，如何引导人们适度地节制欲望，使科技的进步带动社会朝着更加美好的方向前进，而不是使之走向反面，这是每个人，尤其是精英所必须面对、思考和谋划的事情。

二 大夫擅权与乱世的纵深走向

从春秋走向战国的时代变局，最显著的表现是周天子的权力落到了诸侯国君手里，而诸侯国君的权力又逐渐落到了卿大夫手里，这在《论语·季氏》里被称作"陪臣执国命"，亦即社会地位并不是特别高的人，反而掌握了国家的核心权力。一般而言，正常的社会结构应是金字塔形，只有这样才能维持相对稳定的良好秩序。从春秋时期开始，社会结构发生了巨大而奇怪的变化，真正掌握权力的变成了金字塔中间偏上的这部分人，从社会恒定发展的角度来说，必然不会走得很稳当，可是在通往战国的道路上，这种格局不仅没有被纠正过来，反倒愈演愈烈。郑国七穆即是这样的典型，甚至比鲁国三桓当国的局面还要严重，或者说国君与大夫之间的权力争斗更加激烈。例如鲁襄公七年（前566）十二月，郑僖公打算参加中原诸国的会盟，但大部分人并不赞同他的做法，而是希望倒向楚国，原因是：要说中原诸国讲礼义吧，郑国先君去世时他们趁着国丧用兵；要说中原诸国实力强大吧，实际上又比不过楚国，故而不如现实些，依附楚国。郑僖公不从，结果被当权大臣子驷杀了。春秋时期确有不少弑君事件，但此前的起因大多是权力争斗，亦即因君位的排他性所致，可是郑僖公的被杀，起因是国君和大臣之间在外交政策方面的主张不一样，结果大臣把国君杀了，这显然是大夫专权最有力的证明。

不过，鲁国三桓也好，郑国七穆也罢，他们毕竟都是公室血脉，与诸侯国君的血缘关系最近，在法理上可以分享国家权力。然而，那些与国君没有任何血缘关系的人，即普通士大夫阶层也日渐兴起，并且势不可挡地成为社会的中坚力量。这在鲁国表现得十分明显，因为鲁国的权力掌握在季氏手里，但到了季桓子时期，季氏的权力掌握在家臣阳虎手里，而阳虎与公室是没有任何血缘关系的。孔子正生活在这个时代，与阳虎有过交集，故而《论语》里多次提及阳虎，例如阳虎与孔子长得很像，孔子周游列国时因被误认为是阳虎而在陈蔡之地受到围攻。阳虎在鲁国当政时想尽办法拉拢孔子，想让他出山辅佐自己，但被孔子拒绝了。阳虎的权势大到什么地步呢？他趁着季桓子年轻，不仅软禁了他，还想把他杀了。幸亏季桓子及时策反，在阳虎亲信的帮助下脱离了险境，阳虎被孟孙氏的家臣公敛处父打败，逃到了晋国。由是可见，像阳虎这样的普通士大夫也可以在一国专权。

客观地说，政治权力不断下移，显然与正常的政治架构不符，也不利于社会稳定，因而这是一个乱世。然而，事情有时总有两面性，若是站在历史的角度，春秋战国确实是乱世，但若贴近那个时代的话，又有许多值得后人借鉴的东西。追根究底，这个所谓的乱世是由士大夫阶层的崛起所造就，这反过来说明，这个时代受教育的机会和受过教育的人越来越多，贵族垄断权力的局面被打破，受过教育的普通民众也开始享有参与和分享权力的机会，这无疑是巨大的社会进步。而且，由于新旧制度的交替，这个时代存在诸多真空地带，士大夫阶层中有学识的佼佼者纷纷提出自己的政治主张，到处游说诸侯国君，希望得到他们的采纳和重用，有些人的确如愿以偿，杰出者更已着手他们的政治改革实验。在这一点上，孔子兴办私学不仅推动了时代发展，而且成为打开洪流闸口的标识性旗帜，具有重要的历史和现实意义。孔子作为伟大的教育家，是没有任何疑议的。

只要沿着历史的轨迹就不难发现，进入战国以后，人才如泉水般喷涌而出，他们提出了各式各样的政治学说，在各国进行学术论证和政治改革实验。这是一种全新的局面，人们通常所说的百家争鸣和百家齐放，春秋只是起步，战国最为典型。士大夫的理论和言行极大地推动了社会变革，至于变革的方向，可以见仁见智，另行判断，但士大夫阶层的崛起及对社会发展的推进，带来了一个思想解放和思想自由的时代，这有着极为深远的示范意义，因为这个时代的特点是个体双向自由选择、楚才晋用、学派互相平等竞争、优胜劣汰。到了集权时代，时代氛围发生了一百八十度的大转弯：只有一位君主，只能绝对忠诚；只有一种思想，只能绝对顺从。学术的良性竞争与人才的自主选择通通消失，政治改革试验只有自上而下的行政命令，再无学术思想推动的可能了。

当然,如何更多地拥有人才并好好利用他们为自己服务,也是历代帝王着重考虑的问题。春秋战国时期以宽松自由的人文环境作为保障,集权专制时期大抵只能使用权势和金钱等现实利益,高下立判。在后一种背景下,即使人才源源不断地涌现,恐怕也难以充分发挥他们的长处,因为此时的理念和体制与春秋战国的文化精神有着本质的矛盾冲突,难以调和。古人早就说过,总不能等到伊尹和周公那样的杰出人物出现才能治理国家吧?其实,人才总是有的,关键在于有怎样的社会环境和认知态度,春秋战国的答案是自由与尊重,因为没有自由就难有真正的创新,没有尊重就不会有大写的人。"奴隶是造不出金字塔的",这的确是一个深刻而现实的命题。

三 新时代与旧道德的无形碰撞

站在后人的角度,从春秋走向战国称得上是巨变,倘若回到历史本身的话,一个时代也好,一种观念也罢,都不可能是"雄鸡一唱天下白",一夜之间发生洗心革面的改变。因此,只要仔细体察,就会发现时代的变化更多地表现为渐变,最显著的特征是新时代与旧道德共存的局面。也就是说,历史的车轮已经不以人的意志为转移地迈向了新时代,但有些人的思想观念仍停留在旧时代。对于这样的现象,评价必然是见仁见智,有人会认为这是不能与时俱进,但若换一种思路,只要能坚守原则,哪怕是旧时代的高尚原则,不仅值得肯定,而且恐怕是不容易做到的。

鲁文公十四年（前613），邾娄国的邾娄文公去世，他的嫡长子貜且继位为邾娄定公，可是貜且的弟弟捷菑有了非分的想法，想取哥哥的位置而代之，起因是他的母亲来自晋国，自恃有老牌大国做后盾。相对于晋国，邾娄国简直太不起眼了。捷菑跑到晋国去搬兵，晋国想用武力护送捷菑回国即位。至于领兵的将领，《左传》说是赵盾，《公羊传》说是郤缺，《穀梁传》说是郤克。晋国军队到了，邾娄国是无法用武力与之抗衡的，只有两条路可走，要么用外交方式说服对方，否则只能更换国君了。春秋战国时期，外交在政治生活中的分量太重要了，大概正因如此，出色的外交官比比皆是，连邾娄国这样极小的诸侯也不例外。邾娄国的外交人员与晋军交涉，说你们是中原诸国的盟主，凡事都得讲理吧？捷菑是晋国的外甥，而貜且是齐国的外甥，那也是大国，何况他是嫡长子。你们要是以大国压人的话，那么齐国与晋国就不知道谁更厉害了。这番话十分得体，既照顾了晋国的面子，又绵里藏针，中心思想是我们不惹事，但也不怕事。结果，晋国主帅让步了，理由是并非自己能力不足，而是从道义来说不能这么做。这样既没有在道德高地输掉分毫，又找到了台阶可下，事情得到圆满解决。

其实，在春秋战国时期，不要说扶持自己人做他国君主，就算把那个国家灭掉，也是司空见惯的事情。然而这一次，晋国选择的是道义，而不是强权。历史地来看，自古至今，凡是能够长久地获得人们认可和尊敬的国家或个人，必定是以德服人。依靠强权，尤其是武力第一，或许一时能控制局面，但终究不是长久之计，只要出现一点漏洞，就很可能全面崩盘。因此，晋国虽是守着过去的规矩，以道义为先，但在新时代仍然很有说服力。

类似的事例还有，鲁襄公十九年（前554），晋国士匄率军攻打齐国，听说齐灵公去世，就带领军队回去了。《春秋》三传都给予肯定，但程度不太一样。《左传》认为，士匄的行为合乎礼义，因为礼法明确禁止伐丧，亦即别国君主去世，遭遇国丧时，不应对其用兵。不过，这也是过去的礼义，在礼崩乐坏的大时代，有些人唯恐抓不到这样的机会，伐丧并不罕见。士匄选择遵守旧规则，得到人们的赞许。《公羊传》在肯定之余还特别指出，士匄这么做并非专权，因为大夫受命之后，在外是进是退，是有专断之权的。《穀梁传》对此倒是颇有微词，认为士匄擅自撤军并非尽善尽美，而是有越权专断的嫌疑，合适的做法是就地设置灵堂祭奠齐灵公，同时派副使回晋国复命，这才符合前代的外交礼仪。无论如何，士匄的行为是以道义为先，而不是以政治利益作为首要目的。

在春秋战国这样的转型时代，人们很容易向往新规则而对旧规则嗤之以鼻，这完全可以理解，因为旧时代和旧规则的崩溃，肯定有其内在原因，新时代的新规则在不断地成长，也肯定有其合理性。我们固然不能死守着过去的规矩不放，但这并不代表新规则与旧规则是完全对立的，因为高贵的规则，总是有超越时空的价值和意义，只是从人性固有的弱点来说，喜新厌旧是人之常情而已。

上述两个事件体现出新时代与旧道德的矛盾冲突，处身其中，又该如何选择？因为向来是高谈仁义易，独行大道难。转型时代的人，往往很容易从众，追新更是席卷大众的潮流，而那些持旧观念的人，则会被视为老古董，甚至是老顽固。其实，选择何种观念，应是个体自主和自由选择的结果。何况，理念的根本区别不在于新旧，而在于是否体现了高贵的人性，是否以人道主义为基本出发点，是否以多数人的幸福为旨归。正因如此，若是仅说新时代有新道德，恐怕远远不够，还得看新道德与旧道德相比，是否更人性与人道，否则，这样的新道德也未必能保鲜多久。照此看来，道德的生命力不在于与时俱进，而在于对人性和灵魂的深切回应，以及对理性、信仰和爱的深度阐释。

四　如何才能真正拯救中国男足？

参与讨论者：

　　黎思文（深圳大学2013级中国古代文学硕士）
　　陈光明（深圳大学2013级中国现当代文学硕士）
　　刘　伟（深圳大学2014级中国古典文献学硕士）
　　朱清婷（深圳大学2015级新闻传播学硕士）

周　萌：足球是一项世人皆知的世界性运动，中国也有海量的球迷，只是让球迷无比失望的是，中国男足的表现可谓每况愈下，球迷总是抱着希望而来，带着失望而归。很多人闹不明白，中国人口如此众多，怎么就挑不出十一个合适的人呢？其实，作为竞技体育，这不仅是身体素质问题，更有其他深层原因。你们都是球迷，对此有相当深切的感受，不妨先来谈谈你们的体会吧。

刘　伟：近年来，国足的表现已让球迷愤怒不堪，甚至发出了恨铁不成钢的叹息。例如2018年世界杯预选赛，不要说卡塔尔，连中国香港都战胜不了，晋级概率几乎等于零。面对这样的成绩，球迷尽管悲痛交加，但依然没有放弃，希望国足能振作起来，打一场无愧于心的比赛，可是这总是低概率事件，国足自强不息的实际行动在哪里呢？这值得我们深刻反思，因为邻国韩国和日本都在世界杯上取得过优异成绩，韩国更是前所未有地夺得 2002 年世界杯第四名，难道中国人真的没有踢足球的天赋吗？

黎思文：从历史经验来看，这个判断是不正确的，因为据说早在黄帝时期就已有了足球运动的初级形式，那时被称为"踏鞠"，后来被称为"蹴鞠"。这项运动在战国和汉代相当盛行，《战国策》和《史记》有明文记载，例如霍去病很爱踢足球。人们对这项运动的了解通常来自《水浒传》，里面的大反派高俅因擅长蹴鞠而当上了太尉。其实，这个故事是有原型的，根据刘颁《中山诗话》记载，北宋著名词人柳永的兄长柳三复，正是通过蹴鞠高攀上了当时的宰相丁谓。

陈光明：根据刘伟所言，国足的现状是积弱久矣。根据思文所言，中国足球自古有优秀的传统。那么我想知道，近代的情况又是怎样呢？

黎思文：中国近代足球也有过辉煌，资料显示，在 1913 年至 1934 年间，共举办过十届"远东运动会"，除了第一届屈居亚军以外，国足蝉联了九届冠军，这足以说明中国近代足球的业绩。

朱清婷：我的家乡是梅州，那里有个球王叫李惠堂，当时人们有句口头禅："看戏要看梅兰芳，看球要看李惠堂。"梅州的足球氛围很浓，长辈说，十几年前小孩子们穿梭在小巷子里，都在争着玩足球，这是多么朝气蓬勃的景象，可惜现在似乎没有那般热闹了。

周　萌：根据清婷的描述，作为足球之乡的梅州，传统似乎也在不断地失落，这可以说是中国足球发展的一个缩影。究其原因，到底是什么呢？

朱清婷：就我的观察来说，现在小孩子的学习压力越来越重，玩足球的时间大大减少了。即使有时间，运动或娱乐项目的选择也变多了，例如网络游戏、钢琴、跆拳道等。注意力被转移了，对足球的兴趣相应变淡了，再加上缺乏日常的锻炼，体力下降不少，足球场上的竞技精神也随之黯淡下去。

黎思文：当下高速的城市化进程压缩了人们的活动空间，随着公共活动空间的减少，场地受到限制，踢球也愈发变得不那么现实了。

陈光明：管理体制的制约更是重中之重，目前国足运行的是双轨制，球员既要接受俱乐部管理，又要接受足协管理。很多球员是有所谓编制的，踢球的首要目标是完成管理部门的指令和指标，而不是源于自己的兴趣爱好。这种由外力而非内力驱动的管理体制无法充分调动球员的自主性和积极性，在一定程度上限制了他们能力和水平的充分发挥。

刘　伟：一般而言，只有自己感兴趣，才能精神百倍，持续长久，成功的希望才会大幅提升。然而，国足的现状让人触目惊心，诸如烧钱引进外籍教练和球员、高价标注国内球员等本末倒置的行为比比皆是，因为这些举动的根本目的是借助外籍球员的实力获胜，以迎合国人渴求胜利的心理，但这是爱慕虚荣的肤浅运作，无助于真正提升国足的业务水平。另外，商业化倾向同样不容忽视，据报道，中超五年的版权卖出80亿，实在让人大跌眼镜，因为虚高的报价完全背离了国足的现状。其实，从足球本身的发展规律来说，腾飞不可能一蹴而就，这需要几代人乃至更长时间的努力，脚踏实地、默默耕耘才是王道。只有这样，也许在不久的将来，包括国足在内的中国体育事业才会从量变走向质变。

周　萌：有人说，巴西足球为什么如此厉害？只要到那里转转就能找到答案，大街小巷里，成人小孩都在踢足球，他们是真心热爱。反过来，中国乒乓球为什么这么棒？道理是一样的，貌似每个中国人都会打乒乓球。基数巨大，金字塔尖的精英数量相应会水涨船高。正如清婷所言，对青少年的培养极为重要，因为他们代表着未来。又如光明所言，在不同的管理体制下，同一个人释放的能量差别巨大。国足的核心问题并不是体质有任何缺陷，思文追溯的足球小史足以证明这一点，主要还是人的主观能性问题。那么，怎样才能更好地调动国足的兴趣和能动性，使之变得越来越好呢？

朱清婷：政府和民间不仅要重视足球俱乐部的发展，更应注重健全青年训练体系。一是保证场地，例如在一定的范围内配置相应的足球场，否则一切都是空谈。二是培养团队，足球毕竟是团体项目，一个孩子往往会带动影响经常在一起玩的一群小伙伴。三是积极引导，无论是作为业余爱好还是未来的职业，老师和家长都不能压抑孩子，而应适当鼓励。另外，日韩的高中联赛已相当专业化，国内校园足球的规模和足球学校的管理有待更进一步完善。

陈光明：培养足球人才固然很重要，但在此之中和之后，只有良好的管理制度才能让他们如虎添翼，就像花草树木一样，长起来了需要修饰。这就涉及如何优化当前的双轨管理制，足协应从目前的领导者变成外在的监督者，俱乐部和球员才能释放更多的独立自主性，朝着真正职业化的方向改革。只有这样，球员才能凭着爱好踢球，他们的才能才会得到完全发挥，国足也才能真正冲出亚洲，走向世界。

周　萌：我赞同光明的看法，其实，足球也好，体育也罢，本质无外乎两点：一是提升国民素质，二是提振国民精神。当前竞技体育很火，输赢当然重要，但球迷也应适当调整心态，不要光看成绩，更要有长远发展的眼光，因为体育的终极目的是以人为本，理应回归它应有的本质。这还包括不应只注重竞技而忽视了青少年的培养，否则就会变成一群不需要运动的人在拼命运动，需要运动的人反而坐在看台上或电视机前。据媒体报道，我们已经看到一些这样的负面结果了，例如有些运动员从小在体校受训，除了某种体育技能以外，别无所长，以致退役后生活保障都成问题。在这方面，应借鉴西方发达国家的成功经验，不把运动员的一生全部押在某项竞技运动上，而是促使体育制度不断完善，运动员不断自我丰富。总而言之，国人对男足失望多多，却期待依旧，因为这不仅是体育事业兴衰的晴雨表，还是国民精神的重要表征。

第十四章
圣人之道：孔子的理想

一 对孔子政治思想行为的述评

只要提到孔子，几乎每个中国人都能说些子午卯酉，因为孔子对中国思想文化的影响实在是太大了。从孔子在后代的接受来看，在两千五百多年的历史长河中，孔子的地位也在反复变化。从汉代开始，独尊儒术以后，孔子的地位一步步被抬升，直至被封为"大成至圣文宣王"，虽然他生前根本就不是王侯。然而，一百多年前，也就是新文化运动以来，对孔子的批判可谓相当严厉，几乎所有中国文化的问题都算到了孔子头上。这种现象在"文革"期间达到了顶峰，与孔子毫不相关的东西也莫名其妙地算成了孔子的罪状，原因在于孔子被复活成政治斗争的手段了。如今，时代风潮已经彻底转变，让我们更有可能客观理性地看待孔子,这就要求我们首先应做区分,孔子的归孔子,属于儒家后学的,该谁负责就归谁。若是把儒家两千五百多年的所有东西,尤其是所有问题都归于孔子一人承担,显然是不公正的。其实,早期儒家有很多思想精华,只是宋朝灭亡以后,即近八百年以来,儒家思想以糟粕为主,只有王阳明、李贽等少数在思想上特立独行的人。倘若把这些糟粕都说成是孔子祸害的,能说得过去吗?因此,无论是对孔子的圣化还是污名化,恐怕描绘出的都不是真实的孔子。只有回到春秋时期,尤其是贴近孔子所亲手编订的典籍本身,以及孔门弟子对老师言行的记录,才能更好地还原真实的孔子。

有两件事情颇有代表性,第一件是关于孔子用兵,历来没有受到足够重视。孔子在鲁国为官的时候,年龄已经较大了,他五十一岁才做中都(山东汶上)宰,五十五岁离开鲁国,周游列国,中间只有短短几年时间。其中,鲁定公十年(前500),即孔子五十二岁的时候,鲁定公和齐景公在夹谷(山东莱芜)会盟。齐国认定孔子只懂礼仪而不懂用兵,故而谋划在会盟时用武力劫持鲁定公。谁知孔子早有准备,不仅用礼义驳斥齐国的蛮夷行径,而且用武力保证了鲁国的利益,使得齐国归还了以前侵占的鲁国失地。

关于这件事情,《春秋》三传的记载稍有区别。《公羊传》的记载相对笼统,只是说孔子当政,三个月没有犯错误,齐国就归还了鲁国失地。《左传》和《穀梁传》详细记载了孔子在夹谷会盟上的言行,《穀梁传》还特意指出,孔子不仅懂得文治,也懂得军事,可谓文武双全。在一般人的印象中,儒家通常是文弱书生的形象,其实这与孔子的面貌完全不符,因为孔子不仅身材高大,而且教授学生射箭等必修课,他自己必然是在行的。另外,从夹谷会盟来看,孔子懂得如何用兵。因此，真正的儒家学人，应当向孔子看齐，全面发展自己。大概因为后来的读书人多是一副文弱书生的模样，所以给人造成了那样的刻板印象，但若以此来描述孔子，显然与事实有很大出入。当然，也不是没有例外，例如王阳明是心学大家，但他很会打仗，每仗必胜，从未输过。可以说，只有像王阳明这样，从各方面丰富自己的人，才是真正继承了孔子的精神。

第二件是孔子最重要的政治活动之一："隳三都"。这件事发生在鲁定公十二年（前498），即孔子五十四岁的时候。当时，孟孙氏、叔孙氏和季孙氏各有自己的封地，但事实上都被他们的家臣掌控，形成国中有国的局面，这对鲁国而言是很大的挑战，不利于国家政令的统一。孔子的理想是实现政治的正常化，恢复君君、臣臣、父父、子子的秩序。也就是说，每个人在社会上都有自己的位置，只有个人言行与自己的身份相符，社会才能有序运转。春秋时期恰恰相反，权力不是呈金字塔型，而是移位到中间部分，造成"陪臣执国命"的现象，这是很不稳固的。孔子想改变这种状况，火力首先对准三桓的封地。刚开始还算顺利，季孙氏的费邑、孟孙氏的郈邑先后被拆，而叔孙氏的成邑，由于公敛处父强势对抗，没有成功，甚至鲁定公亲自出马，也以失败告终，"隳三都"就这样功败垂成。

从孔子的逻辑来看，推进这项政治行动，目的是为了让国君重新回到权力中心，使鲁国政局重新回到西周初年的正常轨道。理想很丰满，现实却很残酷，若是顺着历史发展的脉络来看，孔子的行为似乎与时代背道而驰，因为从春秋走向战国，恰恰是离西周初年越来越远，而且永远回不去了。然而，从这件事情来看，我们依然可以说，只要心中有理想，并且是出于公义，那就应该努力付诸实践。即使这在当时可能并非潮流大势,最终也没有达到预期目的,但至少为理想而付出的决心和过程,是令人尊敬的。

其实,上述两个事例只是孔子政治生活中的典型片段而已,但这与人们的固有认识已有较大差别。因此,要客观地对待历史,就应回到这个时代,回到人物本身,才能真正贴近活生生的历史,从而同情地理解历史。对今人而言,既不必把孔子当成圣人捧得很高,也无需把他当成反动的"孔老二"踩在脚底下,而应着力恢复一个真实的、有血有肉的、作为人的孔子,然后才是思想家、教育家、文化家的孔子。

二 对孔子文化思想行为的述评

虽然孔子的政治行为给后人留下了很多深刻的启示,但这在孔子的全部生命光彩中毕竟不是最光辉灿烂的。五十五岁那年,孔子因为不满意鲁定公和季桓子沉迷于齐国送来的女乐,辞官不做,带着他的学生开始了周游列国的生活。十四年以后,才重新回到鲁国整理前代典籍,直至去世。这是孔子一生中最绚烂夺目的部分,主要包括以下三个方面:

第一,整理典籍。按照《史记·孔子世家》的说法,"六经"("乐经"早佚)都是孔子编订。其实,"六经"原本是大家共有的文化资源,并非儒家独享。孔子表示,自己只是"述而不作"(《论语·述而》),亦即仅仅转述先贤的思想,没有什么创造。大家千万不要被这句话迷惑,孔子真的没有创造吗?绝对不是。孔子通过整理古代典籍，用重新阐释的办法表达自己的思想。这是非常高明的文化策略，因为"六经"的地位和重要性早已得到人们的公认，孔子重新编订和阐释，使自己一下子站到了思想文化的至高点上。而且，从文化传播的角度来看，孔子把自己的思想建立在"六经"的基础之上，别人接受起来也更容易。

按照《史记·孔子世家》的说法，《诗经》原有三千多篇，孔子删减为三百零五篇，而哪些留下，哪些不留，主要表达什么思想，这里面当然有极大的文化阐释空间。《尚书》是前代史书和政治智慧的结晶，对政治生活有重要的指导意义，孔子在编订过程中，着力使之与自己的政治理想贯通。传统文化是礼乐文化，孔子对《礼》的整理，意在回应现实，而非简单地整理国故。孔子对《易》有专门的阐释。《春秋》更是孔子晚年的集大成之作，寄托了他的最高理想。通过这些努力，"六经"的所有权逐渐从天下共有变成了儒家独有，从而形成了别人无法企及的优势。

第二，兴办私学。过去，受教育的权力主要集中在贵族手里，而孔子开风气之先，私人办学，不论身份如何，只要愿意来学，交得起一点学费就可以。这就把知识文化的大门向平民子弟敞开了，并在现实中促进了士大夫阶层的崛起，对历史走向有着无比巨大的影响。而且，在办教育的过程中，孔子培养了一批优秀的学生，《史记·孔子世家》记载："弟子盖三千焉，身通六艺者七十有二人。"虽然孔子的政治理想没有得到确切的落实，但他带着这帮学生周游列国，极大地传播了孔子的思想，也锻炼了他的学生。孔子为官的时间不长，但他的许多学生做了官，而且做得相当出色。所谓"孔门四科"，是指德行、言语、政事、文学。由是不难看出，孔子的学生相当全面，各方面的人才都有。因此，孔子是中国最伟大的教育家，这个评价一点也不为过。

第三，开创儒家。国家实力有硬实力和软实力两种，硬实力是指政治、经济、军事等方面，软实力是指思想文化、意识形态等方面。硬实力随着不同时代和不同领导者而发生变化，软实力虽然也在不断地发展调整，但总有一条或隐或显的红线贯穿其间，在这个意义上，软实力更能持续长久。孔子开创儒家，正是从软实力这根红线着手，试图建立起一套思想文化体系，用以回应社会现实。

春秋战国时期，诸子百家都在给这个乱世诊脉，并纷纷开出了自己的药方，儒家也不甘落后，而且走在了时代前列。当然，所谓走在时代前列，并不是说儒家学说在当时被运用了多少，而是说时代影响有多大。《韩非子·显学》："世之显学，儒、墨也。"这说明在战国末期，儒家和墨家是最显赫的两大学术流派。孔子作为儒家鼻祖，重要性不言而喻。

从以上三个方面来看，孔子不仅是文化的传承者，也是文化的教育者，更是文化的创造者。如今同样处于意识形态重建的转型时期，怎样接续传统文化，同时放眼世界，从而创造出属于当代独有的新文化，成为摆在我们面前刻不容缓的任务。当然，今人的眼光可以放得更宽广一些，凡是世界上的优秀文明成果都可以拿来为我所用。不过，中国的问题仍应立足于国情，传统是不容忽视的，但儒家思想，包括孔子的学说在内，不可能完全适合现时代，毕竟已相隔两千多年，时代背景有天壤之别。我们的立场必定是取其精华，去其糟粕。至于儒家思想的糟粕，经过一百多年的反思，已有较为深刻的认识，今人更应着力做的，可能不是"破"而是"立"，亦即如何建构有当代特色的思想文化，这是更值得思考和实践的问题。

三 "西狩获麟"的历史性隐喻

《春秋》三传的结束时间是不一样的，《公羊传》和《穀梁传》结束于鲁哀公十四年（前481）"西狩获麟"，《左传》的经文结束于鲁哀公十六年（前479）孔子去世，传文结束于鲁哀公二十七年（前468）鲁哀公去世。

与开篇一样，全书的结束也有特别的意义，《公羊传》和《穀梁传》为何选择"西狩获麟"呢？《公羊传》做了非常详细的解释，鲁国有个砍柴人在国境西部狩猎的时候，获得了一只麒麟。麒麟是仁兽，据说只有在圣王在位的时候才会出现，否则是不会来的。上一次麒麟现身是周文王在位时，这次就让人奇怪了，春秋末期恰恰是乱世，为何也会有？孔子听到这个消息后，用袖子擦脸，眼泪把袍子都打湿了。他喃喃自语："你为谁而来呀？为谁而来呀！"其实，麒麟正是为孔子而来，虽然孔子在现实中并非诸侯王，但他为后世确立了基准价值观和社会规范，他的所作所为与古代圣君有异曲同工之妙。正因如此，孔子被称为"素王"，即没有加冕的王。那么，孔子为什么哭呢？这是因为他在现实中无法推行自己的政治理想和文化理念，而且他的两个得意门生先后离他而去。颜回死的时候，孔子说，这是上天让我失去了助手啊！子路死的时候，孔子说，这是上天断了我的臂膀啊！"西狩获麟"的时候，孔子说，我的政治主张到此为止了。意思是说，麒麟虽然为自己来了，但与周文王时代相比，现实恰恰相反，理想已经没有实现的希望了。

《公羊传》还解释了另一个问题，那就是孔子为什么编《春秋》。《春秋》记录了从鲁隐公元年（前722）到鲁哀公十四年（前481）共二百四十二年的历史，为何选择这个时间段呢？《公羊传》指出，这是因为孔子生活在鲁襄公、鲁昭公、鲁定公、鲁哀公时期，往上推的话，就是他的父辈和祖父辈生活的年代，即鲁僖公、鲁文公、鲁宣公、鲁成公时期，再往上推的话，就是他的父辈和祖父辈听闻历史而非亲身经历的年代了，即鲁隐公、鲁桓公、鲁庄公、鲁闵公时期。而且，十二正好是天数，即天子之数，故而孔子记录了十二位国君。至于鲁隐公之前的历史，由于传闻过于久远，可信度大打折扣，而这段历史已足够孔子表达他的政治理想。

孔子的政治理想是什么？《公羊传》用六个字加以概括，那就是"拨乱世，反诸正"，即拨乱反正。意思是说，孔子通过《春秋》表达了自己的价值观，描绘了理想社会的蓝图，希望促使乱世重回正轨。那么，孔子只是记述先贤的思想，还是也有所期待呢？《公羊传》指出，这两方面都是孔子努力的方向，因为孔子既整理阐释了先贤的思想，也知道在当世不可能得到实行，但他并未完全陷入悲观失望，而是以《春秋》作为载体，把希望寄托在后世明君的身上，相信他们能把《春秋》的原则推行开来，从而实现自己未竟的理想。正是在这个意义上，汉代人认为《春秋》是孔子给他们预先修订的一部"宪法"。换句话说，孔子编订《春秋》，意在等待后世明君实践，汉代人认为自己生逢其时，秉承了孔子的遗愿。

由是可知，孔子既有继承，又有创造。而且，他对人性和社会有着崇高的情怀，故而深信社会可以变得越来越好。正是这种深信不疑，促使他选择了倾注全部心血做思想文化工作，并在不久的将来部分地变成了现实。不能说汉代是一丝不苟地按照《春秋》大义运作的时代，但至少是相当广泛地运用了《春秋》法则建立社会规范和伦理秩序。

有时候，思想也需要等候的时间，要等待后世能与自己心心相印的人，能深刻理解自己的人。当然，这既是前贤的幸运，也是后人的幸运。古人说："天不生仲尼，万古长如夜。"（《朱子语类》卷九十三《孔孟周程张子》）要是没有孔子的话，浑浑噩噩的时代恐怕会一直处于黑暗之中，孔子用他的思想照耀了两千五百多年来人们的心灵，也正因孔子的光芒在历史长河中经久不衰，我们有理由相信，只要有理想、有信心、有行动，这个时代就一定能变得更好。

四　如何实现文化软实力的重建？

参与讨论者：
　　陈光明（深圳大学 2013 级中国现当代文学硕士）
　　陈秋茜（深圳大学 2013 级中国古典文献学硕士）
　　李　霞（深圳大学 2013 级中国古典文献学硕士）
　　梁婉然（深圳大学 2014 级中国古代文学硕士）

　　周　萌：软实力与硬实力相对，硬实力是指政治、经济、军事等方面的实力，软实力是指思想、文化、意识形态等方面的实力。硬实力和软实力是国家的两大支柱，它们之间相辅相成。现实地来看，近三十年来，中国的硬实力在不断上升，而软实力与大国地位极不相称。只要出过国，这种感受会更加强烈。因此，提升软实力，成为摆在我们面前刻不容缓的任务。作为社会精英和国家栋梁，你们对此有义不容辞的道义责任和历史责任，不妨先来谈谈你们的看法吧。

李　霞：回顾历史，中国的软实力有过无比强盛的时期，盛唐时代尤为明显，那时唐朝文化辐射到周边国家，诸如日本、朝鲜、越南等，以汉字和儒家文化为基础，形成了今人所说的"汉文化圈"。直到现在，这些国家在传统节日、习俗、服饰、建筑等方面仍或多或少遗留了当时的影子，例如日本和服受到唐朝服饰的影响。

陈光明：中国传统文化的确对周边国家有深刻影响，但正如老师所说，如今中国文化在国际舞台上相对式微，我很想了解这具体表现在什么地方呢？

梁婉然：虽然中国传统文化的优秀资源众多，并在世界范围内影响了其他国家，但就目前而言，中国当代文化的创新意识相对薄弱。例如"奔跑吧兄弟""我是歌手"等综艺节目都是直接从国外引进或借鉴国外的，用娱乐界的话形容则是：外国生，中国养。另外，国内山寨文化盛行，涉及手机、服装等诸多领域，山寨产品只是模仿别人，而没有形成自主、高端的品牌。

陈秋茜：是的，国内的文化创新能力确实很弱，这就很容易受到外来文化的冲击。例如许多人喜欢看日本动漫、韩剧、美剧等外来节目，甚至日常生活用品，包括衣服、汽车、家电等，也更倾向于外国品牌而不太愿意用本国产品。

周　萌：换句话说，在相当长的历史时期里，中国确有拿得出手的思想文化和理论概念，可是回想一下，近三十年来，我们有影响世界的术语和理念吗？人们熟知的自由、平等、民主、法治等观念都是从西方过来的舶来品，这就迫使我们不得不思考，我们的文化软实力为什么在走下坡路呢？这是复兴"中国梦"必须严肃面对的问题，我们又该如何面对这种挑战呢？

陈秋茜：中国传统文化博大精深，增强文化软实力，可以把弘扬优秀传统文化作为基础。这主要包括两方面：一是提升文化凝聚力，通过弘扬经典文献和传统节日，让老百姓更加熟悉优秀传统文化的具体内涵和表现形式，增强文化向心力以及人们的认同感。二是提升文化吸引力，让更多外国人了解中华文化。我国在世界各地开办了许多孔子学院，这是宣传中华文化的极佳平台。

陈光明：中国传统文化的确是一瓶芳香醇美的酒，但这瓶酒要在当代引人喜爱，就需要一个好瓶子。以前由于瓶子不太好，花在传播方式上的功夫不太多，以致接受度不高，周边国家理解起来有难度，甚至还有误读。现在要提升文化软实力，就需要精心选择适宜的传播方式。除了秋茜所说的孔子学院等教育机构以外，还有更好的载体，那就是商业文化。当今是商业时代，以美国为例，它的自由、平等、法治、英雄主义等诸种思想，不是通过枪炮、美元等方式，而是通过可口可乐、好莱坞电影等商业行为在全世界传播。我们可以借鉴这些成功经验，把优秀传统文化中的天人合一、人伦情理、中医中药等内容融入商业文化当中。因为商业传播并不空泛，而是融入人们的日常生活，通过平常点滴就能感受到，这才可能让人主动了解，从而自然而然地产生认同感。

李　霞：与商业文化相应的是知识产权保护问题，前一阵，于正的《宫锁连城》涉嫌抄袭琼瑶的《梅花烙》，最后于正败诉，法院做出了惩罚抄袭的判决。然而，许多观众并不认为抄袭行为可耻，甚至觉得这是小事一桩，因为他们的知识产权保护意识太欠缺了。政府应从这方面着手，加强《知识产权法》的宣传，提升民众在这方面的自觉意识，这将有助于形成良好的文化体制和文化氛围。

梁婉然：政府还应加大文化建设和文化输出的投入，只有真正做出好东西，别人发自内心喜欢，才会主动接受，因为文化的魅力在于吸引而不是强迫。例如《舌尖上的中国》是比较成功的文化输出案例，这个节目用生动的画面、细腻的语言展示了中国悠久的饮食文化，生动形象，感染力强，连外国人也极易理解，甚至产生继续了解、探索和挖掘其他中国文化精粹的动力。政府应大力支持这类文化节目，用美的形式把中国文化推向全世界。

周　萌：文化软实力的确是政府起主导作用，在宏观层面，政府应提出代表人类理想的理论表述，并使之成为社会生活的基本法则。在微观层面，正如光明所说，只有让文化成为每个人日常生活的一部分，人们才不会隔膜。换句话说，文化是怎样传承的？正是靠每一个鲜活的个体以生命相传！只有在每个人心中生根发芽，文化才真正有了生命力。例如当代年轻人更愿过洋节而不是传统节日，这值得我们深刻反思，如果放弃了传统节日的形式和仪式，就不再与生活息息相关，也就不会成为根深蒂固的习惯了。另外，当代大国都有核武器，谁也不敢先动手，大国之间的争斗主要演变成话语权的争夺，表现为主要通过谈判解决争端，这需要争取得到更多人的认可，自己必须首先拿出令人信服的理由，因为这是以德服人，而不是武力威胁的过程，虽是看不见硝烟的战争，但同样十分激烈，而有说服力的理论和概念是最有效的秘密武器。照此看来，文化软实力的重要性不言而喻，而文化创新是提升软实力的不二法门。因此，无论政府还是个人，都要有弘扬传统和创新当代的自觉意识，这不仅指吸收中国优秀传统文化的智慧，也包括消化世界各地的优秀文化资源。只有保持海纳百川的姿态和胸怀，才能始终站在世界文化的最前沿，从而真正创造出崭新的当代中国文化，为"中国梦"奠定更加坚实的理论基础。

第十五章
鉴古知今：历史的智慧

一 为什么孔子"志在《春秋》"？

对于"历史"这两个字，人们虽然非常熟悉，但常常存在误解，例如人们通常会觉得，历史是指历史教科书、博物馆、文物考古之类，都是相当遥远的事情，除了参加历史考试以外，与现时代谈不上有什么特别的关联。又如人们总觉得历史是指过去确切无疑发生的事情，故而难免有些疑惑：有时候历史记载两个人的秘密谈话，没有第三者在场，这些话怎么就原模原样地传下来了呢？其实，这些都是对历史的误会，因为历史不仅是过去的某种存在，而且这种存在需要人们通过回顾历史，让现在和过去发生关联，从而实现历史的价值和作用。如果仅仅是作为古董而存在的话，历史的意义显然要小得多。正因历史能回应现实,并给一代又一代人以智慧和启迪,它才具有不可替代的地位。

值得一提的是,历史本身和历史记录之间是有一定差距的,因为"人不能两次踏入同一条河流",除了穿越剧以外,人们永远无法重现同样的历史场景。不过,历史记录秉持的是秉笔直书的原则,一方面要尽量贴近历史真实,另一方面要符合历史逻辑和人性逻辑。有些历史记载,必然是根据逻辑推演而来,不可能是记录者亲眼所见、亲耳所闻,但这依然是构建历史必不可少的合理部分。正因如此,历史记录不等于历史本身,但它应当与历史本身越相符越好。中国史学家坚守的正是这样的实录精神,这是他们记录历史的基础,但在此之上,史学家还可以有自由意志和自由空间。也就是说,史学家记录历史的重心不在于复原历史场景,而在于以自己的史学观为指导,剪裁整理原始材料,反映并弘扬人性、自由、人道和理想。从长远的历史眼光来看,这才是更值得关注的。

孔子正是基于这样的立场编订《春秋》,章学诚有个著名的否定性观点:"六经皆史。"意在把"经"的地位降格为"史"。从《春秋》来看,这种说法只道出了事情的一面,因为《春秋》的材料基础是鲁国历史,无可争辩地属于历史范畴,但若只把它当作历史看待,显然既低估了此书的价值,也低估了孔子的用心。

孔子编订《春秋》,至少有以下三个方面的考虑:第一,孔子对社会有深切的认识。春秋是公认的乱世,处身这样的时代,多数人可能会选择随波逐流甚至同流合污,少数人会选择独善其身,同流合污固然糟糕,但独善其身也只是做好了自己而已,那么,历史的残酷和血腥,难道要让它继续上演吗?对此,孔子先知性地指出,只有让更多的人了解这个世界的问题及其严重性，改革才会有更强大的动力。作为社会精英，不仅不能明哲保身，还应着力教化民众。也就是说，只有让越来越多的人认清社会现实，尤其是那些残酷血腥的部分，才有可能在污泥中开出莲花来，最终摒弃黑暗而追求更加美好的明天。

第二，孔子对人性有深切的认识。王阳明的心学四诀说："无善无恶心之体，有善有恶意之动，知善知恶是良知，为善去恶是格物。"意思是说，人性本来无所谓善恶，只有意念才区分善恶，而懂得区分善恶是人与禽兽的根本区别，扬善去恶则应从格物致知开始。由是可知，意念有善恶之分，而懂得分辨并扬善去恶，与教化息息相关。照此推论，历史记录本身无法产生教化的力量，它需要读史之人把历史读进心里之后，通过读者之心产生作用。既然人性有四端——恻隐之心、羞恶之心、辞让之心、是非之心（《孟子·公孙丑上》），那么为善去恶是完全可能的，历史正是借助人性之善而发挥作用。在春秋乱世，他人明哲保身之时，孔子挺身而出，重新编订"六经"，正因他清醒地看到，虽然世道很糟糕，但人心之中善良的星星之火是可以燎原的。

第三，孔子对自身有深切的认识。世界上大凡伟大的思想家，都有很高的自我期许，而且他们也的确是站在人类理想的至高点上俯视众生。孔子思考过这样的问题，自己的政治理想在现实中无法实现，那么怎样才能让后人知晓呢？答案是著书立说，故而孔子把《春秋》看得尤为重要。为什么？《史记·太史公自序》解释得很清楚，因为《春秋》"辨是非，故长于治人"。也就是说，《春秋》是判断是非对错的标准，而且主要用于人与人之间，只有把人际交往的规则确定下来,使大家知道各自的界限所在,社会才有可能变得更加美好,它的重要性不言而喻。另外,《春秋》确立的这些原则属于礼的范畴,而礼不同于法,礼主要是让人自我意识到应当如何做,引导人们不要往错误的方向走,故而能更好地弘扬人性的善端;法主要是犯错之后的惩罚。若能未雨绸缪,防患于未然,自然能避免更多的错误;若能进一步达到无需启用法律的状态,则是礼的最高形式。孔子解决社会问题的办法是从人心入手,让人们从开始就知道怎么做,而不是犯错之后再行处罚,这也是儒家与法家很不一样的地方。

孔子的自我期许,源于精英的道德勇气。很多时候,道德是个可怕的怪物,甚至可能被扭曲成"吃人的礼教",因为现实当中,许多人惯于动辄使用道德评价贬损他人,却从来不过问自己的道德水准。事实上,道德并不是用来约束别人的,而是自我约束的方式之一,所以真正有道德的人,往往有无比强大的勇气,因为第一个要约束的正是自己。例如当别人都闯红灯的时候,你站在那里岿然不动,可能会被嘲笑为很二,你能一笑置之吗?当然,这是极小的事情,孔子要为天下人确立是非对错的标准,没有足够的道德勇气和道德担当,恐怕是无法胜任的。

大概正是基于上述原因,孔子编订《春秋》的时候,表现出强烈的自由意志。人们通常以为,既然秉笔实录是史学家的最高准则,那就不会有什么自由发挥的空间,其实不然,历史之中蕴含着评价,而评价源自史学家的价值观。孔子编订《春秋》,开启了被后人命名为"《春秋》笔法"的传统,简而言之是"一字寓褒贬",亦即《春秋》原文相当简略,可谓惜墨如金,但每个字都经过斟酌,经得起推敲,而且表达了他的立场和态度,并不只是为了纯粹客观记录历史。孔子在这方面下了多少工夫呢？《春秋》定稿以后，他的学生，即使是像子夏这样有名的学生，也不能增加或减少一个字，可见这本书灌注了孔子所有的心血和理想。

在这方面，司马迁较为突出地继承了孔子的编史精神。中国有"二十四史"之说，《史记》作为正史之首，反而很是与众不同，这是因为司马迁秉持的是他个人对人性与社会的认识，以及自己一以贯之的学术理想。相反，自《汉书》以来的正史主要由政府组织编写，贯彻的大体是国家意识，政治正确不可避免地部分影响了历史正确。《史记》完全不是这样，故而司马迁敢于批评当朝汉武帝，甚至可以说，《史记·武帝本纪》记录的简直是汉武帝最糟糕的一面，把他写得跟秦始皇没什么两样。这既需要极大的道德勇气，也是司马迁自由意志的强烈表现。对此，司马迁有明确的自觉意识，在《报任安书》中，他阐明了自己遭受宫刑，为何还能忍受奇耻大辱、苟延残喘地活下来，目的只在于完成这部史书，因为此书不仅贯穿了他毕生的心血和理想，甚至还包括他父亲司马谈的未竟理想。司马迁直截了当地指出，《史记》意在"究天人之际，通古今之变，成一家之言"，即沟通天与人、古与今，确立起史书的独特样式。司马迁的确做到了，这是对孔子编订《春秋》的最好继承。

按照一般说法，"六经"均为孔子所编，但他"志在《春秋》，行在《孝经》"，意思是说，孔子的理想集中体现于《春秋》，行为准则集中体现于《孝经》。因此，要真正理解孔子，《春秋》可谓重中之重。

二　为什么《春秋》被视作律法？

按照《公羊传》的说法，孔子编订《春秋》，意在等待后世明君把他的理想变成现实。汉代人觉得自己生逢其时，因而把《春秋》视作孔子给他们预先修订的一部"宪法"。从皇帝的批文、大臣的奏章、朝臣的争论等，随处可见汉代人对《春秋》的重视，这是因为他们并未停留在引经据典的层面，而是真心实意地把《春秋》当作指导思想和社会准则。当然，必须说明的是，汉代人对《春秋》的理解和使用不可能按照孔子的思想毫不走样地执行，毕竟时代不同了，何况《春秋》只是确立了宏大的原则，落实到具体事情，仍可因时、因事、因地变通。两个典型的政治大事件，就足以说明这一点。

第一个事件是弟弟想当太子。汉景帝的母亲窦太后无比溺爱小儿子梁王刘武，乃至一直希望汉景帝立弟弟为太子。有一次母子闲聊，窦太后对汉景帝说："吾闻殷道亲亲，周道尊尊，其义一也。安车大驾，用梁王为寄。"汉景帝大概一时头脑放空，没明白怎么回事就稀里糊涂答应了。出来以后，赶紧召集深通经术的大臣，问太后这话是什么意思。大家回答，太后想立梁王为太子。汉景帝还是没明白，鼎鼎大名的袁盎回答："'殷道亲亲'是指商朝的制度重视血缘关系，兄终弟及；'周道尊尊'是指周朝的制度重视上下有序，父死子继，太子死则立嫡孙。"汉景帝问众人的意见，大家一致认为，汉朝效法周朝，当然是立儿子而不是弟弟。

这时，自然而然就举到了宋宣公的例子，宋宣公传位给弟弟宋穆公，宋穆公又传位给宋宣公的儿子宋殇公，结果宋穆公的儿子宋庄公自认为也有继承权，导致堂兄弟之间互相残杀。《公羊传》的评价是"君子大居正"，即君子应当坚守正道，不应随意改变礼法原则，宋国的祸患正是从宋宣公开始的。袁盎面见窦太后，把这个故事及背后的利害关系讲透，窦太后也不好再说什么了。

然而，事情仍未完结，梁王听说袁盎断了他的太子之路，派人将其刺杀。事情很快被查出来，而且牵连出梁王谋反的端倪。怎么办呢？汉朝的处理办法很有意思。当时窦太后寝食难安，每日哭泣不止，汉景帝也忧心忡忡。大臣提出，只有派熟悉儒家经典的人办理此案，才能办好。果不其然，这两个办案官员在调查完毕之后，先把有关梁王谋反的文书证据通通烧掉，再向汉景帝报告，事情都是梁王手下人干的，梁王本人毫不知情。汉景帝听后非常高兴，立即禀告窦太后，窦太后听说后，随即坐起来吃饭，身体也恢复如初。

这是什么意思呢？这两个办案官员胆子也忒大了吧？其实，并不是他俩胆肥，而是有据可依。要是法家办理此案，则必定穷追不舍，揪出梁王这个幕后主谋，儒家的思路恰好相反，根据《春秋》大义，区别对待，调和了情与法的矛盾。因为梁王若是被判谋反，那就会被杀，对汉景帝来说，这是哥哥杀弟弟；对窦太后来说，将会一辈子不得安宁，汉景帝作为儿子，又将如何面对母亲？如此复杂的关系，根据儒家经典，遵从"亲亲之道"，就处理得比较圆满了。

第二个事件是前朝"太子"现身。汉武帝晚年发生了著名的"巫蛊之祸"，起因是汉武帝极为怕死，江充等小人抓住他的这种心理，把病因说成是有人搞巫蛊作祟。因与太子刘据有矛盾，江充把这把火引向他，逼得刘据起兵，失败后逃走而被杀，卫皇后自尽。虽然汉武帝最终回过神来，把江充等人杀了，但刘据已是人死不能复生了。汉武帝去世后，由小儿子刘弗陵继位，是为汉昭帝。汉昭帝始元五年（前82），有个男人坐着小牛拉的车，打着黄色的旗子，穿着黄色的衣服，戴着黄色的帽子，来到宫门前，自称是前朝太子刘据。尽管刘据被杀已成定论，但大家仍相当疑惑，于是汉昭帝让公卿、将军及两千石以上的高级官员前去辨识，围观群众迅速达到几万人，一下子演变成了大事件，以至于军队都做好了准备，以防发生特殊状况。

当时，自丞相以下的许多高级官员都在场，但没有人敢说话，因为政治有时很微妙，一旦站错队，就有可能倒大霉。当然，还有可能是当年的冤假错案，让不少人心怀同情。正当大家犹豫不决之际，京兆尹（首都地区行政长官）隽不疑来了，当即下令收押此人。旁边有人提醒他，事情尚未弄清楚，大家都在观望，那么着急干啥？隽不疑自然不是莽撞之徒，他底气十足地告诉大家，哪里用得着担心卫太子刘据？《春秋》早有明示，卫国蒯聩违背父亲卫灵公的命令，逃到国外，他的儿子辄继位后，拒绝蒯聩回国，《春秋》对此表示赞同。刘据得罪先帝，即使没死而来到这里，也是罪人，哪里还是什么太子！隽不疑四两拨千斤，根据《春秋》大义，轻而易举地解决了这起棘手的突发事件。汉昭帝和辅政的大将军霍光非常高兴，一致认为公卿大臣应由熟悉儒家经典的人出任。隽不疑名声大振，霍光想把女儿嫁给他，但被拒绝了。司法部门审理这个所谓的刘据，果然是算命先生冒充的，原来刘据身边的人找他算过卦，说他与刘据长得很像，此人见利起意，想利用这个机会谋取富贵，结果被杀。

上述两个事件都是关涉重大的政治问题，因为在"家天下"时代，继承人的合法性往往牵一发而动全身。只有深通儒家经术的人，才能熟练运用《春秋》经义，举重若轻地解决那些复杂纷争的政治纠葛。汉代人对《春秋》的推重，不是没有理由的，由是可以反观这部书对汉代政治生活的深刻影响。实际上，汉代人运用《春秋》的例子不胜枚举，《春秋》的作用和地位也就不言而喻了。

三 为什么今人要重读《春秋》？

汉代人对《春秋》的重视显而易见，但汉代距离今天毕竟已有两千多年，那么，今人为什么还要重读《春秋》呢？这至少有以下三个方面理由：

第一，今人应当重新认识和对待"五经"。为什么这么说呢？现在只要提到古代经典，许多人就会想到"四书""五经"，这种提法明确把"四书"放在"五经"前面，这大概是从宋代开始的观念，因为宋代人重视思孟学派，把《大学》和《中庸》从《礼记》中抽取出来，与《论语》和《孟子》合称"四书"。宋代人的这种观念流行了近一千年，元明清时代的科举考试主要以"四书"作为教材和考纲，"五经"的重要性几乎被"四书"所掩盖。然而，只要稍微细想一下就知道，儒家十三经中，《孟子》直到南宋才最后一个进入经部，而"五经"成为经典的时代远早于"四书"，甚至可以说，"四书"是在"五经"的影响下产生的。当然，这并不是说"四书"毫不重要，而是说"五经"才是更有原创性和启发性的经典，"四书"虽有创新，但仍离不开对"五经"的阐释。只有追源溯流，回到最初的源头,才能系统地梳理中国文化的脉络,完整地理解中国文化的流变。

第二,当今是放眼世界的时代,思想文化和学术研究必然开放兼容,今人理应吸取世界上一切优秀文明成果,包括西方、犹太、印度,以及古埃及、古玛雅等。德国雅斯贝尔斯提出轴心时代的概念,列举了四种思想文化的源头,中国的春秋战国时期,以老子和孔子作为代表人物,位列其中。这说明中国思想文化的源头能与其他优秀文明成果相提并论,正因如此,所谓放眼世界,不仅是指放眼他人,也指回归自己的源头和经典。只有这样,才能站在自己文化的制高点上,也才能看清楚他人文化的制高点。

不过,今人谈论中西文化,流行的观点总喜欢把中外两个主体对立起来,这可能是二元思维方式在作怪,为什么不能从共通共融的角度理解和阐发呢?雅斯贝尔斯的轴心时代概念正好说明,当时世界上的不同地方,在相近的时间段内,不同的文化哲人都在思考,也都提出了对各自文化有原创意义的理论学说。虽然各家的观点很不一样,但他们所达到的人类理性的高度,是十分接近的,在这个意义上,大家可谓殊途同归。照此推论,如果回到"五经",也应将其置于世界性的宏观背景下看待,从而更好地探寻不同文化之间互相学习和交融的可能性,这才是对自身文化的深度挖掘。

第三,现时代与一百年前新文化运动的背景已经不太一样了,那时的首要任务是"破",即对传统文化,尤其是儒家思想的糟粕进行系统反思,这也决定了反省的方式主要是批判。新文化运动的健将们的确对中国文化做了最激烈的批判,回头再看,他们的某些结论未必站得住脚,例如有人主张把儒家和道家的典籍通通毁掉,甚至有人大声疾呼:"汉字不灭,中国必亡。"这都是极端的观点,但有那个时代的特殊背景,后人不应纠结于具体结论,而应同情地理解所谓矫枉必须过正的历史必然。正因有那样一个时代,今人才会对传统文化的糟粕有较为清醒的认识,不会认为中华文化全是精华,哪怕是《论语》和《孟子》,也不是放之四海而皆准的真理,孔孟同样有他们的历史局限性。

那么,今人应做的事情是什么?是"立",即建构。这是因为在意识形态方面,今天仍处于转型时期,诸如自由、平等、民主、法治这些观念,都是由西方人弘扬的,当代中国人似乎没有特别拿得出手的概念和理论,这是现时代必须正视和重视的问题。为此,今人既要以世界性的视野重新审视"五经",又要站在中国的立场上看世界。因为建构当代思想文化,只有扎根于本国土地才能更好地立足和成长,要是连自己的思想文化源头都弄不清楚,又怎会有能力消化吸收其他优秀文明成果呢?就算做了,也注定是消化不良。因此,重回"五经",寻找古人的理念和智慧,为现时代的思想文化建设提供有益的资源,已是刻不容缓。

古往今来,对任何国家而言,只有软实力与硬实力相匹配之后,才能成为真正的强国,而实现中华民族伟大复兴的中国梦,同样舍此别无他途。所谓复兴,是指中华民族曾经无比兴盛,如今要再次兴盛。那么历史地来看,诸如汉唐盛世,最为倚重的是什么?其实,并不是靠武力征服别人,而是用先进的思想文化吸引他人,使之归附。今天要做的正是类似的工作,只是具体内容有所不同而已。

从经典的角度来说,儒家思想是中国文化当之无愧的主干,孔子的重要性毋庸赘述。在此之中,正如钱穆先生《孔子与〈春秋〉》所言:"隋唐以前人尊孔子,《春秋》尤重于《论语》……直到宋朝,《论语》才和《春秋》平起平坐了,二程和朱熹则抬高《论语》超过了《春秋》。到清代乾嘉以后,《春秋》又超过了《论语》。"对《论语》的重视,今人似乎已有共识,但对《春秋》,仍需重新评估它的价值和地位。因为《论语》是孔子的弟子及再传弟子对孔子言行的记录,虽有一定的系统性,但毕竟是孔子随性阐发的结果。《春秋》则完全不同,它是孔子根据自己的理想系统编订的专著,贯穿了他的全部心血和理想,甚至可以说,它能更全面地反映孔子的思想。今人重读《春秋》,对价值观的意义怎么说都不为过。

从个人的角度来说,经典要展现自己的生命力,得靠一代又一代的读者,尤其是那些伟大的读者,与前贤以心会心。因此,重读《春秋》,既是让经典重新焕发生命力的主要方式,也是提升个人素养的必由之路。在这个过程中,经典通过被阅读而再次创造了自我,个人通过阅读经典而变得更有智慧,并顺利实现了心灵的穿越。由是可见,阅读《春秋》是一场穿越千年的心证,希望有越来越多的人可以好好享受这趟难得的灵魂之旅。

四 如何通过重新阐释复兴经典?

参与讨论者:

  黎思文(深圳大学2013级中国古代文学硕士)
  陈秋茜(深圳大学2013级中国古典文献学硕士)
  李 霞(深圳大学2013级中国古典文献学硕士)

刘　伟（深圳大学2014级中国古典文献学硕士）

周　萌：简而言之，经典是指原创性或启示性作品。当代人对经典有两种典型态度，一种观点认为经典虽然历史久远，但对现时代仍有不可或缺的启发意义。例如德国历史学家雅斯贝尔斯提出"轴心时代"概念，正是秉持这样的立场。另一种观点恰好相反，认为经典是精英的故事，与平民百姓，尤其是草根距离太过遥远，故而采取敬而远之的态度，甚至避之唯恐不及。那么，我们应当如何看待这两种观点？又该怎样理解重读乃至复兴经典？

刘　伟：经典是人类文明最耀眼的明星，但在科技文明高度繁荣的当代，仿佛已被绝大多数人遗忘。当我们走进书城时，映入眼帘的往往都是商业化的畅销书，经典书籍似乎已被群书淹没。从慕课的选课人数来看，选修东西方古典文化类课程的学生远少于实用性学科。我有些疑惑，难道说传统经典已经没落？那么原因又是什么呢？

李　霞：经典被忽视甚至是走向没落，主要有以下两方面的原因：一是大多数经典为文言文，与通行的白话文落差较大，对许多人而言，存在一定的阅读障碍；二是现代生活节奏特别快，人们主要根据自身工作和生活的实际需要选择阅读对象，实用型书籍自然更易流行，而经典主要有助于提升个人的内在修养，会被有些人视为可有可无。

陈秋茜：在目前的社会背景下，当务之急是如何让经典为大众所熟知，这需要借助现代传播方式，例如自媒体和影视等。中央电视台的百家讲坛是普及经典的成功案例，现在许多高校纷纷开设慕课，其中有不少经典类课程，这些有助于人们熟悉经典，进而走进经典。

黎思文：百家讲坛主要是方式的创新，这的确可以迅速普及经典，只是方式的创新很容易衰落，关键还得从内容着手。例如百家讲坛，最初几年出现了一些学术明星，最有名的当属易中天、于丹、纪连海，可是其他主讲嘉宾，观众依然知之甚少。可见，形式的创新还需配以内容的重新阐释。

周　萌：说到内容创新，其实前人有成功的经验，最典型的例子是佛经的翻译和传播，在这个过程中，译者注入了很多自己的创造。例如佛教讲经分僧讲和俗讲，对僧人说法，理当探寻经典本义及引申义；对普罗大众，为了吸引更多的善男信女，就得通俗易懂。唐代变文从俗讲变化而来，十分生动，还配有转动的画轴，出名的俗讲僧，受欢迎的程度不亚于《百家讲坛》的明星。

黎思文：说到佛经的接受与改造，让人联想起《西游记》，这是妇孺皆知的故事，历来受到人们的青睐，被不断改编。动画电影《大圣归来》仍属对经典故事的改造，把唐僧从成人变成了小孩子，但孙悟空的形象没变，他在《西游记》里是斗战胜佛的形象，那种坚韧不拔、战无不胜的精神，值得继承发扬，也成为新版电影大力弘扬的主旨。在变与不变之间，新版电影实现了保留经典精神和重新创造的平衡，获得了很大成功。

陈秋茜：《西游记》是小说，有故事情节，容易被改编成电影，也可根据精神主旨适当变更内容。我有点疑惑，若是客观记录历史的史书，还能这样随便改编吗？

刘　伟：史书是否可以改编？同样有著名的例证。白居易《长恨歌》正是立足于安史之乱的史实，把唐玄宗和杨贵妃的荒唐往事改写成了一段凄美的爱情故事。作品质朴的语言，优美的旋律，再加上"一弹再三叹"的故事情节,使之成为经典叙事诗,历久不衰,日久弥新。白居易的朋友陈鸿为此写了《长恨歌传》;一千年后,洪昇根据《长恨歌》和《长恨歌传》写了《长生殿》,成为戏曲典范。由是可见,经典正是在被重写、被改造的过程中,重新获得了生命力。只要不是脱离大众的经典文学,都可以通过适当调整内容服务当下。

黎思文:除了安史之乱的故事被反复改编以外,《三国演义》更是广为人知,它是对三国历史的再演义和再创造,许多情节和人物其实是错位的,并不符合三国历史的实际,但丝毫不影响这本书成为经典名著。作者这样改动也是用心良苦,目的在于使情节更生动,更能为大众接受。

李　霞:我不认同为了复兴经典而改编经典,现在市面上由经典改编的电影和游戏很多,它们的导向是商业价值,投资人为了获得更多的商业利益,往往对经典大加改动,把经典原本包含的情感和精神全变了,已传达不出经典最有价值的思想,误导青少年,这是值得我们警惕的倾向。

周　萌:这的确涉及适度问题,也就是说,经典是否可以被无限改造,甚至是恶搞呢?有些作品乱排人物关系和事件先后倒也罢了,因为人们很容易通过其他途径获取这些历史知识,最糟糕的是价值观紊乱,刻意做翻案文章,甚至颠倒黑白,弄得历史人物面目全非。直白地说则是,改编无妨,尺度仍要。

刘　伟:历史是客观存在的,绝不会因后人的改编而发生改变。对今人而言,如何在尊重历史的前提下,有效且生动地向社会传播已渐为人遗忘的经典事迹,已成为刻不容缓的文化任务。例如赵氏孤儿的故事，最早见于《春秋》，但描述得简单至极；《左传》则详细地介绍了整个事情的原委；一千八百年后，纪君祥继续扩充，使之成为有血有肉的立体形象。正因贴近生活，满足了大众的精神需求，才能传承至今。

周　萌：赵氏孤儿的故事不仅在国内大受欢迎，还传播到了法国，主要原因在于它深刻展示了人性的复杂和争斗，这是永恒不变的主题。不过，世间从来没有无缘无故的爱恨，每个改编者都会把自己的想法带入其中，只是改编者的自由空间并不是无限大，人类的底线和基准价值仍不可或缺。

陈秋茜：是的，改编经典理应尽量保持它原有的精神内涵，再结合歌剧、电影、在线课程等现代传播方式，力求做到"文质彬彬，尽善尽美"。

周　萌：一个伟大的作者，也需要一个或一群伟大的读者。经典的力量，正是在一代又一代人不断阅读和阐释的过程中产生。若是被束之高阁，经典就只是寒气森森的古董，没有太大价值。只有读者的以心会心，才能使经典焕发新的生命力。也就是说，我们穿越千年，照样可以体会唐诗宋词的美，甚至可以充分感受那个时代的喜怒哀乐。这场阅读的因缘际会，是经典和读者的"双赢"：经典实现了凤凰涅槃，读者实现了心灵超越。当然，并不是所有人都具备这样的能力，伟大的读者源于他们有一颗伟大的心灵，在不断磨砺和提升的过程中，离不开长期沐浴经典的光辉。

结　语
历史到底教给了我们什么？

中国历史的长度、广度和深度在世界上屈指可数，值得学习的经验智慧也非常多，但现有历史教育存在十分明显的问题，并且已经到了相当严重的地步。那么，到底有哪些问题应当引起世人的警觉呢？

第一，历史为政治背书。

本来，历史是历史，政治是政治，它们各有自己的一套理论体系、术语和研究方法，但现有历史教育往往把历史变成了政治资料的一部分，使得历史的主体地位大打折扣，甚至沦落为证明政治观点的材料，其独立性和作用也势必会大受影响。这可以从以下两个例子得以说明：

（一）历史一定是五阶段吗？

翻开中小学历史课本可以很明确地看到，中国历史经历了原始社会、奴隶社会、封建社会、资本主义社会和社会主义社会五个阶段，这原本是马克思研究西欧历史发展进程所总结的规律，那么中国历史也是如此么？关于这个问题，二十世纪以来的研究者就已分成对立的两派，赞成者认为马克思的观点是放之四海而皆准的真理，尽管中国历史有自己的特殊性，但这个规律是不会变的，而反对者认为若是仔细探究，恐怕未必如此，奴隶社会和封建社会尤其是争论的焦点。

奴隶在中国历史上存在了相当长时间，直到1912年中华民国建立后，才真正在法律上被废除。然而，奴隶和奴隶社会是两个完全不同的概念，奴隶社会是指奴隶是社会最主要的生产群体，他们属于奴隶主的私有财产，完全没有人格和经济独立以及人身自由，夏商周三代与之相对应。证明这种说法并不符合实情的证据已有很多，《春秋公羊传》记载的经济制度变革便是一例。

《春秋公羊传·宣公十五年》：初税亩。初者何？始也。税亩者何？履亩而税也。初税亩何以书？讥。何讥尔？讥始履亩而税也。何讥乎始履亩而税？古者什一而藉。古者曷为什一而藉？什一者，天下之中正也。多乎什一，大桀小桀。寡乎什一，大貊小貊。什一者，天下之中正也，什一行而颂声作矣。

鲁宣公十五年（前594年），鲁国开始实行"税亩"制度，即按田地数量进行征税。《春秋公羊传》对此严加批评，认为反倒不如此前的井田制，这显然与现有历史教科书的观点相悖，为什么？《诗经·小雅·北山》说："普天之下莫非王土，率土之滨莫非王臣。"天下的土地全部属于天子，天子把土地分封给诸侯，诸侯再层层往下，到了基层单位就是"井田"。每块田像"井"字一样被分成九块，四周八块分给八户人家，中间一块是公田，由八户人家共同耕种，所得收成归土地所有者。古人通常认为什一税最符合正道，这正是从井田制而来，也就是公田所占分量约为十分之一（实为九分之一）。在这种制度下，那些耕作者是不是纯粹的奴隶呢？看起来他们似乎并没有彻底丧失经济等方面的自主权。

对封建社会的认识大抵也是如此，其所指是从秦朝到清朝将近两千年的历史。从辞源上说，这已是误用，因为"封建"是中国的固有词汇，意思是分封建国，简称封建。唐代柳宗元有《封建论》一文，比较周朝分封制与秦朝郡县制的优劣。因此，严格来讲，"封建"是指把分封制作为基本政治制度的夏商周三代，秦朝以后虽然也有分封，例如汉代初期大行分封，但经过一段时间的反复后已不是主流了。

从周朝到秦朝确实是巨变，反映在经济制度上是从井田走向税亩，从某种意义上来说，这是从"计划经济"走向"市场经济"，诸种约束被大大放开了。因为井田制之下人们只关心自己的"一亩三分地"，而税亩制允许人们开垦扩张，无疑释放了生产力。然而，从剥削的角度来讲，是不是减轻了呢？如果基于历史进化论，从奴隶社会到封建社会，剥削必然是减轻的，可是儒家理论家猛烈抨击税亩制，原因是在税亩制之下，税收是不定的，这等于赋予统治者更大的决定权，而可能造成老百姓负担的加重。历史上有文景之治"十五税一"和"三十税一"这样相对美好的朝代，但更多的只怕是加重了剥削。

更为重要的是，从井田制到税亩制，背后的推动力是统治者在加强集权。在分封制时代，诸侯要给天子进贡，但在自己的领地有相对的自由权,有些大诸侯国,例如汉朝"七国之乱"前后的吴国,拥有铸币权,这是莫大的经济权力。那么,为什么要废井田?从春秋末期到战国初期,诸侯国扩张势力的方式往往是打仗,而这需要巨大的资源支持。在原有井田制之下,国家所掌握的资源实际较为有限,而税亩制恰恰可以使统治者集中手中的权力,更好地动员全国的力量,并且更有效率。因此,周秦之际的巨变,经济仅仅是外在表现,关键之处在于走向集权。把秦朝到清朝定义为集权时代,或许更准确一些。

汉武帝以后,儒表法里成为基本的治国方略,但在原始儒家看来,两者是绝不相容的。为什么?因为儒家承认等级的客观存在,但要保持相对自由;法家给了平等,但必须让渡自由。也就是说,法家主张王子犯法庶民同罪,除了帝王是上天之子,部分带有神性之外,人人皆应平等,但这是要以交出自由为代价的。秦朝为什么用法家思想治国?因为这使它更有效率,更有能量,更能动员老百姓。秦朝也实行了一系列与加强集权相适应的政治制度,例如郡县制,地方完全听令于中央,没有任何自主权;焚书坑儒,这是软形态的意识形态控制;秦始皇甚至取消谥号,因为不允许儿子评价父亲,臣子评价帝王。儒家恰恰相反,现有历史教科书总说孔子想要复兴周礼,回到西周,是不切实际的复古思想,其实,这是把孔子简单化了,因为他并不是真的梦想着回到西周,而是想要井田制时代所拥有的相对自由。儒家不仅承认等级的客观存在,而且认为等级越高,相应的道德要求也越高,所以儒家对帝王的要求最高,至于帝王能不能做到是另外一回事。如果平等和自由二者只能居其一,选择平等的是法家,选择自由的是儒家。匈牙利裴多菲(1823—1849)《自由与爱情》说:"生命诚可贵,爱情价更高。若为自由故,两者皆可抛。"在这一点上,原始儒家的理想距离现时代遥远么?

(二)帝王一定是荒淫的吗?

翻开中小学课本同样可以看到,历史给人的印象似乎是:帝王都是荒淫的,老百姓都生活在水深火热之中,这还有文献依据可以为证,《小戴礼记·婚义》:"古者天子后立六宫、三夫人、九嫔、二十七世妇、八十一御妻,以听天下之内治,以明章妇顺,故天下内和而家理。"这不明摆着帝王总共可以有一百二十一个女人,岂不是荒淫的铁证?这得从两个层面来看:一方面不能否认历史上确有很多荒淫的帝王;另一方面也应认识到,儒家的这个设定不是为了给帝王荒淫提供制度保证,而是为了权力的保障和延续。对帝王来说,最核心的问题是如何确保手中的权力并将其传承下去,而这主要依赖他的儿子。理想的设计是帝王挑选一个儿子作为直接继承人,同时把其他儿子分封到四面八方镇守以拱卫京师。皇权有独占性,不能共享,要是没有儿子,就得从他的兄弟或近亲中挑选,所以帝王需要很多儿子,故而需要这么多女人。

如果已有几个儿子,又该如何挑选继承人呢?古人设计了一夫一妻多妾的婚姻制度,这不能简称为一夫多妻,因为妻和妾的地位完全不一样:妻只有一个,是必需的;妾可以多个,是可有可无的;妻的孩子是嫡出,妾的孩子是庶出。《春秋公羊传》:"立嫡以长不以贤",也就是说,妻的第一个儿子(嫡长子)有优先继承权,其他人按照出身高低依次类推,并不以贤明作为标准。这个制度看似也不高明,但其用意是为了排除用智谋和武力夺位,避免引发更大动荡的潜在危险。另外,《春秋公羊传》:"子以母贵,母以子贵。"这是说没有选择继承人之前，母亲的地位越高，儿子越有可能获得继承权；确立继承人之后，如果所立不是嫡长子，那么母亲会因儿子被立而地位更高。钱穆先生《中国历代政治制度得失·序》说："其实中国历史以往的一切制度传统，只要已经沿袭到一百两百年的，也何尝不与当时人事相配合，又何尝是专出于一二人之私心，全可用专制黑暗四字来抹杀？"权力向来是不能共享的，何况家天下的时代，这些制度是基于血缘宗法的理性选择。

有些人动辄喜欢谈道德，其实这是一种简单化的处理方式，因为人性和政治极为复杂，不能像小孩子看电视剧那样用好人和坏人来简单判断，只有思想不够深刻或者见识不够多元的人才乐意用道德。因此，我们必须回到历史本身，而不是将其当作仅供政治解说的材料，甚至断章取义上纲上线，否则就没办法尊重历史。同时，只有回到历史本身，使之显示出自身的价值，才能让人对历史有敬畏之心，也才能培养客观审慎的人生态度。

第二，历史理解碎片化。

由于现有历史教育常常为政治背书，使得历史几乎丧失了本身的独立性和系统性，显得零零碎碎。人们常常习惯性地记忆某年某月某日谁出生了、谁去世了、发生了什么战争、颁布了什么法令等，这的确也是历史，但只是一堆零碎的历史材料而已。要是这便是历史的全部，几乎可以说没什么价值，原因是与现实太过隔膜。单纯记忆这些材料同样没什么价值，这类电视节目也毫无高明之处，原因是知识不等于见识，只有把碎片化的知识消化吸收，变成自己系统性的见识，才算是真正触及了历史阅读的本质。这可以从以下两个例子得以说明：

（一）如何判定农民起义的正当性？

现有历史教科书往往歌颂农民起义，不错，农民起义确有相当的合理性，因为大多数情况是官逼民反，只是源初的合理性就有绝对的合法性么？这种判断恐怕有失武断，因为儒家不仅强调目的正义，而且主张手段正义，甚至把后者看得比前者更重要，理由是目的正义是可以包装的，哪个思想家或政治领袖不把自己打扮成正义的代言人？连希特勒屠杀犹太人也要通过白色人种优越论来伪装。因此，听其言而观其行，两者缺一不可，有时手段是否正义更容易准确判断，无论希特勒如何伪装，屠杀犹太人绝对是反人类的暴行，这也就把他所谓的目的正义性消解了。

对农民起义正当性的判定也是如此，虽然他们有源初的合理性，但仍不能一概而论。例如秦末陈胜、吴广起义，因为秦朝是暴政，所以他们要"伐无道，诛暴秦"，目的正义性不言而喻。要是再用手段的正义性来衡量的话，就会出现诸种不同的状况。陈胜、吴广存在的时间较短，在这场政治风暴中最耀眼的是刘邦和项羽两人。刘邦出身"草根"，来自社会底层；项羽是贵族出身，家族世代是楚国大将。刘邦对待家庭似乎不怎么负责任。汉高帝二年（前205），刘邦惨败于彭城之战而出逃，楚兵追得很急，吕后的两个孩子，也就是后来的汉惠帝和鲁元公主都在车上，刘邦为了逃命竟把儿子和女儿踹下了车，幸好车夫夏侯婴把孩子又抱回车上，如此反复三次。刘邦的父亲刘太公和夫人吕后被项羽抓为人质，项羽放出狠话，刘邦不投降就把他父亲煮了。刘邦却说，咱俩一起讨伐无道的秦朝，那是为正义而战的兄弟，所以我爹就是你爹，你要是把我爹煮了的话就分一杯肉汤给我喝吧。从这件事情来看，刘邦是有流氓习性的。

那么，这样的人怎么能打败项羽，最后成功呢？我们不能忽视刘邦的另一面，秦二世三年（前207），楚怀王和诸将商量攻打秦朝首都咸阳的人选，尽管项羽自告奋勇，最后还是选定了刘邦，理由是项羽强悍残暴，而刘邦向来是个宽厚的长者。事实也是这样，刘邦率先入关，但他只是约法三章并未骚扰百姓。项羽入关之前，部下报告说降将章邯的手下在交头接耳可能要谋反，入关后难免不测，项羽竟把这二十万士兵全部活埋。这个对比正好印证了楚怀王等人的判断，刘邦虽然对家庭不负责任，但他有作为政治领袖的基本素质。换句话说，除了反抗暴政的目的正义以外，像项羽那样不问青红皂白坑杀二十万人，也就不具备手段的正义性，失败是必然的。

《水浒传》的主角宋江也是厚黑学高手，他写诗说"敢笑黄巢不丈夫"，意思是连黄巢都不放在眼里。这首诗是宋江酒后吐真言，反映出他内心的真实想法和为人。宋江想要效法甚至超越的黄巢是唐末农民起义领袖，后来他败退到陈郡（河南周口）一带的时候，没有粮食，于是筑了个寨子，里面有数百个巨大的碓，不是用来磨麦子，而是把俘虏或抓到的老百姓碾碎来吃。

> 围陈郡百日，关东仍岁无耕稼，人饿倚墙壁间，贼俘人而食，日杀数千。贼有舂磨寨，为巨碓数百，生纳人于臼碎之，合骨而食，其流毒若是。（《旧唐书》卷二百下《黄巢传》）

鲁迅先生《狂人日记》说，中国历史"满本都写着两个字是'吃人'"，这是文学手法，但确有吃人之事。黄巢是十足的暴徒，就算起义本身有合法性，但值得为之唱赞歌吗？

明末农民起义领袖李自成也是如此，此人无比残忍，每天都要杀人、砍脚、挖心，才觉得开心。他规定：攻打一个地方，立即投降便不屠城，抵抗一天杀十分之三，抵抗三天杀十分之七，抵抗三天屠城。屠城是指把城中所有人，不管是将士还是平民全部杀光：

> 性猜忍，日杀人斫足剖心为戏。攻城，迎降者不杀，守一日杀十之三，二日杀十之七，三日屠之……城将陷，步兵万人环堞下，马兵巡徼，无一人得免。献忠虽至残忍，不逮也。（《明史》卷三百九《流贼·李自成传》）

自古以来，任何针对无辜平民的暴行都应该受到谴责和审判。《明史》认为李自成的残忍超过了同时代的张献忠，而后者是个臭名昭著的杀人狂魔，他最开心也最懂的事情是别出心裁地想出了诸种杀人方法，惨不忍睹。他到四川以后，把四川人基本杀光了，以至于清朝初年需要"湖广填四川，江西填湖广"，也就是把湖北、湖南一带的部分人迁到四川，再把江西的部分人迁到两湖，古代如此大规模的人口迁徙，足以说明张献忠的屠戮何其惨绝人寰：

> 性狡谲，嗜杀，一日不杀人，辄悒悒不乐。诡开科取士，集于青羊宫，尽杀之，笔墨成丘冢。坑成都民于中园。杀各卫籍军九十八万。又遣四将军分屠各府县，名草杀。伪官朝会拜伏，呼獒数十下殿，獒所嗅者，引出斩之，名天杀。又创生剥皮法，皮未去而先绝者，刑者抵死。将卒以杀

结　语　历史到底教给了我们什么？

人多少叙功次,共杀男女六万万有奇。川中民尽,乃谋窥西安。(《明史》卷三百九《流贼·张献忠传》)

对这种反人类的暴行,还有任何理由为之辩护吗?令人不解的是,现有历史教科书对这些人几乎都是正面描写,对他们的残暴只字不提。作家姚雪垠的长篇历史小说《李自成》也是如此,有些人大概是被阶级仇恨蒙蔽了双眼而看不到人性了吧。

(二)康雍乾盛世遮蔽了什么?

直到今天这种现象仍未绝迹,史学界总有人喜欢把康熙、雍正、乾隆时期封为所谓的盛世,这个时代固然人口增加了,生产力提高了,但这只不过是社会生产力和人口发展的自然结果,因为这个时代根本没有任何创造性的制度设计。而且这三位无一例外是暴君,只是李自成和张献忠等人用刀杀人,他们是用无形的刀杀人,即大兴"文字狱"。金庸先生《鹿鼎记》开篇即是浙江湖州庄氏明史案,这是康熙朝第一桩大型文字狱,但这只是刚刚开始。试想:你乃至是你爷爷写了首诸如"清风不识字,何故乱翻书"之类的诗,本来是吟风弄月,却被你们家的仇人揪出来,断章取义冠以讽刺朝廷的罪名,结果你们全家人头落地,谁愿意生活在这样的所谓盛世?这哪里是什么盛世,分明是文化白色恐怖主义!因此,那个时代的读书人热衷于做考据,离现实越远就越安全。不难理解的是,任何盛世都必须是文化昌明与文化自由的时代,像康雍乾这样的文化白色恐怖主义时代让人不寒而栗,为此满心喜悦的人是完全无知还是别有用心呢?

清朝对中国文化的戕害还体现在对读书人的奴化上,鲁迅先生等新文化运动健将反思和批判中国文化虽有偏激之处但不无正确,因为自宋朝灭亡以来，尤其是清朝以来的中国文化几乎都是糟粕。有人说儒家文化是糟粕，但两千五百多年太长，应分开来看，至少近八百年以来儒家文化以糟粕为主，仅剩王阳明、李贽等寥寥可数的几个真正有思想的读书人了。清朝读书人大抵是被奴化的，可是现在电视上充斥着清宫戏，张口"主子"闭口"奴才"，此种危害甚大，因为它不像"手撕鬼子"之类的抗日神剧一样，一看就知道是假的，它会潜移默化地让人觉得这是历史的常态，而这恰恰是很不正常的。现代公民应该接受什么样的教育？"主子奴才"正是不堪回首的痛处，我们本来就是从这些污泥中来，而要培养现代公民，要"洗白"已经很不容易，为什么还要宣扬这类价值观呢？因此，对历史要有通盘理解，不能碎片化地理解，否则难以对历史有合乎情理的判断。

那么，如何才能形成自己的独立判断？要义在于回归人性与人道主义情怀，这样才不至于颠倒是非，为历史上的恶魔唱赞歌，而是会去习染其中的大爱和大美，这也是培养现代公民的题中应有之义。

第三，历史与人生脱节。

（一）历史能给现实以启示么？

许多人对历史的印象是历史教科书、博物馆和考古报告等，这些的确与现实相去甚远，可是历史若与现实完全脱节，为什么还要学习呢？其实，历史是有可能关联现实的，但要实现这种可能性，关键在于人们如何去做。德国雅斯贝尔斯在《历史的起源与目标》中提出了"轴心时代"的概念，即公元前六世纪至公元前四世纪的三百多年间，北纬二十五至三十五度的地区，人类文明的精神观念出现了重大突破，古希腊的苏格拉底、柏拉图、亚里士多德，以色列的犹太先知，中国的老子、孔子，印度的释迦牟尼，奠定了塑造各自文化传统的基础,并使之延续至今。从此,"人类一直靠轴心时期所产生的思考和创造的一切而生存,每一次新的飞跃都回顾这一时期,并被它重燃火焰……轴心期潜力的苏醒和对轴心期潜力的回归,或者说复兴,总是提供了精神的动力"。这里所说的回归和复兴,并不是复古,而是通过重新阅读进行再阐释和再创造,例如西方文艺复兴即是从古希腊和古罗马时代寻找资源。雅斯贝尔斯认为历史的每一次向前推进都与轴心时代有莫大的关系,或者说人们可以从那里找到足以借鉴的资源和智慧,这便是历史关联现实的可能性。一个伟大的作者需要一个或一群伟大的读者,一个伟大的思想家也需要一个或一群能够理解和回应他的人,能否实现两者的连接,取决于这个时代有没有这样的读者,或者有类似思想高度的人。

(二)我们该向历史学习什么?

若是把历史与人生结合起来,我们该从中学习什么?有三种误区较为常见。

误区一:学习权谋、阴谋。历史本身相当残酷,例如《春秋》开篇是鲁桓公杀鲁隐公,《资治通鉴》开篇是赵襄子把智伯的头颅做成饮器,但历史教育并不是宣扬这些,而是让人们认识人性的黑暗部分和历史的残忍部分,从而胸怀大爱,如同莲花出淤泥而不染,至于阴谋和权谋之类,不仅应当摒弃,而且要引以为戒。

误区二:学习管理经验。这种倾向在现代社会颇为流行,例如孙子兵法与企业管理便是很受欢迎的话题,只是在儒家看来,管理企业也好,治理国家也罢,都只是手段而已,落脚点在于弘扬人性之善。儒家的政治理想是帝王修身立德,影响身边的大臣,君臣为民众做表率,使首都成为首善之区,上行下效,教化自然形成。在这个意义上,管理只是"末",德性才是"本",教育的目的在于弘扬人性之善,而德性自觉和与位俱增是善政的根本。正因如此,李自成和张献忠那样的杀人狂魔,以及康雍乾那样的文化白色恐怖主义时代,都是恶之花。只有深刻认识这一点,才能更好地建构现代社会,否则仍可能在"主子奴才"的泥潭中胡乱挣扎。

误区三:学习历史知识。除了中小学生历史课程以外,也有《一站到底》这类知识性电视节目,知识固然是历史的基础部分,但历史逻辑显然重于历史知识,它既包括历史本身的内在逻辑,也包括历史的解读逻辑,而这都建立在阅读者认识高度的基础之上。因此,读史的目的是为了提高素养,提升对历史、现实以及人生的理解。换句话说,读史使人明智,并不在于知识的积累,而在于深入认识自身、人类社会,乃至未来,从而更加智慧。

现时代是向外探寻而非向内沉思的时代,我们已能让神舟号飞天、蛟龙号入海,人类可以登上月球乃至火星,可是人类对自身的认识还相当浅薄,远远落后于对外部世界的探索。学习历史既是了解过去,也是认识自我。若不能见到初心,或者叫赤子之心,哪里会有孔子所说的"四十不惑"。在这个意义上,历史与现实的关联甚为密切,与历史对话可谓一场穿越时空的心证,媒介便是与经典以心会心。例如读《论语》即是与孔子及其弟子对话;读唐诗宋词,可以体会他们的喜怒哀乐和恩怨情仇,就像真的回到了那个时代,与他们面对面聊天一样。如果历史只停留于历史书、博物馆和考古报告里,那才是它无尽的悲哀,因为历史的价值在于一代又一代人不断地重新阅读、阐释和再创造。只有结合当下,才能更好地阐释历史;只有重新建构,才是赋予历史新的生命力,也才真正对得起历史。甚至可以说，我们需要历史，历史也需要我们。

古人说，"刚日读经，柔日读史"。这是智慧的读书方法，"刚日"是指阴历的单数日，此时阳气向上，人容易变得浮躁不安，经可以判断是非对错，读经使人不犯方向性错误。"柔日"是指阴历的双数日，此时阴气向上，人容易变得优柔寡断，读史使人明智，看透便不会纠结，也就有了决断力。这八个字既体现了传统的阴阳哲学观念，也体现了古人对书本的选择，他们把书分为经史子集四部，四者不是并列关系而是重要性递减关系，经史是社会价值观和个人智慧的基础，因为经让人明断是非，史让人洞明世事。今人更重视集部，大抵是受西学影响，与古人颇不同。

不少家长问该让孩子读什么古诗，我的理解是，若是家长的文史哲修养一般，可以先给孩子读唐诗而宋词暂缓，因为唐代是自由奔放的时代，无与伦比地自信和开放，读唐诗，尤其是盛唐诗，可以培养孩子阔大的胸襟和气度。若是家长的文史哲修养较高，可以先给孩子读《诗经》，因为它是四言，读起来朗朗上口，而且内容非常丰富，孔子教儿子无非也是让他学《诗》和《礼》，因为《诗经》可以"兴观群怨"，"迩之事父，远之事君"，至少"多识于鸟兽草木之名"（《论语·阳货》）。

顾城的名作《一代人》说："黑夜给了我黑色的眼睛，我却用它来寻找光明。"历史很残酷，有时甚至很血腥，但读史并不是学习那阴暗的一面，而是要用它来警醒自己，点亮内心那盏明灯。人性有许多弱点需要克服，社会有诸多不完美之处需要改造，所以批评的时候，更该想一想如何建构，因为每个人都对这个社会有义不容辞的责任，尽管它们有大小之分，而把这份责任转化成正义的力量，可以是批判，更需要的是建构，因为只有这样才能把美好的理想变成现实。当然，这需要更多的人从历史中吸取智慧和灵感，成为与时俱进的现代公民，乃至有担当的读书人，这或许是社会发展的中坚和希望所在吧。

附　录
《春秋公羊传》心解

　　盖五经者，生民之曙星，治道之楷法也，若夫《诗》之通下情，《书》之承圣训，《礼》之别次序，《易》之究大道，《春秋》可谓以史为鉴者也。孟子曰："《诗》亡然后《春秋》作……孔子曰：'其义则丘窃取之矣。'"（《孟子·离娄下》）又曰："世衰道微，邪说暴行有作，臣弑其君者有之，子弑其父者有之。孔子惧，作《春秋》。《春秋》，天子之事也。是故孔子曰：'知我者其惟《春秋》乎！罪我者其惟《春秋》乎！'"（《孟子·滕文公下》）原夫子之所惧，知其拯乱于前而立法于后之重意也。此后虽邪说暴行不息，乱臣贼子频现，然《春秋》大义已点明心灯，亘成公义，所谓人人心中有天平，事事皆须过称星也。诸如一夫愚民、防民之口之属，已非长治之策，实乃祸乱之首也。是故司马迁敷衍孟子之言曰："吴楚之君自称王而《春秋》贬之曰'子'，践土之会实召周天子而《春秋》讳之曰'天王狩于河阳'，推此类以绳当世。贬损之义，后有王者举而开之。

《春秋》之义行,则天下乱臣贼子惧焉。"(《史记·孔子世家》)原乱臣贼子之所惧,非不能也,而乃公道自在人心,成败所系之故也。即欲为之,必先粉饰,此后世伪君子蜂屯乌合之故也。白乐天云:"周公恐惧流言日,王莽谦恭未篡时。向使当初身便死,一生真伪复谁知?"(《放言五首》其三)此之谓也。夫子以《春秋》自见于后世,纵观诸史,法迹俱在,确然无疑。然则《春秋》简奥,非三传无以通彻,而《左传》以史实见长,《穀梁》以文义为重,唯《公羊》以理政为要,庶几近乎先圣修书之深意也。后人观书,当三传互辨以臻通达,然微言大义而契于其时者,莫过《公羊》。故愚不揣固陋,心证求之,非为记史,非为解经,至于"三科九旨"之繁缛旧说,字句义例之微细训释,经传立意之类同前文者,并寝而不记。

一 隐公(前722—前712)

元年春王正月。

元年者何?君之始年也。春者何?岁之始也。王者孰谓?谓文王也。曷为先言王而后言正月?王正月也。何言乎王正月?大一统也。公何以不言即位?成公意也。何成乎公之意?公将平国而反之桓。曷为反之桓?桓幼而贵,隐长而卑。其为尊卑也微,国人莫知。隐长又贤,诸大夫扳隐而立之。隐于是焉而辞立,则未知桓之将必得立也;且如桓立,则恐诸大夫之不能相幼君也。故凡隐之立,为桓立也。隐长又贤,何以不宜立?立適以长不以贤;立子以贵不以长。桓何以贵?母贵也。母贵则子何以贵?子以母贵,母以子贵。

圣贤立意，首重开端，所谓揆端推类、原始见终也。故元年、春、正月非仅计岁时，而乃正己正人以正天下之意也。然则何以正之？文王之道也。子曰："文武之道，一张一弛。"（《礼记·杂礼下》）文先武后，以文化之而非以武胁之；张弛有度，规矩井然而翩然自由，此之谓大一统。俗讹为大统一，实大谬不然，思想独尊、权力专制、经济垄断、文化愚民，除此四谬，方为得矣。然则何以致之？贤人未必常得，良法诚可为纲。若夫嫡长之制，所重者嫡出之母德为优，化及其身；年长之受化为久，更堪雕琢，此非弃贤者，而乃有德者居上之深意也。未立之前，子以母贵，以其近德而可贵也；既立之后，母以子贵，反推亦知其德优而可贵也。此乃传统政治精神之轮轴，惜乎系于人心，悬于理想，骖乘不备，易成空言，当为后世之殷鉴也。

三月，公及邾娄仪父盟于眛。

仪父者何？邾娄之君也。何以名？字也。曷为称字？褒之也。曷为褒之？为其与公盟也。与公盟者众矣，曷为独褒乎此？因其可褒而褒之。此其为可褒奈何？渐进也。

阶层固有，身份万殊，唯明德恒在一心，无假他求，此精英与大众分野之标识也。俗云英雄不问出处，唯见心地高下。孟子曰："舜发于畎亩之中，傅说举于版筑之间，胶鬲举于鱼盐之中，管夷吾举于士，孙叔敖举于海，百里奚举于市。"（《孟子·告子下》）此之谓也。邾娄虽小国，而亲贤崇让之意未曾稍减，后随齐桓公勤王，亦其德化渐进之征也。故知明德之难，在非一日之功，念兹在兹，一念分则天壤别，唯当"吾日三省乎吾身"（《论语·学而》）而已矣。

夏五月，郑伯克段于鄢。

克之者何？杀之也。杀之，则曷为谓之克？大郑伯之恶也。曷为大郑伯之恶？母欲立之，己杀之，如勿与而已矣。段者何？郑伯之弟也。何以不称弟？当国也。其地何？当国也。其地何？当国也。

古人云："勿以恶小而为之，勿以善小而不为。惟贤惟德，能服于人。"（《三国志·蜀书·先主传》裴松之注引《诸葛亮集》）俗云："学好千日不足，学坏一时有余。"止恶扬善，斯岂易哉？是故《春秋》褒善无大小，贬恶亦然。太叔段犯上作乱，自绝于忠悌，郑庄公平乱则于君臣之道有据，杀弟则于孝亲之道为非，且颇涉欲擒故纵之嫌，庶几合理而德行大亏，《春秋》贬之。由是知君子当以德服人，而非以暴易暴也。故楚灵王诱杀蔡灵侯，《春秋》谓"怀恶而讨不义，君子不予也"。兄弟之谊，莫盛于舜之于象，此不世出，而汉文帝之于淮南王刘长，唐太宗之于隐太子李建成及齐王李元吉，皆为明君之累也。

秋七月，天王使宰咺来归惠公、仲子之赗。

其言惠公、仲子何？兼之。兼之，非礼也。何以不言及仲子？仲子微也。

礼者，仁之表也。仁则"责己也重以周"，礼则"待人也轻以约"（《原毁》），而乡愿、伪君子及小人皆反其道而行之，此所谓"平庸之恶"也。子曰："兴于诗，立于礼，成于乐。"（《论语·泰伯》）君子琢磨之迹也；礼崩乐坏，见于《春秋》者比比皆是，周朝渐衰之因也。《春秋》辨贵贱，序亲疏，重名分，别是非，皆系之于礼，故仲子虽为桓公之母而非夫人，亦不言及也。然则天子不守礼，乱自上作，天下不堪，此诚祸乱之大端，乌可为戏也！

冬十有二月，祭伯来。

祭伯者何？天子之大夫也。何以不称使？奔也。奔则曷为不言奔？王者无外，言奔则有外之辞也。

《诗》云："溥天之下，莫非王土，率土之滨，莫非王臣。"（《诗·小雅·北山》）王者无外之辞也，其义谓王者无外心，惟以明德为要务；又谓王者无外法，责己周人，贵贱一视；又谓王者无外事，昭昭有光，磊磊落落。此之谓文教。子夏谓"四海之内皆兄弟"（《论语·颜渊》），《毛诗序》谓"上以风化下"，斯乃文教之广博，而非疆域之实指也。

公子益师卒。

何以不日？远也。所见异辞，所闻异辞，所传闻异辞。

子曰："《春秋》之信史也，其序，则齐桓、晋文；其会，则主会者为之也；其词，则丘有罪焉尔。"由是知《春秋》为圣贤之所用心也，而信史之义，唯在实录，"不虚美，不隐恶"（《汉书·司马迁传》），开百家争鸣之风，有兼听则明之量，此史家之通识，为政之通则也。若夫"独尊儒术""朕即真理"，此皆愚民之术，而非长治之策也。

(二年夏五月）无骇帅师入极。

无骇者何？展无骇也。何以不氏？贬。曷为贬？疾始灭也。始灭昉于此乎？前此矣。前此则曷为始乎此？托始焉尔。曷为托始焉尔？《春秋》之始也。此灭也，其言入何？内大恶，讳也。

古之王天下者，厚德载物为先，地广兵强继后，此间因果，不可逆也。故君子明德弘道，扶危继绝，天下欣欣然如江河之汇大海焉，若恃强趋利，横暴无行，终归天人共弃。后世时势固别，然人心向化，千载未殊，故以理念制胜为上，以制度制胜次之，徒以武力自恃，斯为下矣。《春秋》以灭国为大恶，意谓为政不患疆域之不广，而患理念、制度之未修也。

（秋）九月，纪履緰来逆女。

纪履緰者何？纪大夫也。何以不称使？婚礼不称主人。然则曷称？称诸父兄师友。宋公使公孙寿来纳币，则其称主人何？辞穷也。辞穷者何？无母也。然则纪有母乎？曰：有。有则何以不称母？母不通也。外逆女不书，此何以书？讥。何讥尔？讥始不亲迎也。始不亲迎昉于此乎？前此矣。前此则曷为始乎此？托始焉尔。曷为托始焉尔。《春秋》之始也。

婚姻者，托于夫妇而通于家国，形诸礼仪而立乎人伦，所谓"正始之道，王化之基"（《毛诗序》）也。《春秋》贯之以礼，虽小失亦深贬，防微杜渐之意也。由是知丧娶为大恶、文公为诸侯所轻之由也。然则"父母之命，媒妁之言"（《孟子·滕文公下》），有悖自由意志，今所不取，唯持重之意，不可失也。

三年春王二月己巳，日有食之。

何以书？记异也。

日食之属，天之异象也；螟螣之属，地之异象也，《春秋》遇则必书，以其关乎人事也。为政若不契天地人情之常道，则必积其变，历时愈久，为害愈烈。录灾异者，示肉食者当三思其所为，克己从人，广纳善言，以期失之东隅而收之桑榆也。此中真意，不可以愚昧迷信而罔顾也。

夏四月辛卯，尹氏卒。

尹氏者何？天子之大夫也。其称尹氏何？贬。曷为贬？讥世卿，世卿非礼也。

古人云："大道之行也，天下为公，在选贤与能，讲信修睦。"（《礼记·礼运》）所谓主权在民，治权在贤，岂可示之以私？然则明德为贤，惟内省自觉，"虽在父兄，不能以移子弟"（《典论·论文》）。世卿者，俗谓官二代，出身优先而非贤能为上，如此则贤愚倒置，特权横行，阶层固化，人心离散，衰亡之端也。

秋，武氏子来求赙。

武氏子者何？天子之大夫也。其称武氏子何？讥。何讥尔？父卒，子未命也。何以不称使？当丧，未君也。武氏子来求赙，何以书？讥。何讥尔？丧事无求，求赙非礼也，盖通于下。

古之守丧三年者，心丧也，亲亲尊尊之意也。丧期受命，非孝也；天王崩而诸侯不奉赗，非忠也；王者无求而使臣求赗于诸侯，非礼也，一事而三失，其世可知也。为政之举，万民皆知，唯动静有度，巨细合法，方可行之，不可逞己之欲、阿上取容、掩耳盗铃也。

冬十有二月癸未，葬宋缪公。

葬者曷为或日或不日？不及时而日，渴葬也；不及时而不日，慢葬也。过时而日，隐之也；过时而不日，谓之不能葬也。当时而不日，正也；当时而日，危不得葬也。此当时，何危尔？宣公谓缪公曰："以吾爱与夷，则不若爱女；以为社稷宗庙主，则与夷不若女。盍终为君矣。"宣公死，缪公立。缪公逐其二子庄公冯与左师勃，曰："尔为吾子，生毋相见，死毋相哭。"与夷复曰："先君之所为不与臣国，而纳国乎君者，以君可以为社稷宗庙主也，今君逐君之二子，而将致国乎与夷，此非先君之意也。且使子而可逐，则先君其逐臣矣。"缪公曰："先君之不尔逐可知矣，吾立乎此，摄也。"终致国乎与夷。庄公冯弑与夷。故君子大居正。宋之祸，宣公为之也。

法度者，人心之最大公约数也，其间必有可由之故，岂可以人情而轻易之？君子大居正，为政以理不以情之谓也。后世莫解此意，或人情盛行，法治不彰，或一言九鼎，群下噤声，此深为有识者之所痛也。

（四年）秋，翚帅师会宋公、陈侯、蔡人、卫人伐郑。

翚者何？公子翚也。何以不称公子？贬。曷为贬？与弑公也。其与弑公奈何？公子翚谄乎隐公，谓隐公曰："百姓安子，诸侯说子，盍终为君矣？"隐曰："吾否，吾使修涂裘，吾将老焉。"公子翚恐若其言闻乎桓，于是谓桓曰："吾为子口隐矣，隐曰：'吾不反也。'"桓曰："然则奈何？"曰："请作难弑隐公。"于钟巫之祭焉，弑隐公也。

为政之道，在知人善用，然知人何其难哉！况善用之乎？小人首鼠两端之态，由是了然可知，然则城狐社鼠何能？深中上宪之所欲而已。故识人先约己，约己先正心也。

冬十有二月，卫人立晋。

晋者何？公子晋也。立者何？立者不宜立也。其称人何？众立之之辞也。然则孰立之？石碏立之。石碏立之，则其称人何？众之所欲立也。众虽欲立之，其立之非也。

众欲为非，此在一时一事，虽有经、权之说，己、众之别，然终不可为法也。此即历史正确与政治正确相背之例，即或取之当时，亦当防微杜渐，长思补救之策，免遗千里之堤溃于蚁穴之忧也。

五年春，公观鱼于棠。

何以书？讥。何讥尔？远也。公曷为远而观鱼？登来之也。百金之鱼，公张之。登来之者何？美大之之辞也。

观鱼、得利，此皆俗人之乐，君子不为，况有国有位者乎？若此则失得位之本，岂可以微事而轻之？《诗》云："鸡既鸣矣，朝既盈矣。"（《诗·齐风·鸡鸣》）周公"一沐三捉发，一饭三吐哺，起以待士，犹恐失天下之贤人"（《史记·鲁周公世家》），国政成于勤而荒于嬉也。

（秋九月）初献六羽。

初者何？始也。六羽者何？舞也。初献六羽，何以书？讥。何讥尔？讥始僭诸公也。六羽之为僭奈何？天子八佾，诸公六，诸侯四。诸公者何？诸侯者何？天子三公称公，王者之后称公，其余大国称侯，小国称伯、子、男。天子三公者何？天子之相也。天子之相则何以三？自陕而东者，周公主之；自陕而西者，召公主之；一相处乎内。始僭诸公昉于此乎？前此矣。前此则曷为始乎此？僭诸公，犹可言也；僭天子，不可言也。

夫守天下之所恃者，礼法名分所系之制度也。僭越而以为常，礼崩乐坏之征也。由是崇智尚武，弱肉强食，乱世之始也。子曰："必也正名乎！"（《论语·子路》）此守正之意也。盖制度有优劣，"众乐乐"为正，"少乐乐"（《孟子·梁惠王下》）为非，不可不辨也。

（冬十有二月）宋人伐郑，围长葛。

邑不言围，此其言围何？强也。

宋师经年取邑，有悖仁义之心及以顺取逆之势，《春秋》贬之，以戒穷兵黩武之辈。古人云："《司马法》曰：'国虽大，好战必亡；天下虽安，忘战必危。'《易》曰：'君子以除戎器，戒不虞。'夫兵不可玩，玩则无威；兵不可废，废则召寇。昔吴王夫差好战而亡，徐偃王无武亦灭。故明王之制国也，上不玩兵，下不废武。《易》曰：'存不忘亡，是以身安而国家可保也。'"（《说苑·指武》）此深合中庸之旨，得用武之要也。

六年春，郑人来输平。

输平者何？输平犹堕成也。何言乎堕成？败其成也。曰吾成败矣，吾与郑人未有成也。吾与郑人则曷为未有成？狐壤之战，隐公获焉。然则何以不言战？讳获也。

古人云："前事之不忘，后事之师。"（《战国策·赵策一》）世事固当前瞻，然谨记国耻者，非为仇恨，而为自勉也。警钟长鸣，然后知一时一事之不可懈怠也。若如近世民粹主义与原教旨主义大行，煽动仇恨，格局狭隘，斯为公害也。

秋七月。

此无事，何以书？《春秋》虽无事，首时过则书。首时过何以书？《春秋》编年，四时具，然后为年。

四时具，然后为年；四民具，然后为天下。虽无事，首时过则书，此"不偏不倚，允执厥中"（《尚书·大禹谟》）之意也。为政亦然，四民固殊，然缺一不可，自上视之，当一体而然，使各得其所也。

七年春王三月，滕侯卒。

何以不名？微国也。微国则其称侯何？不嫌也。《春秋》贵贱不嫌同号，美恶不嫌同辞。

"名者，实之宾也。"（《庄子·逍遥游》）为政当惠民以实，于美名一笑置之，于恶名深切思之，择善而从焉。若夫闻谀辞则窃喜，闻谏诤则大恨，斯为豢养奴才之旧习，非上下相得之正道也。

夏，城中丘。

中丘者何？内之邑也。城中丘何以书？以重书也。

主权在民，治权在贤，儒家理想之初基也。孟子曰："民为贵，社稷次之，君为轻。是故得乎丘民而为天子，得乎天子为诸侯，得乎诸侯为大夫。诸侯危社稷，则变置。"（《孟子·尽心下》）然则现实悖谬甚矣，君王以"有天下"高高在上，以"家天下"私相授受，主从颠倒，周期生乱，此诚千载难解之结，每况愈下也。是故尧舜禅让，虽为旷世绝响，儒家崇之，非为复古，意在纠弊也。

冬，天王使凡伯来聘，戎伐凡伯于楚丘以归。

凡伯者何？天子之大夫也。此聘也，其言伐之何？执之也。执之则其言伐之何？大之也。曷为大之？不与夷狄之执中国也。其地何？大之也。

中国者，东夷、南蛮、西戎、北狄所环之中也，其以文化分，而非以地域分，中国之人不沾王化则为蛮夷，蛮夷之人沾化则为中国，是故此之谓"中"者，文明之心也，绝非民族等级之意也。不与夷狄之执中国，或曰唯有以夏化夷而无以夷变夏者，文明向心力使然也。然则宋亡之后，专制日盛而自由渐灭，中国转为夷狄矣。复兴中华者，革新文明之心，重振向心力之谓也。此在重塑自我，亦为应对世界文明冲突之方也。

（十有一年）冬十有一月壬辰，公薨。

何以不书葬？隐之也。何隐尔？弑也。弑则何以不书葬？《春秋》君弑贼不讨，不书葬，以为无臣子也。子沈子曰："君弑，臣不讨贼，非臣也。子不复仇，非子也。葬，生者之事也。《春秋》君弑贼不讨，不书葬，以为不系乎臣子也。"公薨何以不地？不忍言也。隐何以无正月？隐将让乎桓，故不有其正月也。

臣弑君，子弑父，毁弃法度之尤者，《春秋》君弑贼不讨，不书葬，非谓仇恨不可解，而乃正法度，净人心之所由也。然则汤放桀，武王伐纣如何？孟子曰："贼仁者谓之贼，贼义者谓之残，残贼之人谓之一夫，闻诛一夫纣矣，未闻弑君也。"（《孟子·梁惠王下》）由是知一夫乃乱法之首恶，人人得而诛之，拨乱反正，方为得矣。

二　桓公（前711—前694）

二年春王正月戊申，宋督弑其君与夷，及其大夫孔父。

及者何？累也。弑君多矣，舍此无累者乎？曰：有。仇牧、荀息，皆累也。舍仇牧、荀息无累者乎？曰：有。有则此何以书？贤也。何贤乎孔父？孔父可谓义形于色矣。其义形于色奈何？督将弑殇公，孔父生而存，则殇公不可得而弑也，故于是先攻孔父之家。殇公知孔父死，己必死，趋而救之，皆死焉。孔父正色而立于朝，则人莫敢过而致难于其君者，孔父可谓义形于色矣。

孔父嘉义形于色，仇牧不畏强御，荀息不食其言，此皆忠臣之范也。然则忠也者，循道尽责而已，岂奴才之绝对服从乎？子曰："君使臣以礼，臣事君以忠。"（《论语·八佾》）君臣虽各有其分，行事有别，然遵彼大道，一体无殊也。且夫同于天道者事大，别于君臣者事小，轻重有度，不可易也。孟子曰："君之视臣如手足，则臣视君如腹心；君之视臣如犬马，则臣视君如国人；君之视臣如土芥，则臣视君如寇雠。"（《孟子·离娄下》）此亦忠于道而非忠于人也。今当一洗奴化之说，反其本也。

三月，公会齐侯、陈侯、郑伯于稷，以成宋乱。

内大恶讳，此其目言之何？远也。所见异辞，所闻异辞，所传闻异辞。隐亦远矣，曷为为隐讳？隐贤而桓贱也。

"《春秋》为尊者讳，为亲者讳，为贤者讳。"（《公羊传·闵公元年》）此非乡愿之说，不辨黑白，而乃瑕不掩瑜之故也。若无可取，虽桓公亦不为之讳也。又云："君子之善善也长，恶恶也短，恶恶止其身，善善及子孙，贤者子孙，故君子为之讳也。"（《公羊传·昭公二十年》）此亦劝善之意也。导仁善之心，励向化之志，此类同宗教者也，转而为社会伦理，惜乎法度不备也。

夏四月，取郜大鼎于宋。

此取之宋，其谓之郜鼎何？器从名，地从主人。器何以从名，地何以从主人？器之与人，非有即尔。宋始以不义取之，故谓之郜鼎。至乎地之与人则不然，俄而可以为其有矣。然则为取可以为其有乎？曰：否。何者？若楚王之妻媚，无时焉可也。

君子取之有道，不义所得，虽慰一时之贪欲，终为祸乱之源也。自古及今，因贪而败者，代不乏人。盖知之不易，行之尤难。故徒赖养德，虚伪丛生，莫若定制以防之。人心瞬变，制度有常，由法不由人，弃绝一言堂，斯为要务也。

戊申，纳于大庙。

何以书？讥。何讥尔？遂乱受赂，纳于大庙，非礼也。

遂乱受赂，纳于太庙，若周公有知，当如之何？子曰："人而不仁，如礼何？人而不仁，如乐何？"（《论语·八佾》）礼者，本仁而生敬，贵诚意正心而不在物也。子曰："克己复礼为仁。一日克己复礼，天下归仁焉。"（《论语·颜渊》）然则据礼伪饰，借礼成私，此小人之常态，未见其绝也。

（三年）夏，齐侯、卫侯胥命于蒲。

胥命者何？相命也。何言乎相命？近正也。此其为近正奈何？古者不盟，结言而退。

胥命而近正者，仁德存乎中而信义发于外也。结言即可信，何假他求？盖以天地为证，莫若人心之可证也。然俗谓人心隔肚皮，心证何其难也！虽有结盟、委质之事，若不归于本心，终无益也。由是知君子之事，小人无能为也。

（冬）有年。

有年何以书？以喜书也。大有年何以书？亦以喜书也。此其曰有年何？仅有年也。彼其曰大有年何？大丰年也。仅有年，亦足以当喜乎？恃有年也。

治国之首义,在使民安居乐业而已,安居则身有所恃,乐业则心有所托,民心之常也。有年而喜书,非谓自得,与天下同忧乐也。孟子曰:"乐民之乐者,民亦乐其乐;忧民之忧者,民亦忧其忧。乐以天下,忧以天下,然而不王者,未之有也。"(《孟子·梁惠王下》)是故公平正义,庶民望之如甘霖,岂可王顾左右而言他?特权生腐,庶民恨之如寇仇,岂可归因于流而蔽源?文过饰非、踌躇不前,斯为燕雀处堂也。

四年春正月,公狩于郎。

狩者何?田狩也。春曰苗,秋曰蒐,冬曰狩。常事不书,此何以书?讥。何讥尔?远也。诸侯曷为必田狩?一曰干豆,二曰宾客,三曰充君之庖。

田狩者,武备之事也,其义不在所获,而在武道之精神,此合乎文化之道,而非耀武者也。所获或以祭祀,敬天守法也,或以待客,海纳百川也,至若充君之庖,未之闻也。若夫空谈仁义,伪诈盛行,甚或物质至上,娱乐至死,若此而欲求"天行健"(《周易·乾卦·象传》)之气象,其可得乎?孟子曰:"王欲行之,则盍返其本矣。"(《孟子·梁惠王上》)妙方已著,知音安在?

(五年夏)天王使仍叔之子来聘。

仍叔之子者何?天子之大夫也。其称仍叔之子何?讥。何讥尔?讥父老,子代从政也。

父老而子代从政,无世卿之名而得其实,国之弊蠹也。若夫精英者，不堪相传，惟在一心而已矣。治国之道，法先于人，良法导贤者而却不肖，经冬至春，历久弥新。是故宵小窃国，有时而穷，良法不行于世，祸无日矣。

秋，蔡人、卫人、陈人从王伐郑。

其言从王伐郑何？从王，正也。

董仲舒云："古之造文者，三画而连其中，谓之王。三画者，天地与人也，而连其中者，通其道也，取天地与人之中以为贯，而参通之，非王者庸能当是。"（《春秋繁露·王道通三》）是故王者顺乎天人之道，非谓独尊，有容乃大之意也。古人云："无偏无党，王道荡荡。无党无偏，王道平平。无反无侧，王道正直。"（《尚书·洪范》）从王为正，此之谓也。若藐天弃人，私相授受，是为一夫。此乃失道守位者，犹指偶人物，徒具其形也。

六年春正月，寔来。

寔来者何？犹曰是人来也。孰谓？谓州公也。曷为谓之寔来？慢之也。曷为慢之？化我也。

为人无礼，亲疏皆远之；为君无礼，天人共弃之。州公失国而犹无礼，或可知其失国之由也。要人常谓"礼岂为我辈设也"（《世说新语·任诞》），此非名士之风，而乃不可一世之意气也。家国之祸，未尝不由此也。

（秋八月）蔡人杀陈佗。

陈佗者何？陈君也。陈君则曷为谓之陈佗？绝也。曷为绝之？贱也。其贱奈何？外淫也。恶乎淫，淫于蔡，蔡人杀之。

陈佗内弑其君，外淫于蔡，其恶不可言，虽有位，《春秋》绝之。此无补于当时而有益于后世，使人知所取而有所惧矣。是故尊重历史者，非谓往事可鉴，而在今日所取所惧也。然则装扮历史以自誉，乐闻颂声，走避思过，此图一己之私欲而不知所惧，"恐后之视今，犹今之视前也"（《汉书》卷七十五《京房传》）。

九月丁卯，子同生。

子同生者孰谓？谓庄公也。何言乎子同生？喜有正也。未有言喜有正者，此其言喜有正何？久无正也。子公羊子曰："其诸以病桓与？"

喜有正者，依法不依人之意也。立心成法，法不依人，此治国之常道，"历史周期律"之天敌也。乱法而纷扰天下者，史不绝迹，焉能不深虑远图。人民主之，法治行之，或可得其正欤？

七年春二月己亥，焚咸丘。

焚之者何？樵之也。樵之者何？以火攻也。何言乎以火攻？疾始以火攻也。咸丘者何？邾娄之邑也。曷为不系乎邾娄？国之也。曷为国之？君存焉尔。

孙子曰："不战而屈人之兵，善之善者也。故上兵伐谋，其次伐交，其次伐兵，其下攻城。攻城之法，为不得已。"又曰："善用兵者，屈人之兵而非战也，拔人之城而非攻也，毁人之国而非久也，必以全争于天下，故兵不顿而利可全，此谋攻之法也。"（《孙子兵法·

谋攻》）故用兵之要，在吊民伐罪，以顺讨逆，其惟王者之师也。攻心为上，在仁德所至而非武力所慑也。火攻则噍类无存，有违仁者之心，得之亦为下之下者，君子耻之。若夫器从名而地从主人，咸国虽灭而其地不系乎邾娄，以其君尚存故也，此乃兴灭继绝之大义，仁政泽于外者也。

夏，榖伯绥来朝。邓侯吾离来朝。

皆何以名？失地之君也。其称侯朝何？贵者无后，待之以初也。

君子处世，立之以德，行之以礼，一以贯之，不以权势富贵取人也。小人则不然，立之以利，行之以佞，伺机而动，媚上欺下无所不用其极也。此等人与事，犹在目前，改过自新，唯在一念而已矣。

八年春正月己卯，烝。

烝者何？冬祭也。春曰祠，夏曰礿，秋曰尝，冬曰烝。常事不书，此何以书？讥。何讥尔？讥亟也。亟则黩，黩则不敬。君子之祭也，敬而不黩。疏则怠，怠则忘。士不及兹四者，则冬不裘，夏不葛。

亟黩则不敬，疏怠则忘本，故礼有常制，意在中庸之道，庶免过犹不及之讥也。且夫礼因德生，为礼而礼，非礼也，是故繁文缛节可去，诚意正心不可须臾离也。然则以不敬为平等，以忘本为新潮，弃德而非新德，人心漂如浮萍，亦无益公序良俗也。

九年春，纪季姜归于京师。

京师者何？天子之居也。京者何？大也。师者何？众也。天子之居，必以众大之辞言之。

天子之居，必以众大之辞言之，此非实指以壮声势，而乃王道之行也，万民赖之而欣然归心焉。若失道寡助，虽京师亦一夫之所，何大之有？

（十有一年秋）九月，宋人执郑祭仲。

祭仲者何？郑相也。何以不名？贤也。何贤乎祭仲？以为知权也。其为知权奈何？古者郑国处于留，先郑伯有善于邻公者，通乎夫人，以取其国而迁郑焉，而野留。庄公死已葬，祭仲将往省于留，涂出于宋，宋人执之，谓之曰："为我出忽而立突。"祭仲不从其言，则君必死，国必亡；从其言，则君可以生易死，国可以存易亡。少辽缓之，则突可故出，而忽可故反。是不可得则病，然后有郑国。古人之有权者，祭仲之权是也。权者何？权者反于经，然后有善者也。权之所设，舍死亡无所设。行权有道：自贬损以行权，不害人以行权。杀人以自生，亡人以自存，君子不为也。

权者反于经，舍死亡无所设，自贬损而不害人，此君子之通变，非小人之诈术也。君子明通变之道而守法如一，小人粉饰牟利，由是可辨矣。此亦识人之通法，小人无所遁形矣。

十有三年春二月，公会纪侯、郑伯。己巳，及齐侯、宋公、卫侯、燕人战，齐师、宋师、卫师、燕师败绩。

曷为后日？恃外也。其恃外奈何？得纪侯、郑伯，然后能为日也。内不言战，此其言战何？从外也。曷为从外？恃外，故从外也。何以不地？近也。恶乎近？近乎围。

兵临城下而恃外，此亦从权，非常道也。《中庸》云："凡为天下国家有九经，曰：修身也，尊贤也，亲亲也，敬大臣也，体群臣也，子庶民也，来百工也，柔远人也，怀诸侯也。修身则道立，尊贤则不惑，亲亲则诸父昆弟不怨，敬大臣则不眩，体群臣则士之报礼重，子庶民则百姓劝，来百工则财用足，柔远人则四方归之，怀诸侯则天下畏之。"为政者于己修身，于士尊贤，于民风化，于外怀柔，不恃他人之武力，不涉异邦之内政，仁政庶几成矣。是故《大学》云："自天子以至于庶人，壹是皆以修身为本。"此实转祸为福之要旨，然最易为有国有位者所轻也。

十有八年春王正月，公会齐侯于泺，夫人姜氏遂如齐。

公何以不言及夫人？夫人外也。夫人外者何？内辞也，其实夫人外公也。

文姜通于其兄齐襄公，桓公不能正己以正人，终至被害。《大学》谓修齐治平，诚意正心先之，为政以正，由是而及焉。有国有位者不正己而欲正人，所得或无动于衷，或瞒上欺下，无异缘木求鱼也。

三　庄公（前693—前662）

（元年春）三月，夫人孙于齐。

孙者何？孙犹逊也。内讳奔，谓之孙。夫人固在齐矣，其言孙于齐何？念母也，正月以存君，念母以首事。夫人何以不称姜氏？贬。曷为贬？与弑公也。其与弑公奈何？夫人谮公于齐侯："公曰：'同非吾子，齐侯之子也。'"齐侯怒，与之饮酒，于其出焉，使公子彭生送之，于其乘焉，撎干而杀之。念母者，所善也，则曷为于其念母焉贬？不与念母也。

念母，人之常情也，然文姜与弑桓公，背天下之恒理，庄公自当为君父申之，然则可谓难为子矣。《春秋》唯不与念母而已，未及国狱，合乎为亲者讳，亲亲尊尊之意也。故知法不容情而兼顾于礼，君子行乎中道也。

（三年）秋，纪季以酅入于齐。

纪季者何？纪侯之弟也。何以不名？贤也。何贤乎纪季？服罪也。其服罪奈何？鲁子曰："请后五庙以存姑姊妹。"

纪国先君有罪于齐，《春秋》视为早当灭而侥幸存者，纪季续先祖之祀，近乎孝矣，若论服罪，则当以仁德信义著于四海而雪耻，方为大孝也。是时齐强纪弱，纪氏所为，或可谓通于时势者，未足以当贤者之名也。或曰：绳墨何其严也！呜呼！小人计出百端，与其伪者四出，莫若宁缺毋滥也。

（四年夏）纪侯大去其国。

大去者何？灭也。孰灭之？齐灭之。曷为不言齐灭之？为襄公讳也。《春秋》为贤者讳，何贤乎襄公？复仇也。何仇尔？远祖也，哀公亨乎周，纪侯谮之。以襄公之为于此焉者，事祖祢之心尽矣。尽者何？襄公将复仇乎纪，卜之曰："师丧分焉。""寡人死之，不为不吉也。"远祖者，几世乎？九世矣。九世犹可以复仇乎？虽百世可也。

家亦可乎？曰：不可。国何以可？国君一体也，先君之耻，犹今君之耻也；今君之耻，犹先君之耻也。国君何以为一体？国君以国为体，诸侯世，故国君为一体也。今纪无罪，此非怨与？曰：非也。古者有明天子，则纪侯必诛，必无纪者；纪侯之不诛，至今有纪者，犹无明天子也。古者诸侯必有会聚之事、相朝聘之道，号辞必称先君以相接，然则齐、纪无说焉，不可以并立乎天下。故将去纪侯者，不得不去纪也，有明天子，则襄公将为若行乎？曰：不得也。不得，则襄公曷为为之？上无天子，下无方伯，缘恩疾者可也。

国耻乃万民共之，非家仇之私人恩怨堪比，故百世可复也。若我之先君有过，则怀仁修德以化之；若彼之今君大义闻于天下，则同仁弘德而化之；若彼怙恶不悛，则逐其君而化其民。吾待东洋，或当如是。

六月乙丑，齐侯葬纪伯姬。

外夫人不书葬，此何以书？隐之也。何隐尔？其国亡矣，徒葬于齐尔。此复仇也，曷为葬之？灭其可灭，葬其可葬。此其为可葬奈何？复仇者，非将杀之，逐之也，以为虽遇纪侯之殡，亦将葬之也。

君子复仇，虽有忿恨而知进止，虽伐有罪而施仁政，虽灭其国而恤其民，无私怨，无妄杀，救民于水火，王者之勇也。孟子曰："今王亦一怒而安天下之民，民惟恐王之不好勇也。"（《孟子·梁惠王下》）此非肆言用武者所能知也。

冬，公及齐人狩于郜。

公曷为与微者狩？齐侯也。齐侯则其称人何？讳与仇狩也。前此者有事矣，后此者有事矣，则曷为独于此焉讥？于仇者将壹讥而已，故择其重者而讥焉，莫重乎其与仇狩也。于仇者则曷为将壹讥而已？仇者无时焉可与通？通则为大讥，不可胜讥，故将壹讥而已，其余从同同。

齐襄公以九世之仇而不与纪国并立于天下，桓公命丧其手，庄公亦当如之，且齐襄公非有德之人明矣，庄公与之狩，亦非倾慕德义，或可谓知时而不明史，悖谬大道甚矣。子曰："君子不重则不威。"（《论语·学而》）威德在于自重，自重在于正道，上下皆然也。

（六年）秋，公至自伐卫。

曷为或言致会，或言致伐？得意致会，不得意致伐。卫侯朔入于卫，何以致伐？不敢胜天子也。

贵王人，不敢胜天子，此尊王之意，系乎王道而非其人，亦大一统之要义也。是故王者之尊，立德而得位，守法而存位，自尊而人尊之，爱民而民爱之。若大道不行，败德乱法，则何贵之有？

（八年）夏，师及齐师围成，成降于齐师。

成者何？盛也。盛则曷为谓之成？讳灭同姓也。曷为不言降吾师？辟之也。

兵者，慑耳，非动辄用武也。灭国为大恶，灭同姓其尤者，此亲亲之意施于四方也。若同姓可灭，亲者可戮，则何恶而不可为？此率兽食人也。两岸纠结，已逾五纪，当思文武之新道，庶免兄弟阋墙之旧式也。

秋，师还。

还者何？善辞也。此灭同姓，何善尔？病之也。曰：师病矣。曷为病之？非师之罪也。

首恶归上，从者恕之，此仁者之辞也。然则东周以降，君王之恶，或归诸奸佞，或归诸红颜，或归诸太监，独不言上心之所欲，亦不定制以约之，此诚大失《春秋》之旨，曲为无益之辞也。

(九年春) 公及齐大夫盟于暨。

公曷为与大夫盟？齐无君也。然则何以不名？为其讳与大夫盟也，使若众然。

庄公与齐大夫盟则非礼，与众盟则可，此亦民为贵之义也。是故孔子从周，非为复古，以共主而群治，自由尚存故耳。其后自由日蹙，孟子贬斥一夫，以万民在先而君王在后，万民与之而非与之万民，其义一也。由是知儒家珍视自由胜于平等，法家让渡自由以换平等，不两立之势也。至若儒表法里，此帝王之术，纯儒之长恨也。

(秋) 八月庚申，及齐师战于干时，我师败绩。

内不言败，此其言败何？伐败也。曷为伐败？复仇也。此复仇乎大国，曷为使微者？公也。公则曷为不言公？不与公复仇也。曷为不与公复仇？复仇者在下也。

国仇百世可复，此不与庄公者有三：一曰鲁助公子纠而不得立，怒而伐齐，托名复仇而其实非也。二曰君子不涉他国之内政，鲁师出无名，宜乎其败矣。三曰庄公欲以此自解忘仇之不义，《春秋》不许。德不配位、色厉内荏、伪饰骄矜，皆非君子所为，然绵绵不绝也。

九月，齐人取子纠杀之。

其言取之何？内辞也，胁我，使我杀之也。

孟子曰："居天下之广居，立天下之正位，行天下之大道。得志，与民由之；不得志，独行其道。富贵不能淫，贫贱不能移，威武不能屈，此之谓大丈夫。"（《孟子·滕文公下》）常人且当如是，况千乘之国乎！鲁虽自知不义，然非内省改过，而疏浚洙水以作畏齐之状，可谓欺天愚人也。孟子曰："古之君子，过则改之；今之君子，过则顺之。古之君子，其过也，如日月之食，民皆见之；及其更也，民皆仰之。今之君子，岂徒顺之，又从为之辞。"（《孟子·公孙丑下》）文过饰非，盖有国有位者之癖习欤？

（十有三年）冬，公会齐侯，盟于柯。

何以不日？易也。其易奈何？桓之盟不日，其会不致，信之也。其不日何以始乎此？庄公将会乎桓，曹子进曰："君之意何如？"庄公曰："寡人之生，则不若死矣。"曹子曰："然则君请当其君，臣请当其臣。"庄公曰："诺。"于是会乎桓。庄公升坛，曹子手剑而从之。管子进曰："君何求乎？"曹子曰："城坏压竟，君不图与？"管子曰："然则君将何求？"曹子曰："愿请汶阳之田。"管子顾曰："君许诺。"桓公曰："诺。"曹子请盟，桓公下与之盟。已盟，曹子摽剑而去之。要盟可犯，而桓公不欺；曹子可仇，而桓公不怨。桓公之信著乎天下，自柯之盟始焉。

司马光曰："夫信者，人君之大宝也。国保于民，民保于信；非信无以使民，非民无以守国。是故古之王者不欺四海，霸者不欺四邻，善为国者不欺其民，善为家者不欺其亲。不善者反之，欺其邻国，欺其百姓，甚者欺其兄弟，欺其父子。上不信下，下不信上，上下离心，以至于败。所利不能药其所伤，所获不能补其所亡，岂不哀哉！"（《资治通鉴》卷二）诚哉斯言！要盟可犯而不欺，曹沫可仇而不怨，齐桓公之信义由是著乎天下，此其霸业之本也，修齐治平者当深知而笃行。若夫诚信不著，诸如食品安全、电信诈骗此起彼伏，人人自危，马斯洛所谓第二层级之"安全需求"尚且不保，遑论其他？长此以往，恐有社会撕裂之虞，或遗为政者之忧也。

十有七年春，齐人执郑瞻。

郑瞻者何？郑之微者也。此郑之微者，何言乎齐人执之？书甚佞也。

子曰："放郑声，远佞人。郑声淫，佞人殆。"（《论语·卫灵公》）千古治乱之机，在君子小人之进退，君子立于朝则上正下乐，小人侍于侧则上邪下苦。然则君子躬行正道而令人畏忌，小人巧于迎合而使人称心，离合之间，不言自明矣。是故为政之要，在知人善用，而知人之难，自知为先。由是知修身立德，终日不可违也，古今皆然。

(十有九年) 秋，公子结媵陈人之妇于鄄，遂及齐侯、宋公盟。

媵者何？诸侯娶一国，则二国往媵之，以侄娣从。侄者何？兄之子也。娣者何？弟也。诸侯一聘九女，诸侯不再娶。媵不书，此何以书？为其有遂事书。大夫无遂事，此其言遂何？聘礼，大夫受命不受辞，出竟有可以安社稷利国家者，则专之可也。

诸侯一聘九女，广继嗣也；法无再娶，却私欲也。储副关乎国运，故礼法所设，为国而非为君也，今人目之以淫，恐非创制之初衷也。有安社稷而利国家者，大夫可于境外专之，社稷先于君王之意也。是故"朕即国家"，专制之始，异乎孟子所列之序也，然则权力在朝堂，是非犹在士林，离合之间，偶或制衡。"朕即真理"，专制之尤，权力与是非皆在朝堂，自由灭，脊梁断，衰亡之途也。民主法治则"入门须正，立志须高"（《沧浪诗话·诗辨》），当胜孟子所论，岂甘不及之耻？

二十有二年春王正月，肆大省。

肆者何？跌也。大省者何？灾省也。肆大省何以书？讥。何讥尔？讥始忌省也。

君子守法如山，执法如水，常平而久长，仁政也。大赦则不然，奸宄得分外之恩而他人无涉，此非常之举而非治国之良策也。古人云："夫养稊稗者伤禾稼，惠奸宄者贼良民。《（尚）书（康诰）》曰：'文王作罚，刑兹无赦。'"（《潜夫论·述赦》）此之谓也。故知法外有法，古今共忌，君子不取也。

(二十有四年冬)，戎侵曹，曹羁出奔陈。

曹羁者何？曹大夫也。曹无大夫，此何以书？贤也。何贤乎曹羁？戎将侵曹，曹羁谏曰："戎众以无义，君请勿自敌也。"曹伯曰："不可。"三谏不从，遂去之，故君子以为得君臣之义也。

君王所恃者，德、礼之名分，而非智、武之实力也。是故君臣之道，有义则合，无义则离，安时补衮，危时拯乱，系于恒常之正道而非个人之意志也。孟子曰："（贵戚之卿）君有大过则谏，反复之而不听，则易位。（异姓之卿）君有过则谏，反复之而不听，则去。"（《孟子·万章下》）此为良策，惜乎后世无敢言者。至北虏横行，主子奴才遍地，君臣之义尽失，吾国文明所受之戕害，甚矣。近世自由、平等、民主、法治已成通则，然人心之内，尚有亟待净涤之处，故陈寅恪先生所言独立之精神、自由之思想，切中肯綮也。

（二十有五年夏）六月辛未朔，日有食之，鼓，用牲于社。

日食则曷为鼓、用牲于社？求乎阴之道也。以朱丝营社，或曰胁之，或曰为闇，恐人犯之，故营之。

古人云："一阴一阳之谓道。"（《周易·系辞上》）阴阳协和，则万物普生，天之道也。老子曰："人法地，地法天，天法道，道法自然。"（《道德经》第二十五章）天人合一，为政之道也。是故"张而不弛，文武弗能也；弛而不张，文武弗为也。一张一弛，文武之道也"。（《礼记·杂记下》）然则平和之政，有赖平和之法，有待平和之人也。

（二十有六年夏）曹杀其大夫。

何以不名？众也。曷为众杀之？不死于曹君者也。

曹伯阵亡而诸大夫退以求生，失节忘义，君子耻之。然于嗣君言之，亦尚有可议者。"子路曰：'桓公杀公子纠，召忽死之，管仲不死。'曰：'未仁乎？'子曰：'桓公九合诸侯，不以兵车，管仲之力也。如其仁，如其仁。'""子贡曰：'管仲非仁者与？桓公杀公子纠，不能死，又相之。'子曰：'管仲相桓公，霸诸侯，一匡天下，民到于今受其赐。微管仲，吾其被发左衽矣。岂若匹夫匹妇之为谅也，自经于沟渎而莫知之也？'"（《论语·宪问》）诸大夫固无管仲之贤，或可黜之，则君子知耻而后勇，小人远逐而政清，斯为化祸为福之举也。杀戮易而知人难，岂不慎欤！

（二十有七年）秋，公子友如陈葬原仲。

原仲者何？陈大夫也。大夫不书葬，此何以书？通乎季子之私行也。何通乎季子之私行？辟内难也。君子辟内难而不辟外难。内难者何？公子庆父、公子牙、公子友皆庄公之母弟也，公子庆父、公子牙通乎夫人，以胁公。季子起而治之，则不得与于国政；坐而视之，则亲亲，因不忍见也。故于是复请至于陈而葬原仲也。

君子避内难而不避外难，亲亲尊尊之意也。然忠孝相违，亦为常事，故君子难为矣。后庄公病危，公子牙将弒，季友鸩之，诛兄而托若以疾亡，欲忠悌两全也。故知贤者本于仁德，惜乎世间智者何其多，贤者何其少，诚可叹也。

（二十有八年）冬，筑微。大无麦禾。

冬，既见无麦禾矣，曷为先言筑微，而后言无麦禾？讳以凶年造邑也。

荒年百姓疲敝，乃至于贫病难存，有司当全力纾民困而解民忧，若非军务紧急，岂是造邑之时？徒积天下之怨矣。若以工代赈，则当他论也。然则重面子而轻里子，斯弊久矣，虽待自律，更当思他律之策也。

臧孙辰告籴于齐。

告籴者何？请籴也。何以不称使？以为臧孙辰之私行也。曷为以臧孙辰之私行？君子之为国也，必有三年之委，一年不熟，告籴，讥也。

天时万变而为政有常，以有常应万变，或免剧跌也。三年之委，有常之道也。然则委之邦国，莫若委之百姓。由是知轻徭薄赋，藏富于民，是为善政也；巧取豪夺，与民争利，是为国蠹也。君子为政，岂可见利而忘义？

三十有一年春，筑台于郎。

何以书？讥。何讥尔？临民之所漱浣也。

政者，正也。上体天道，下顺民情之谓正。有司为百姓所养，惟仁政以养百姓，方可报之一二。然本末倒置者多矣，视己欲为当然，视自专为应得，上下情隔，乖违正道，国政之隳，肇始于斯。盖位高者易骄矜，权重者易凌人，律己不易，当为律人之法而得律己之意也。然则文公毁之，亦为《春秋》所讥，以为不如弗居而已矣，盖劳民伤财而无补于事，未得改过之要也。

（夏）六月，齐侯来献戎捷。

齐，大国也，曷为亲来献戎捷？威我也。其威我奈何？旗获而过我也。

用武之道，在吊民伐罪，不得已而为之。虽有所获而众生有伤，无容自矜也。然则耀武扬威，虽齐桓公而不免，况他人乎？盖有天性之仁、内修之仁、畏人之仁、假冒之仁，纵非天赐，宁可自弃？此精英与大众之别也。

四　闵公（前661—前660）

元年春王正月。

公何以不言即位？继弑君不言即位。孰继？继子般也。孰杀子般？庆父也。杀公子牙，今将尔，季子不免；庆父弑君，何以不诛？将而不免，遏恶也；既而不可及，因狱有所归，不探其情而诛焉，亲亲之道也。恶乎归狱？归狱仆人邓扈乐。曷为归狱仆人邓扈乐？庄公存之时，乐曾淫于宫中，子般执而鞭之。庄公死。庆父谓乐曰："般之辱尔，国人莫不知，盍杀之矣？"使杀子般，然后诛邓扈乐而归狱焉，季子至而不变也。

古人云："于礼有不孝者三者，谓阿意曲从，陷亲不义，一不孝也；家贫亲老，不为禄仕，二不孝也；不娶无子，绝先祖祀，三不孝也。"（《孟子·离娄上》赵岐注）庆父主谋而归狱从者，季友不探其情，不鸣警钟，虽非阿意曲从，然可谓纵亲不义。既而庆父弑闵公，此之过也。后虽不纳庆父而任其自经，然功过不相掩也。忠者，法理也；孝悌者，情理也，法理先于情理，然后法治可期也。

（二年）夏五月乙酉，吉禘于庄公。

其言吉何？言吉者，未可以吉也。曷为未可以吉？未三年也。三年矣，曷为谓之未三年？三年之丧，实以二十五月。其言于庄公何？未可以称宫庙也。曷为未可以称宫庙？在三年之中矣。吉禘于庄公何以书？讥。何讥尔？讥始不三年也。

未三年而吉禘者非礼，丧娶甚之，故《春秋》深刺文公、宣公之所为也。夫守礼法之期者，非较一日之短长，而乃律己之意不可稍弛也。守丧者，心丧也，心若可纵，则人情先行而制度虚设，此公序良俗之大害也。若夫自由者，本于仁德，成于良法，非无拘无束之谓也。人人望自由，则需人人守底线而知所止也。

冬，齐高子来盟。

高子者何？齐大夫也。何以不称使？我无君也。然则何以不名？喜之也。何喜尔？正我也。其正我奈何？庄公死，子般弑，闵公弑，比三君死，旷年无君。设以齐取鲁，曾不兴师，徒以言而已矣。桓公使高子将南阳之甲，立僖公而城鲁。或曰自鹿门至于争门者是也，或曰自争门至于吏门者是也。鲁人至今以为美谈，曰：犹望高子也。

孟子曰："得天下有道：得其民，斯得天下矣。得其民有道：得其心，斯得民矣。得其心有道：所欲与之聚之，所恶勿施，尔也。"（《孟子·离娄上》）民心乃天下所系，故君子顺应民心为先，非必取之而后已。孟子曰："得道者多助，失道者寡助。寡助之至，亲戚畔之；多助之至，天下顺之。以天下之所顺，攻亲戚之所畔；故君子有不战，战必胜矣。"（《孟子·公孙丑下》）天命即民心，道在其中矣。此理易明，而行之为难矣。

（十有二月）郑弃其师。

郑弃其师者何？恶其将也，郑伯恶高克，使之将，逐而不纳，弃师之道也。

郑文公恶将而弃师，以私人恩怨而不顾军旅，此非为君之道，而乃危国之举也。将若有罪，国法俱在，师又何罪而见弃？倘有乘机而窥江河者，国事不可言也。盖派系之争、朋党之斗，历来有之，纵不能免，亦当以公义自持，成君子之党，不可因私废公而乱天下也。

五　僖公（前659—前627）

（元年春王正月）齐师、宋师、曹师次于聂北，救邢。

救不言次，此其言次何？不及事也。不及事者何？邢已亡矣。孰亡之？盖狄灭之。曷为不言狄灭之？为桓公讳也。曷为为桓公讳？上无天子，下无方伯，天下诸侯有相灭亡者，桓公不能救，则桓公耻之。曷为先言次，而后言救？君也。君则其称师何？不与诸侯专封也。曷为不与？实与而文不与。文曷为不与？诸侯之义不得专封也。诸侯之义不得专封，则其曰实与之何？上无天子，下无方伯，天下诸侯有相灭亡者，力能救之则救之可也。

治国者自当保境安民，亦当秉持天下之公义，若当为而不为，或欲为而不能，君子耻之，故夷狄执中国而齐桓公莫能救，恒为明君之累也。盖公义者，人性之光，文明之果，层积向上，不因族群、地域而相异也。纵偶有逆流，终难改其势。故君子顺流而定制，岂可抱残守缺而自得？

（二年夏五月）虞师、晋师灭夏阳。

虞，微国也，曷为序乎大国之上？使虞首恶也。曷为使虞首恶？虞受赂，假灭国者道以取亡焉。其受赂奈何？献公朝诸大夫而问焉，曰："寡人夜者寝而不寐，其意也何？"诸大夫有进对者曰："寝不安与？其诸侍御有不在侧者与？"献公不应。荀息进曰："虞、郭见与？"献公揖而进之，遂与之入而谋曰："吾欲攻郭，则虞救之；攻虞，则郭救之。如之何？愿与子虑之。"荀息对曰："君若用臣之谋，则今日取郭，而明日取虞尔，君何忧焉？"献公曰："然则奈何？"荀息曰："请以屈产之乘与垂棘之白璧往，必可得也，则宝出之内藏，藏之外府；马出之内厩，系之外厩尔，君何丧焉？"献公曰："诺。虽然，宫之奇存焉，如之何？"荀息曰："宫之奇知则知矣，虽然，虞公贪而好宝，见宝必不从其言，请终以往。"于是终以往，虞公见宝，许诺。宫之奇果谏："记曰：'唇亡则齿寒。'虞、郭之相救，非相为赐，则晋今日取郭，而明日虞从而亡尔，君请勿许也。"虞公不从其言，终假之道以取郭。还，四年，反取虞。虞公抱宝牵马而至，荀息见，曰："臣之谋何如？"献公曰："子之谋则已行矣，宝则吾宝也，虽然，吾马之齿亦已长矣。"盖戏之也。

自古贪财好货而致身死国灭者，屡见不鲜，盖知先行后，有知未必成行也。是故修身立德，成于心而著于行，岂空谈仁义者也？然则网络虚拟，众生进则肆言无忌，退犹反躬自省、知行合一乎？

（三年）秋，齐侯、宋公、江人、黄人会于阳谷。

此大会也，曷为末言尔？桓公曰："无障谷，无贮粟，无易树子，无以妾为妻。"

老子曰："天之道，损有余而补不足。人之道则不然，损不足以奉有余。孰能有余以奉天下，唯有道者。"（《道德经》第七十七章）无障谷，无贮粟，通乎天道，公平正义是也。无易树子，无以妾为妻，"君子大居正"，正乎人道，法不依人是也。顺天立人，宜乎齐桓公之服天下也。故知先富帮后富，法不分内外，非徒道义，实则制度自觉也。

（四年夏）齐人执陈袁涛涂。

涛涂之罪何？辟军之道也。其辟军之道奈何？涛涂谓桓公曰："君既服南夷矣，何不还师滨海而东，服东夷且归？"桓公曰："诺。"于是还师滨海而东，大陷于沛泽之中。顾而执涛涂。执者曷为或称侯？或称人？称侯而执者，伯讨也；称人而执者，非伯讨也。此执有罪，何以不得为伯讨？古者周公东征则西国怨，西征则东国怨；桓公假涂于陈而伐楚，则陈人不欲其反由己者，师不正故也，不修其师而执涛涂，古人之讨则不然也。

"有朋自远方来，不亦乐乎？"（《论语·学而》）此朋者，非泛指，君子之谓也。国之交犹人也，仁者正诸己而后正诸师，天下莫不引颈而望，岂有过之而不欲纳者？"周公东征则西夷怨，南征则北狄怨"(《尚书·仲虺之诰》),不至而怨,仁者如甘霖故也。故知君子必先反躬自省,而后责之于人也。然则纵己责人,易成常态,恐遗有国有位者之忧也。

五年春,晋侯杀其世子申生。

曷为直称晋侯以杀?杀世子、母弟直称君者,甚之也。

晋献公宠幸骊姬而欲立其子,世子申生被逼自尽。子曰:"吾未见好德如好色者也。"(《论语·子罕》《论语·卫灵公》)好色动乎情,好德循乎理,动情易而循理难,避难就易,常人之行也,君子不取。且夫因爱乱法,人情难免而适得其反,法乱则爱亦无所附矣。父母之私爱尚尔,若夫上宪之私爱,四维不张,又有甚于此者。

(九年秋)九月戊辰,诸侯盟于葵丘。

桓之盟不日,此何以日?危之也。何危尔?贯泽之会,桓公有忧中国之心,不召而至者,江人、黄人也;葵丘之会,桓公震而矜之,叛者九国。震之者何?犹曰振振然;矜之者何?犹曰莫若我也。

齐桓公心忧天下,远人不召而至;震而矜之,叛者九国,前恭后倨而时势判然,《诗》云:"战战兢兢,如临深渊,如履薄冰。"(《诗经·小雅·小旻》)信而有征也。故以理经天下者,人心通焉,良法成焉,足以垂示将来;以力经天下者,逆时而动,一时偶得,徒留恶名而已。敬理畏法,约己顺人,岂虚言哉!

(十有九年冬)梁亡。

此未有伐者,其言梁亡何?自亡也。其自亡奈何?鱼烂而亡也。

古人云："天作孽，犹可违；自作孽，不可活。"（《孟子·公孙丑上》）鱼烂而亡，则其君无道，其政繁苛，其民疲敝可知也。此不堪之国，欺天愚人，民若不叛，天亦取之，勿谓言之不预也。

二十年春，新作南门。

何以书？讥。何讥尔？门有古常也。

法者，民之所予，国之所赖，经时而历事，其间必有可持之理，然亦非亘古而不能变也，若于民有惠，于国有利，于天下有大义存焉，则何为而不可？然持此三者而变法，斯亦难矣。或欲复旧法，或欲守残缺，或欲护私利，若踌躇不前，共识难成，恐有季孙之忧也。

（二十有二年）冬十有一月己巳朔，宋公及楚人战于泓，宋师败绩。

偏战者日尔，此其言朔何？《春秋》辞繁而不杀者，正也。何正尔？宋公与楚人期战于泓之阳。楚人济泓而来，有司复曰："请迨其未毕济而击之。"宋公曰："不可。吾闻之也：君子不厄人。吾虽丧国之余，寡人不忍行也。"既济，未毕陈，有司复曰："请迨其未毕陈而击之。"宋公曰："不可。吾闻之也：君子不鼓不成列。"已陈，然后襄公鼓之。宋师大败。故君子大其不鼓不成列，临大事而不忘大礼，有君而无臣，以为虽文王之战，亦不过此也。

孙子曰："兵者，诡道也。故能而示之不能，用而示之不用，近而示之远，远而示之近。利而诱之，乱而取之，实而备之，强而避之，怒而挠之，卑而骄之，佚而劳之，亲而离之。攻其无备，出其不意。此兵家之胜，不可先传也。"（《孙子兵法·始计》）为政贵正而用兵贵奇，此非从权，乃常道也。文王之战在仁者无敌，而不在诡道与否，虽或用之，亦无伤其本。宋襄公履信守正，所用非所宜，可敬而不足为范也。然则后世论宋襄公者，鄙弃其道而不学文王，专事阴谋诡计，此堕下道，未足与议也。

二十有三年春，齐侯伐宋，围缗。

邑不言围，此其言围何？疾重故也。

宋襄公不通兵法而屡败于楚，然持正之心可嘉，有仁者之风，齐孝公不助反伐，落井下石，斯为不仁也甚矣。子曰："志士仁人，无求生以害仁，有杀身以成仁。"（《论语·卫灵公》）然则近仁者少，近利者多，自古而然，无关位分之高下也。

(二十有五年夏四月) 宋杀其大夫。

何以不名？宋三世无大夫，三世内娶也。

诸侯于礼不内娶大夫之女，一则不臣妻之父母，以全忠孝也；二则防止渔色之事，以正君道也；三则免却外戚干政，以绝祸患也。宋襄公、宋成公、宋昭公相继而为，《春秋》贬之。自郡县代分封，体制改弦，然治道、人伦之失，史不绝迹，守法尽分之意，岂可或缺？

(二十有六年夏) 公子遂如楚乞师。

乞者何？卑辞也。曷为以外内同若辞？重师也。曷为重师？师出不正反，战不正胜也。

重师实乃重人，此仁者之辞也。师出不正反，战不正胜，然则民何以赴汤蹈火而不辞？仁义在兹耳。是故推诚接物，非为虚誉，天下归心之所由也。若徒以威临之，以利诱之，虽得一时之顺，岂能久之？

六　文公（前626—前609）

(六年冬十月）晋杀其大夫阳处父。晋狐射姑出奔狄。

晋杀其大夫阳处父，则狐射姑曷为出奔？射姑杀也。射姑杀，则其称国以杀何？君漏言也。其漏言奈何？君将使射姑将，阳处父谏曰："射姑，民众不说，不可使将。"于是废将。阳处父出，射姑入，君谓射姑曰："阳处父言曰：'射姑，民众不说，不可使将。'"射姑怒，出刺阳处父于朝而走。

韩非子曰："人臣有议当途之失，用事之过，举臣之情，人主不心藏而漏之近习能人，使人臣之欲有言者不敢不下适近习能人之心，而乃上以闻人主，然则端言直道之人不得见，而忠直日疏。"（《韩非子·三守》）晋襄公漏言而大臣内斗，君威坠地，国失梁柱，忠言自此不可得闻，一事三失，焉能不慎！子曰："多闻阙疑，慎言其余，则寡尤；多见阙殆，慎行其余，则寡悔。言寡尤，行寡悔，禄在其中矣。"（《论语·为政》）此乃为政之通则，位分愈高，愈当谨言慎行，不然，四海受过，返及其身也。

(七年夏四月）戊子，晋人及秦人战于令狐。晋先眜以师奔秦。

此晋先眜也，其称人何？贬。曷为贬？外也。其外奈何？以师外也。

赵盾欲废太子而立晋襄公之弟公子雍，使先蔑入秦迎之，后仍立太子，是为晋灵公，先蔑以己背信于秦而出奔。推而究之，背信者，赵盾也，且于先蔑有负焉，然以此奔之，赵盾不负先蔑，而先蔑有负于晋矣。所谓"苟利国家生死以，岂因祸福避趋之"（林则徐《赴戍登程口占示家人二首》其二），君子以社稷为重，不以私怨损国，不挟外力自重也。

（十有二年秋）秦伯使遂来聘。

遂者何？秦大夫也。秦无大夫，此何以书？贤缪公也。何贤乎缪公？以为能变也。其为能变奈何？惟諓諓善竫言，俾君子易怠，而况乎我多有之；惟一介断断焉无他技，其心休休，能有容，是难也。

秦穆公不用百里奚与蹇叔之言，殽之战大败于晋，悔而改之，遂霸西戎。子贡曰："君子之过也，如日月之食焉：过也，人皆见之；更也，人皆仰之。"（《论语·子张》）自知不易，改过更难，秦穆公以《尚书·秦誓》自勉，除己欲而强国势，诚为有国有位者之楷则也。

（十有四年秋七月）晋人纳接菑于邾娄，弗克纳。

纳者何？入辞也。其言弗克纳何？大其弗克纳也。何大乎其弗克纳？晋郤缺帅师，革车八百乘，以纳接菑于邾娄，力沛若有余而纳之。邾娄人言曰："接菑，晋出也；貜且，齐出也。子以其指，则接菑也四，貜且也六。子以大国压之，则未知齐、晋孰有之也。贵则皆贵矣，虽然，貜且也长。"郤缺曰："非吾力不能纳也，义实不尔克也。"引师而去之。故君子大其弗克纳也。此晋郤缺也，其称人何？贬。曷为贬？不与大夫专废置君也。曷为不与？实与而文不与。文曷为不与？大夫之义，不得专废置君也。

非力不能，义实不尔，此道德之功也。时虽礼崩乐坏，旧道德不契新时代，然合乎公义者恒在人心，通行不废也。是故新道德者，公义层积向上，非徒裂旧为新而相背也。一代有一代之道德，而公义通焉，革旧式则为时所需，存公义则为理所至矣。

（十有六年）夏五月，公四不视朔。

公曷为四不视朔？公有疾也。何言乎公有疾不视朔？自是公无疾不视朔也。然则曷为不言公无疾不视朔？有疾，犹可言也；无疾，不可言也。

告朔视事，为政之本分，敷衍塞责，甚或托辞规避，国政紊乱之由，国势衰微之征也。儒家望君王正己而后正诸大臣，以首善之区化成天下，俗谓上梁不正下梁歪，皆言治国始于上正己心也。惜乎定制有缺，流为空言，革新鼎故，俟诸来者。

七　宣公（前608—前591）

（元年夏）晋放其大夫胥甲父于卫。

放之者何？犹曰无去是云尔。然则何言尔？近正也。此其为近正奈何？古者大夫已去，三年待放。君放之，非也；大夫待放，正也。古者臣有大丧，则君三年不呼其门。已练，可以弁冕，服金革之事。君使之，非也；臣行之，礼也。闵子要绖而服事，既而曰："若此乎，古之道不即人心。"退而致仕。孔子盖善之也。

待放三年，则君王审慎而刑罚适中，臣下自省而有过则改；心丧三年，则顺乎人情而风化人心，位分相得而风俗敦厚，此天下之正道，唯仁君、忠臣、孝子成之，难与俗人言也。是故法律者，社会之底线，人人不可违；道德者，精英之自律，关上不关下也。若以道德制人而非约己，则杀人之利器，背本甚矣。

（十有二年）夏六月乙卯，晋荀林父帅师及楚子战于邲，晋师败绩。

大夫不敌君，此其称名氏以敌楚子何？不与晋而与楚子为礼也。曷为不与晋而与楚子为礼也？庄王伐郑，胜乎皇门，放乎路衢。郑伯肉袒，左执茅旌，右执鸾刀，以逆庄王，曰："寡人无良，边垂之臣，以干天祸，是以使君王沛焉，辱到敝邑。君如矜此丧人，锡之不毛之地，使帅一二耋老而绥焉，请唯君王之命。"庄王曰："君之不令臣交易为言，是以使寡人得见君之玉面，而微至乎此。"庄王亲自手旌，左右挥军，退舍七里。将军子重谏曰："南郢之与郑相去数千里，诸大夫死者数人，厮役扈养死者数百人，今君胜郑而不有，无乃失民臣之力乎？"庄王曰："古者杅不穿，皮不蠹，则不出于四方。是以君子笃于礼而薄于利，要其人而不要其土。告从，不赦，不详。吾以不详道民，灾及吾身，何日之有！"既则晋师之救郑者至，曰：请战。庄王许诺。将军子重谏曰："晋，大国也，王师淹病矣，君请勿许也。"庄王曰："弱者吾威之，强者吾辟之，是以使寡人无以立乎天下！"令之还师而逆晋寇。庄王鼓之，晋师大败，晋众之走者，身中之指可掬矣。庄王曰："嘻！吾两君不相好，百姓何罪？"令之还师而佚晋寇。

善哉楚庄王之言也！君子笃于礼而薄于利，要其人而不要其土，不威弱者，不避强者，百姓无罪，此皆仁者之言，公义俱在。以诸夏自居者，若不本诸公义，革新理念、制度，则何由自得？

（十有五年）夏五月，宋人及楚人平。

外平不书，此何以书？大其平乎己也。何大乎其平乎己？庄王围宋，军有七日之粮尔，尽此不胜，将去而归尔。于是使司马子反乘堙而窥宋城，宋华元亦乘堙而出见之。司马子反曰："子之国何如？"华元曰："惫矣。"曰："何如？"曰："易子而食之，析骸而炊之。"司马子反曰："嘻！甚矣惫！虽然，吾闻之也，围者柑马而秣之，使肥者应客。是何子之情也？"华元曰："吾闻之，君子见人之厄则矜之，小人见人之厄则幸之。吾见子之君子也，是以告情于子也。"司马子反曰："诺，勉之矣！吾军亦有七日之粮尔，尽此不胜，将去而归尔。"揖而去之，反于庄王。庄王曰："何如？"司马子反曰："惫矣。"曰："何如？"曰："易子而食之，析骸而炊之。"庄王曰："嘻！甚矣惫！虽然，吾今取此，然后而归尔。"司马子反曰："不可。臣已告之矣，军有七日之粮尔。"庄王怒曰："使子往视之，子曷为告之！"司马子反曰："以区区之宋，犹有不欺人之臣，可以楚而无乎？是以告之也。"庄王曰："诺，舍而止。虽然，吾犹取此然后归尔。"司马子反曰："然则君请处于此，臣请归尔。"庄王曰："子去我而归，吾孰与处于此？吾亦从子而归尔。"引师而去之。故君子大其平乎己也。此皆大夫也，其称人何？贬。曷为贬之？平者在下也。

此或君子之假托，未必合乎实情，然诗意之栖居，系之于理想，故原其用心，甚可嘉也。世间现实者多，理想者少；螺丝钉多，思想者少；从众者多，独行侠少。噫！物以稀为贵也。

六月癸卯，晋师灭赤狄潞氏，以潞子婴儿归。

潞何以称子？潞子之为善也，躬足以亡尔。虽然，君子不可不记也。离于夷狄，而未能合于中国。晋师伐之，中国不救，狄人不有，是以亡也。

潞子行中国之政于夷狄，未尽善而两离，竟以亡国，此非向化之心有误，而乃因时、因地制宜有别，且非一日之功也。由是知潞子无过而晋人为非也。若夫为善者，乐在其中，非图报也；为恶者，有畏有罚，岂非报欤？

（秋）初税亩。

初者何？始也。税亩者何？履亩而税也。初税亩何以书？讥。何讥尔？讥始履亩而税也。何讥乎始履亩而税？古者什一而藉。古者曷为什一而藉？什一者，天下之中正也。多乎什一，大桀小桀；寡乎什一，大貉小貉。什一者，天下之中正也，什一行而颂声作矣。

什一而为天下之中正者，轻徭薄赋之意也。井田之制，私田不税而以居中之公田为税，上不侵下而民生有赖矣。税亩则不然，公私皆税之，一则土地私有而兼并盛行，民无所依而变乱四起，此危国之大害也；二则税率之高低，在执政者德行之多寡，民惟望居其位者有其德，严于律己而宽以待人，然则古人云："兴，百姓苦；亡，百姓苦。"（张养浩《山坡羊·潼关怀古》）是故文景之治十五税一、三十税一，甚或无取于民，恒为史家所颂焉。由是知《春秋》所讥者，非改制之事，而乃变易常道而不念民也。税亩有助经济之效率，无助政治之公平，执其一端必失，两相促进为优，或为后世创制之要也。

（十有六年）夏，成周宣谢灾。

何言乎成周宣谢灾？乐器藏焉尔。

子曰："礼云礼云，玉帛云乎哉？乐云乐云，钟鼓云乎哉？"（《论语·阳货》）形在乐器，神在礼乐也。古人云："乐者，天地之和也；礼者，天地之序也。和故百物皆化，序故群物皆别。"（《礼记·乐记》）是故礼乐之用，因时而异，然有序归和，其理一也。君子当思其间之理致，海纳百川，融他成我，创制垂法，层积向上，济当时而益后世也。

八 成公（前590—前573）

（二年）秋七月，齐侯使国佐如师。己酉，及国佐盟于袁娄。

前此者，晋郤克与臧孙许同时而聘于齐。萧同姪子者，齐君之母也，踊于棓而窥客，则客或跛或眇，于是使跛者迓跛者，使眇者迓眇者。二大夫出，相与踦闾而语，移日然后相去。齐人皆曰："患之起，必自此始。"二大夫归，相与率师为鞍之战，齐师大败。

德人者惠己，辱人者自辱，祸福之机，伏之于此。是故诚敬之心与身而俱,君子之大宝也。俗人重珠玉而弃此稀世之珍,无明之故也。

八年春,晋侯使韩穿来言汶阳之田,归之于齐。

来言者何?内辞也,胁我使我归之也。曷为使我归之?鞌之战,齐师大败。齐侯归,吊死视疾,七年不饮酒、不食肉。晋侯闻之曰:"嘻!奈何使人之君七年不饮酒、不食肉,请皆反其所取侵地。"

子曰:"好学近乎知,力行近乎仁,知耻近乎勇。知斯三者,则知所以修身;知所以修身,则知所以治人;知所以治人,则知所以治天下国家矣。"(《中庸》)齐顷公败而不馁,约己慰民,知耻而后勇,力行而不息,虽大国亦敬畏之,此君子之威,非匹夫之勇也。

(十有五年)冬十有一月,叔孙侨如会晋士燮、齐高无咎、宋华元、卫孙林父、郑公子鰌、邾娄人,会吴于钟离。

曷为殊会吴?外吴也。曷为外也?《春秋》内其国而外诸夏,内诸夏而外夷狄。王者欲一乎天下,曷为以外内之辞言之?言自近者始也。

王者混一天下自近者始,攘外必先安内、正人必先正己之意也。子曰:"政者,正也。子帅以正,孰敢不正?"(《论语·颜渊》)故知为政发乎仁德,本乎百姓,源清流洁,推己及人,共于正道,成于公义,古今之通识也。

九　襄公(前572—前542)

(二年)冬,仲孙蔑会晋荀罃、齐崔杼、宋华元、卫孙林父、

曹人、邾娄人、滕人、薛人、小邾娄人于戚，遂城虎牢。

虎牢者何？郑之邑也。其言城之何？取之也。取之则曷为不言取之？为中国讳也。曷为为中国讳？讳伐丧也。曷为不系乎郑？为中国讳也。大夫无遂事，此其言遂何？归恶乎大夫也。

国丧者，天罚也。君王惟夕惕若厉，省己自新，方能承之。礼不伐丧者，先天而后人之意也。彼若哀毁内省以应天谴，人何伐之？不然，无道之君，人人得而逐之，恐亦不劳伐也。郑成公甍而未闻郑僖公居丧无礼，诸侯师出无名，《春秋》讥之。后世恕己责人之事，又有过于此者。

（六年冬）十有二月，齐侯灭莱。

曷为不言莱君出奔？国灭，君死之，正也。

于臣，力尽而降，虽不及舍生取义，亦为可恕；于君则不然，国灭必有始，或德义未修，上负上天之佑；或旧弊不革，中负先君之托；或为政无方，下负百姓之望，此身已累家国，若再降志辱身，徒令宗庙及万民蒙羞，天下耻之。故国君死社稷，以正居其位者也，岂不重畏而善行？

（十有六年春）三月，公会晋侯、宋公、卫侯、郑伯、曹伯、莒子、邾娄子、薛伯、杞伯、小邾娄子于溴梁。戊寅，大夫盟。

诸侯皆在是，其言大夫盟何？信在大夫也。何言乎信在大夫？徧刺天下之大夫也。曷为徧刺天下之大夫？君若赘旒然。

子曰："天下有道，则礼乐征伐自天子出；天下无道，则礼乐征伐自诸侯出。自诸侯出，盖十世希不失矣；自大夫出，五世希不失矣；陪臣执国命，三世希不失矣。天下有道，则政不在大夫，天下有道，则庶人不议。"（《论语·季氏》）以是观之，治道有常，理无二也。即若民主之制，斯亦民为贵之意也。选举而使民心民情居先，民权民生为重，非权势下移而无所为也。且夫以民为本，下之所议得闻于上，流通不滞，政在其中矣。

（二十有九年夏五月）阍弑吴子余祭。

阍者何？门人也，刑人也。刑人则曷为谓之阍？刑人非其人也，君子不近刑人，近刑人则轻死之道也。

荀子曰："蓬生麻中，不扶而直；白沙在涅，与之俱黑。"（《荀子·劝学》）俗谓近朱者赤，近墨者黑。刑余之人无德而有怨，无益修德，徒增险境，岂能近之？君子当同声相应，同气相求，如切如磋，如琢如磨。子曰："益者三友，损者三友。友直，友谅，友多闻，益矣。友便辟，友善柔，友便佞，损矣。"（《论语·季氏》）用人之道，同乎交友，然则损者易进，益者易疏，此诚在一心，高者愈高，下者愈下矣。

吴子使札来聘。

吴无君，无大夫，此何以有君有大夫？贤季子也。何贤乎季子？让国也。其让国奈何？谒也，余祭也，夷昧也，与季子同母者四，季子弱而才，兄弟皆爱之，同欲立之以为君。谒曰："今若是迮而与季子国，季子犹不受也。请无与子而与弟，弟兄迭为君，而致国乎季子。"皆曰："诺。"故诸为君者皆轻死而勇，饮食必祝曰："天苟有吴国，尚速有悔于予身。"故谒也死，余祭也立；余祭也死，夷昧也立；夷昧也死，则国宜之季子者也，季子使而亡焉。僚者，长庶也，即之。季子使而反，至而君之尔。阖庐曰："先君之所以不与子国而与弟者，凡为季子故也。将从先君之命与？则国宜之季子者也；如不从先君之命与？则我宜立者也，僚恶得为君乎！"于是使专诸刺僚，而致国乎季子。季子不受，曰："尔弑吾君，吾受尔国，是吾与尔为篡也。尔杀吾兄，吾又杀尔，是父子兄弟相杀，终身无已也。"去之延陵，终身不入吴国。故君子以其不受为义，以其不杀为仁。贤季子，则吴何以有君有大夫？以季子为臣，则宜有君者也。札者何？吴季子之名也。《春秋》贤者不名，此何以名？许夷狄者，不壹而足也。季子者，所贤也，曷为不足乎季子？许人臣者必使臣，许人子者必使子也。

天下当为有德者居之，若阖庐弑僚而季札受国，则同于篡逆，何德之有？且背道之门既开，祸患在所难免，既非贤者所愿，亦非国家福祉，君子不为也。《春秋》以季札不杀为仁，不受为义，亲亲尊尊之意也。让国之义，大率如此，曹公子喜时、滥（邾娄属国）叔术皆然。公子弃疾（楚平王）弑楚灵王而立公子比，彼未效死而不立，《春秋》以弑君之罪归焉，例反而义同也。后世阴谋论盛行，谓季札或为不得已，或意在求名，以小人之心度君子之腹，岂有益治道人心乎？

(三十年) 秋七月，叔弓如宋，葬宋共姬。

外夫人不书葬，此何以书？隐之也。何隐尔？宋灾，伯姬卒焉。其称谥何？贤也。何贤尔？宋灾，伯姬存焉，有司复曰："火至矣！

请出。"伯姬曰："不可。吾闻之也，妇人夜出，不见傅母不下堂。傅至矣，母未至也。"逮乎火而死。

孟子曰："嫂溺不援，是豺狼也。男女授受不亲，礼也；嫂溺，援之以手者，权也。"(《孟子·离娄上》) 事急从权，天下之通识也，伯姬临灾守礼，可敬亦可叹也。《春秋》之意，妇人尚且守礼，为政而无法者，诚为天下笑矣。

十　昭公（前541—前510）

(十有九年) 冬，葬许悼公。

贼未讨，何以书葬？不成于弑也。曷为不成于弑？止进药而药杀也。止进药而药杀，则曷为加弑焉尔？讥子道之不尽也。其讥子道之不尽奈何？曰：乐正子春之视疾也，复加一饭，则脱然愈；复损一饭，则脱然愈；复加一衣，则脱然愈；复损一衣，则脱然愈。止进药而药杀，是以君子加弑焉尔。曰"许世子止弑其君买"，是君子之听止也；"葬许悼公"，是君子之赦止也。赦止者，免止之罪辞也。

古人云："孝者，畜也。顺于道，不逆于伦，是之谓畜。"《礼记·祭统》由是知孝者，爱也，上下相得之意，非谓服从也。子曰："仁者，爱人。"(《论语·颜渊》) 辞殊而理同。是故"孝居百行之先"(《围炉夜话》)，"求忠臣必于孝子之门"(《后汉书·韦彪传》)，无他，唯仁爱尔。许世子止进药而父亡，虽非弑君，然于仁爱之道有亏，《春秋》罪之。人伦如是，治道亦然，大国所争之极致，核武之下，唯文化向心力耳，然则天下归心，在德不在力，舍仁爱其谁也？

十一　定公（前509—前495）

（四年）冬十有一月庚午，蔡侯以吴子及楚人战于伯莒，楚师败绩。

吴何以称子？夷狄也，而忧中国。其忧中国奈何？伍子胥父诛乎楚，挟弓而去楚，以干阖庐。阖庐曰："士之甚，勇之甚！"将为之兴师而复仇于楚。伍子胥复曰："诸侯不为匹夫兴师，且臣闻之，事君犹事父也。亏君之义，复父之仇，臣不为也。"于是止。蔡昭公朝乎楚，有美裘焉，囊瓦求之，昭公不与，为是拘昭公于南郢，数年然后归之。于其归焉，用事乎河，曰："天下诸侯苟有能伐楚者，寡人请为之前列。"楚人闻之，怒，为是兴师，使囊瓦将而伐蔡。蔡请救于吴，伍子胥复曰："蔡非有罪也，楚人为无道，君如有忧中国之心，则若时可矣。"于是兴师而救蔡。曰："事君犹事父也，此其为可以复仇奈何？"曰："父不受诛，子复仇可也。父受诛，子复仇，推刃之道也。复仇不除害，朋友相卫而不相迿，古之道也。"

楚平王无道，伍奢无辜见诛；令尹囊瓦贪贿，蔡昭侯无端被囚；伍子胥忠孝，复仇无失大体，顺逆之势既成，胜负之局已判。然则背道而驰、知而不行、快意一时者，岂少也哉！人性固有之恶，顽疾难除，防不胜防，故道德自律与法治他律，不可偏废也。

（九年夏四月）得宝玉、大弓。

何以书？国宝也。丧之书，得之书。

宝玉、大弓之为国宝，不在先王之所赐，而在世守之法度也，故国之所宝者，法度也；人之所宝者，仁德也。知而行之，唯在贤人，是故选贤任能，治国之关捩也。民主之制，或可得欤？

（十年夏）齐人来归运、谨讙、龟阴田。

齐人曷为来归运、谨、龟阴田？孔子行乎季孙，三月不违，齐人为是来归之。

为政有道，则天下畏之，故国不患乎小，而患乎正道之不行也。当是时也，天下无道，夫子慨然正之；执政虽短，沛然为之，信念存乎中而执著见于外，士林之真精神也。若夫蝇营狗苟、唯唯诺诺、怨天尤人之徒，岂足道哉！

（十二）哀公（前494—前468）

十有四年春，西狩获麟。

何以书？记异也。何异尔？非中国之兽也。然则孰狩之？薪采者也。薪采者，则微者也，曷为以狩言之？大之也。曷为大之？为获麟大之也。曷为为获麟大之？麟者，仁兽也，有王者则至，无王者则不至。有以告者曰："有麕而角者。"孔子曰："孰为来哉！孰为来哉！"反袂拭面，涕沾袍。颜渊死，子曰："噫！天丧予！"子路死，子曰："噫！天祝予！"西狩获麟，孔子曰："吾道穷矣。"

《春秋》何以始乎隐？祖之所逮闻也。所见异辞，所闻异辞，所传闻异辞。何以终乎哀十四年？曰：备矣。君子曷为为《春秋》？拨乱世反诸正，莫近诸《春秋》。则未知其为是与？其诸君子乐道尧舜之道与？末不亦乐乎尧舜之知君子也，制《春秋》之义以俟后圣，以君子之为亦有乐乎此也。

孔子作《春秋》而代王者立法，虽无其位而有其道，麒麟之出，正为素王也。《春秋》拨乱反正，论乱世而望治世，刺邪道而显正道，备述尧舜之道，彰明治国之法，点心灯而通四海，乱臣贼子焉能不惧？道穷之叹，知我罪我之言，皆为此也。古今时势虽异而人心相通，《春秋》事例虽殊而大道协同，故于天人之际、古今之变、中外之交，化古人之思而为时用，或有助于民族复兴焉。

乱曰：古人云："天不生仲尼，万古长如夜。"（《朱子语类·孔孟周程张子》）孔子烛照后世之无量功德，尤在文化创新与施教万民也。若夫删定六经，以述而不作之名，行解经立言之实，后儒会意，经传注疏，依经据典而自成一家，此乃吾国文明生机勃郁之内力也。自北虏乱华，文字狱遍地，士大夫噤声，考据虽盛而风骨不存，话语虽同而机理已毁，吾国文明所受之戕害，至是而极；悠悠古国之败于泰西，源之于斯。所谓皮之不存毛将焉附，中体西用之为伪说，不言自明矣。新文化运动以西化救弊，壮士断腕之志可嘉，而脱胎换骨之愿未得也。昔佛教东传而儒学浴火重生，今西学东渐，或可为吾国文明复兴之莫大助力也。此虽士林之重任，然有赖启蒙行之于大众，亦为科教兴国之深旨也。盖科学之要，非谓技术而在创新精神；教育之要，非谓知识而在国民素养，是故创新而得传承，人立而得国强，斯为通义也。强国之道，无外乎四位一体：以自由通创新，以法治通长治，以正义通人心，以文化通世界。四者俱而后聚民心，民心齐而后能创制，创制久而后导航向，航向明而后四者新也。立人之道，无外乎孔门四科：以德行通天道，以言语通人事，以政事通古今，以文学通心灵。得其一而后有君子，得君子而后有教化，得教化而后有美政，得美政而后有君子也。

边民心记（代后记）

我出生在界碑村，顾名思义，这是两县交界处的山村，只因107国道横贯而过才不至于十分闭塞。然而，由于"五里不同音，十里不同调"，我的方言口音似乎始终在提醒自己的"边民"身份。

小学五年级到乡里上学，邻村同学便时常拿我们的口音调笑。殊不知，等到县里上高中时，那些嘲笑我的初中同学，同样因典型的"乡镇口音"而难逃被嘲笑的命运。世事的向背因果，往往只在转身转念之间。

上大学之前，我从未说过普通话，这大概是因为，周围的人们一边自负地嘲笑村镇口音，一边自卑地抵制外地口音，我也不可避免地深陷其中。当地有个词叫"鸟（diǎo）京腔"，意思是带着外地口音说话，这被认为是故意炫耀或是数典忘祖。其实，"京腔"代表中心，边缘不是念念不忘向中心靠拢么？这实在是有些自相矛盾。

来到深圳上大学，这里既是边城，也是改革的前沿和样本，近些年更是跻身"一线城市"，成为中心系列之一。看来，地理位置的劣势，并不足以成为自我放逐的理由。当时，作为中文系学生，字正腔圆地"正音"成为湘籍同学心中共同的痛。当然，这份痛楚，粤籍同学比我们体会得更加深切。

后来到北京读博，偶尔仍会因"边地口音"而被调笑。等我拼命学习京腔，生人见面猜我是北方人时，不禁百感交集，因为我的确已在某种程度上洗白了自己的口音，但是否真正洗尽了"边民意识"的执念呢？

进一步说，到底何谓中心，何谓边缘呢？最妙的答案或许出自《公羊传·成公十五年》："《春秋》内其国而外诸夏，内诸夏而外夷狄。王者欲一乎天下，曷为以外内之辞言之？言自近者始也。"简而言之则是，你本是世界的中心，只在于你是否觉悟到这点而已，而觉悟与否，取决于你本身的格局和境界。

为什么这么说呢？其实，在孔子生活的春秋后期，周天子威望日渐下降，鲁国也早已从唯一分存天子礼乐的特殊诸侯沦落为二流国家，孔子自己更不得志，但他编订《春秋》，中心既不是王室，也不是晋楚等大国，尽管它们同样有历史记载可以依凭。经学家的解释是，孔子确立起万世法则，这是属于他这位"无冕之王"的时代。那么，孔子当时也是这么想的么？

说起来，我出生于"文革"结束的次年，由于时代惯性，小时候仍能读到诸如《孔老二》这类批判孔子的连环画和其他书籍，脑海里隐隐绰绰地留下了一个反动的背影。中学语文有《论语》数则，但老师侧重于疏解词章义理，孔子仍是隔膜的存在。直到大学才接触真实的孔子，而不是后人创制的种种面具。所谓还原历史，必有洞见在先，何其不易！

从历史文献来看，《论语》是门人记录，而"六经"据说是孔子手定，《春秋》尤为孔子看重，自然意义非凡。在《春秋》三传中，《左传》最为通行，但并没有给我眼前一亮的感觉，反倒是《公羊传》,让人觉得孔子仿佛触手可及。

这是因为,在《公羊传》的阐述中,孔子的超凡入圣建立在有血有肉的基础上,并非一味"圣化"乃至"神化",而这两种流弊往往使许多思想流派自我禁锢、失去创造力,从而走向末路。就这一点来说,无论是秦朝"焚书坑儒"的刚性思想专制,还是汉朝"独尊儒术"的柔性思想专制,都与此背道而驰。

换句话说,只有以回归人性为前提,才有可能超越人性。那些画饼充饥式的乌托邦,以及与之相伴的热性说教和冷性暴力,把人当工具,注定只会得到南辕北辙的结果。事实上,孔子正因有牢骚,才有梦想,而这些牢骚与梦想,从个人和鲁国逐渐扩展至天下,并成为后世可资阐释的理论源泉。

这是从边缘走向中心的过程,但它源于人性和自我觉悟,而不是主义至上,并且是"文明以止"(《周易·贲卦·彖传》),没有掺杂丝毫暴力。这正是孔子的核心价值所在,即使是对今日世界的乱象,估计或多或少也会有些许启示吧。

韩愈《答李翊书》说:"非三代两汉之书不敢观,非圣人之志不敢存。"所谓"圣人之志",并非偶像与教条,只不过是自由意志而已。先秦典籍留存了读书人的神采风骨,体现了人性与天道的合一,最具张力,而两汉只有司马迁等少数人能绍述先秦之风,古意存焉,他人皆不及也。韩愈所言,不仅指读书当"取法乎上",更是深中"百代非秦而皆袭秦制"之弊,卓然有识,不可易也。

正是基于这样的理解,再加上报考历史系的未偿夙愿,我对《公羊传》的兴趣日增,甚至把"经典诵习"这门课变成了《公羊传》专题,并在反复数年之后,于前年拍摄成《春秋今见》MOOC

(慕课），本书即是润色文字稿的成果。

其实，读史不是把玩古董，它的意义更在于当代建构，这也是本书的着眼点与终极归宿。正因如此，经学家的注疏只是借鉴与启发，现代性阐释才是贯穿本书始终的主题。为了深化这层意思，故而增加了有关现实问题的讨论，尽管并不特别深入，但可能会起抛砖引玉的作用。同时，与全书的横向主题相映衬，附录部分纵向展示了对《公羊传》主要议题的当下解读，意在勾勒相对完整的《公羊传》图谱。

孔子"四十不惑"（《论语·为政》），像我这样的凡俗之人，哪能做到？不过，研习圣人之心，解读经典深意，破除观念牢笼，重塑当下自我，这向来是读书人孜孜以求的目标，岂可须臾忘哉！也许，中心抑或边缘，只存乎一心而已，故有诗曰：

> 我本山野人，葵花向春生。
> 湖湘气尚武，惜哉内斗横。
> 经世明史事，策论期功名。
> 逢人含轻笑，举首望帝京。
> 旧桃开弦月，金谷调青筝。
> 重观古榕绿，新温山鸟鸣。
> 紫荆独著色，不复问阴晴。
> 夏日见萤火，弘道深云行。

秋色渐浓，正是俯仰天下、荡涤我心的时节，至于那些言外之意与不可说之辞，便如这秋山的颜色与秋水的波澜，相逢一笑，会意而忘罢了。

当然，许多事情，就像从小铭刻于心的记忆，注定难以忘怀。感谢景海峰院长"无为而治"，我才能如此自在地心有旁骛。感谢范晓燕教授引领我进入慕课领域，此书才有如此良好的结集契机。感谢研究生们深度参与，学术传承才有如此贴切的在场感。感谢延城城编辑信任和鼓励，此书才有出身母校出版社的机会。感谢那个一直在我灵魂深处的人，我才有对人生的些许感悟，并以文字的形式呈现出来。